北大中文文库

周祖谟文选

周祖谟 著／鲁国尧 李子君 编选

北京大学出版社
PEKING UNIVERSITY PRESS

图书在版编目(CIP)数据

周祖谟文选/周祖谟著;鲁国尧,李子君编选.—北京:北京大学出版社,2010.10
(北大中文文库)
ISBN 978-7-301-17799-0

Ⅰ.①周… Ⅱ.①周…②鲁…③李… Ⅲ.①汉语—语言学—文集 Ⅳ.①H1-53

中国版本图书馆 CIP 数据核字(2010)第 181241 号

书　　　名：周祖谟文选
著作责任者：周祖谟 著　鲁国尧　李子君 编选
责 任 编 辑：李　凌
封 面 设 计：奇文云海
标 准 书 号：ISBN 978-7-301-17799-0/H·2638
出 版 发 行：北京大学出版社
地　　　址：北京市海淀区成府路 205 号　100871
网　　　址：http://www.pup.cn　电子信箱：zpup@pup.pku.edu.cn
电　　　话：邮购部 62752015　发行部 62750672　出版部 62754962
　　　　　　编辑部 62753374
印 刷 者：世界知识印刷厂
经 销 者：新华书店
　　　　　　650mm×980mm　16 开本　16.75 印张　242 千字
　　　　　　2010 年 10 月第 1 版　2010 年 10 月第 1 次印刷
定　　　价：33.00 元

未经许可,不得以任何方式复制或抄袭本书之部分或全部内容。
版权所有,侵权必究
举报电话：010-62752024　电子信箱：fd@pup.pku.edu.cn

目 录

那些日渐清晰的足迹(代序)…………………………陈平原(1)
前 言…………………………………………………鲁国尧(1)

汉字上古音东冬分部的问题……………………………… (1)
古音有上去二声说………………………………………… (5)
汉代竹书和帛书中的通假字与古音的考订 ……………… (11)
四声别义创始之时代……………………………………… (31)
汉语骈列的词语和四声…………………………………… (39)
《颜氏家训·音辞篇·注》补……………………………… (46)
《切韵》的性质和它的音系基础…………………………… (68)
关于唐代方言中的四声读法……………………………… (95)
论裴务齐正字本《刊谬补缺切韵》………………………… (100)
宋代汴洛音与《广韵》……………………………………… (109)
许慎及其《说文解字》……………………………………… (117)
论段玉裁《说文解字注》…………………………………… (127)
中国训诂学发展史………………………………………… (154)
读王念孙《广雅疏证》简论………………………………… (168)
词 义………………………………………………………… (174)
古籍校勘述例……………………………………………… (190)
《方言校笺》序……………………………………………… (202)
洛阳伽蓝记校勘叙例……………………………………… (212)
释古代文学评论中的文气说……………………………… (215)
胡三省生卒行历考………………………………………… (218)
"伍记"与《新华字典》……………………………………… (221)

周祖谟先生主要学术论著系年……………………李子君(224)

那些日渐清晰的足迹(代序)

随着时光流逝,前辈们渐行渐远,其足迹本该日渐模糊才是;可实际上并非如此。因为有心人的不断追忆与阐释,加上学术史眼光的烛照,那些上下求索、坚定前行的身影与足迹,不但没有泯灭,反而变得日渐清晰。

为什么?道理很简单,距离太近,难辨清浊与高低;大风扬尘,剩下来的,方才是"真金子"。今日活跃在舞台中心的,二十年后、五十年后、一百年后,是否还能常被学界记忆,很难说。作为读者,或许眼前浮云太厚,遮蔽了你我的视线;或许观察角度不对,限制了你我的眼光。借用鲁迅的话,"伟大也要有人懂"。就像今天学界纷纷传诵王国维、陈寅恪,二十年前可不是这样。在这个意义上,时间是最好的裁判,不管多厚的油彩,总会有剥落的时候,那时,什么是"生命之真",何者为学术史上的"关键时刻",方才一目了然。

当然,这里有个前提,那就是,对于那些曾经作出若干贡献的先行者,后人须保有足够的敬意与同情。十五年前,我写《与学者结缘》,提及"并非每个文人都经得起'阅读',学者自然也不例外。在觅到一本绝妙好书的同时,遭遇值得再三品味的学者,实在是一种幸运"。所谓"结缘",除了讨论学理是非,更希望兼及人格魅力。在我看来,与第一流学者——尤其是有思想家气质的学者"结缘",是一种提高自己趣味与境界的"捷径"。举例来说,从事现代文学或现代思想研究的,多愿意与鲁迅"结缘",就因其有助于心灵的净化与精神的提升。

对于学生来说,与第一流学者的"结缘"是在课堂。他们直接面对、且日后追怀不已的,并非那些枯燥无味的"课程表",而是曾生气勃勃地活跃在讲台上的教授们——20世纪中国的"大历史"、此时此地的"小环境",讲授者个人的学识与才情,与作为听众的学生们共同酿造了诸多充满灵气、变化莫测、让后世读者追怀不已的"文学课堂"。

如此说来,后人论及某某教授,只谈"学问"大小,而不关心其"教学"好坏,这其实是偏颇的。没有录音录像设备,所谓北大课堂上黄侃如何狂放,黄节怎么深沉,还有鲁迅的借题发挥等,所有这些,都只能借助当事人或旁观者的"言说"。即便穷尽所有存世史料,也无法完整地"重建现场";但搜集、稽考并解读这些零星史料,还是有助于我们"进入历史"。

时人谈论大学,喜欢引梅贻琦半个多世纪前的名言:"所谓大学者,非谓有大楼之谓也,有大师之谓也。"何为大师,除了学问渊深,还有人格魅力。记得鲁迅《关于太炎先生二三事》中有这么一句话:"先生的音容笑貌,还在目前,而所讲的《说文解字》,却一句也不记得了。"其实,对于很多老学生来说,走出校门,让你获益无穷、一辈子无法忘怀的,不是具体的专业知识,而是教授们的言谈举止,即所谓"先生的音容笑貌"是也。在我看来,那些课堂内外的朗朗笑声,那些师生间真诚的精神对话,才是最最要紧的。

除了井然有序、正襟危坐的"学术史",那些隽永的学人"侧影"与学界"闲话",同样值得珍惜。前者见其学养,后者显出精神,长短厚薄间,互相呼应,方能显示百年老系的"英雄本色"。老北大的中国文学门(系),有灿若繁星的名教授,若姚永朴、黄节、鲁迅、刘师培、吴梅、周作人、黄侃、钱玄同、沈兼士、刘文典、杨振声、胡适、刘半农、废名、孙楷第、罗常培、俞平伯、罗庸、唐兰、沈从文等(按生年排列,下同),这回就不说了,因其业绩广为人知;需要表彰的,是1952年院系调整后,长期执教于北大中文系的诸多先生。因为,正是他们的努力,奠定了今日北大中文系的根基。

有鉴于此,我们将推出"北大中文文库",选择二十位已去世的北大中文系名教授(游国恩、杨晦、王力、魏建功、袁家骅、岑麒祥、浦江清、吴组缃、林庚、高名凯、季镇淮、王瑶、周祖谟、阴法鲁、朱德熙、林焘、陈贻焮、徐通锵、金开诚、褚斌杰),为其编纂适合于大学生/研究生阅读的"文选",让其与年轻一辈展开持久且深入的"对话"。此外,还将刊行《我们的师长》、《我们的学友》、《我们的五院》、《我们的青春》、《我们的园地》、《我们的诗文》等散文随笔集,献给北大中文系百年庆典。也就是说,除了著述,还有课堂;除了教授,还有学生;除了学问,还有心情;除了大师之登高一呼,还有同事之配合默契;除了风和日丽时之引吭高歌,还有风雨如晦时的相濡以沫——这才是值得我们永远追怀的"大学生活"。

没错,学问乃天下之公器,可有了"师承",有了"同窗之谊",阅读传世佳作,以及这些书籍背后透露出来的或灿烂或惨淡的人生,则另有一番滋味在心头。正因此,长久凝视着百年间那些歪歪斜斜、时深时浅,但却永远向前的前辈们的足迹,有一种说不出的感动。

作为弟子、作为后学、作为读者,有机会与曾在北大中文系传道授业解惑的诸多先贤们"结缘",实在幸福。

陈平原
2010年3月5日于京西圆明园花园

前　言

一

周祖谟先生，字燕孙，北京人。生于1914年11月19日。1932年考入北京大学中国文学系(简称国文系)。1936年毕业后，任中央研究院历史语言研究所语言组助理员。1937年6月因母病回北平省亲，7月日本发动侵华战争，交通阻绝，不得南返。1939年北平辅仁大学聘为国文系教员，继聘为讲师、副教授，直至1946年。1947年北京大学聘为中文系副教授，兼文科研究所秘书、图书馆专门委员、北京大学《国学季刊》编辑委员会委员。1950年起任北京大学中文系教授，1953年兼任中国科学院普通话审音委员会委员，《中国语文》和《语言研究》两刊物编辑委员。1979年任北京大学学术委员会委员。1981年国务院学位委员会批准为第一批八位语言学博士生导师之一，同年12月被国务院聘为古籍整理出版规划小组成员。1982年至1984年任中文系古典文献专业教研室主任兼研究室主任。1984年任北京大学古典文献研究所所长。1980年任中国音韵学研究会名誉会长，中国训诂学会顾问，在其他多个学术团体任领导职务或顾问，1984年任《中国大百科全书》副主编，任《汉语大字典》、《汉语大词典》学术顾问。1995年1月14日逝世。[①]

[①] 所据文献：周祖谟《自传》，《周祖谟自选集》，首都师范大学出版社，2008年，第1—9页；周祖谟《往事自述》，《周祖谟语言学论文集》，商务印书馆，2001年，第531—548页；周祖谟《酬答祝寿的谢辞》，中国音韵学研究会《音韵学研究通讯》总第17、18期，1996年12月，第14—15页；中国语言学会《中国现代语言学家传略》编写组《中国现代语言学家传略》，河北教育出版社，2004年，第2025—2033页。

周祖谟先生论著等身,学术著作十余种,论文二百余篇,如《广韵校本(附校勘记)》《汉魏晋南北朝韵部演变研究》(第一分册,合著)、《魏晋南北朝韵部之演变》、《唐五代韵书集存》、《尔雅校笺》、《方言校笺》、《洛阳伽蓝记校释》、《汉语词汇讲话》、《汉语音韵论文集》、《问学集》、《周祖谟文史论集》、《周祖谟语文论集》,等等。

周祖谟先生是杰出的语言学家、卓越的文献学家、教育家、诗人、书法家。其研究领域广及音韵、文字、训诂、词汇、方言、语法、词典编纂、语言教学、对外汉语教学、版本、目录、校勘、敦煌学、文学、史学,等等。周祖谟先生博综群书载籍,淹贯经史百家,以深厚的国学修养、渊博的学识、等身的论著,为我国的语言学事业、古籍整理事业、教育事业作出了卓越的贡献。周祖谟先生是中国20世纪人文科学领域的一位大家,他的著作丰富了我国的学术宝库,影响广大而深远。

二

中国的具有悠久传统的固有学术"语言文字之学"(旧称"小学"),①有三个下位学科,音韵学乃其一,历来被称为"绝学",如清代著名学者、作家李汝珍即宣扬此说。② 在20世纪汉语音韵学史上,周祖谟先生属于贡献巨大的学者行列。

音韵学含语史和学史两个领域,前者指汉语的语音史,后者指音韵学的学术史,周祖谟先生在这两个领域都有具有高度学术价值的论著。

---

① 章炳麟《论语言文字之学》在论述文字、训诂、音韵之学后说:"合此三者,乃成语言文字之学。此固非儿童占毕所能尽者,然犹名为小学,……其实当名语言文字之学,方为确切。"(《国粹学报》1906年第24、25期)

② 李汝珍《镜花缘》第十七回"因字声粗谈切韵 闻雁唳细问来宾":"要读书必先识字,要识字必先知音。""要知音必先明反切,明反切必先辨字母。若不辨字母,无以知切。不知切,无以知音。不知音,无以识字。""每每学士大夫论及反切,便瞪目无语,莫不视为绝学。"罗常培先生为了消除人们的恐惧心理,1944年特意写了一篇文章《音韵学不是绝学》(原载《读书通讯》第83期,收入《罗常培文集》第七卷,山东教育出版社,2008年,第473—481页)。

身兼语言学家和校勘家的周祖谟先生,还为音韵学经典的校订作出了巨大的贡献,泽惠后世。

对于上古音,周祖谟先生著有《诗经韵字表》(此系《问学集》题名,本《文选》依《周祖谟学术论著自选集》[1]题名为《〈诗经〉古韵部谐声声旁表》),将诗经音系按阴、入、阳三系分为三十一部。在音韵学界、古文字学界,对汉语上古音的东部和冬部分合的问题,颇有争议。顾炎武、江永、段玉裁的古音著作中只有一个东部,至孔广森方分出冬部,得到段玉裁、江有诰、夏炘的认可。至20世纪后半叶,有些古文字学家主张东、冬应为一部。[2] 周祖谟先生撰《汉字上古音东冬分部的问题》,条分缕析,提出了自己的见解,主张东、冬还是分为两部为宜。上古音的声调也是个聚讼纷纭的难题,周先生的《古音有无上去二声辨》(此系《问学集》题名,本《文选》依《周祖谟学术论著自选集》收其《古音有上去二声说》,乃《问学集》所收文章的部分。类似情况此后不赘言),指出古无四声说不可信,古无上去二声说与诗经用韵不合,列举大量例子以证上古确有上去二声。1941年8月和10月,周祖谟先生写成"双子星座"般的两篇古音长文《审母古音考》、《禅母古音考》,利用大量谐声、经籍异文的资料论证两汉以上的审、禅两母的古读,以与钱大昕、黄侃、高本汉商榷。

在整个清代的前期和中期,音韵学的研究重点在古音,大家辈出。1842年陈澧著《切韵考》、《切韵考外篇》,这是汉语中古音的奠基之作,揭开了中国音韵学史的新篇章。民国初年,钱玄同、罗常培、赵荫棠等学者发现元代北曲韵书《中原音韵》对近代语音史研究具有极为重要的价值,他们的论著标志了"北音学"的崛起。至此形成了汉语语音史上的三大关键点,即上古时代的诗经音系,中古时代的切韵(广韵)音系,近代的中原音韵音系。有此三点,学人可据以缕叙两千多年的语音史的纵向进程,析其分合,论其衍化,这是一大进步。这一模式,延至今

---

[1] 《周祖谟学术论著自选集》,北京师范学院出版社,1993年。再版时易名《周祖谟自选集》,首都师范大学出版社,2008年。

[2] 如于省吾先生、曾宪通先生等。

日。但是,由于汉语历史悠久,这三大关键点彼此之间相距过远,这种语音史"三级跳"模式的缺陷,自然会引起音韵学人的进一步的思考,激发起音韵学人的创新意识。于是在20世纪上半叶,罗常培、王力、魏建功、周祖谟等先生不约而同地都考虑到填补"空白"的问题,首先要将诗经音系与切韵音系联结起来。由罗常培、周祖谟先生合著的《汉魏晋南北朝韵部演变研究》(第一分册)、周祖谟先生独撰的《魏晋南北朝韵部之演变》,及若干论文《两汉韵部略说》、《魏晋音与齐梁音》、《魏晋宋时期诗文韵部的演变》、《齐梁陈隋时期诗文韵部研究》等等,将公元前3世纪至公元6世纪汉语的韵部变迁作了卷地毯式的研究,填补了近千年之久的空白带,使诗经音系和切韵音系联系起来,厥功甚伟。

南朝梁代顾野王的《玉篇》,是中国字典史上的"一代钜制",其书在中土散佚,只有残卷存于东瀛。9世纪时,日僧空海至唐求法,携《玉篇》返日,据以纂成《篆隶万象名义》三十卷。1935年,周祖谟先生时为大学四年级学生,开始撰写毕业论文,即据空海此书的反切,抄录卡片一万五千多张,主要采用系联法,成《万象名义中之原本玉篇音系》,得出《玉篇》音系的声类39,韵部178,并分别作了构拟。《玉篇》音系的求得不仅对《玉篇》本体的研究作了前所未有的贡献,也大有助于了解其后五十多年成书的陆法言《切韵》的音系内涵,亦可窥见公元6世纪时的中国方言的分歧。

南北朝时期最杰出的学者当为颜之推,他的《颜氏家训·音辞篇》是音韵学史上的经典名文,内容深奥,谜题非尠。清代学者赵曦明、卢文弨、段玉裁曾为之作注,然未惬人意,周祖谟先生作《颜氏家训音辞篇注补》,发其隐奥,疏其滞疑,将《颜氏家训·音辞篇》的研究推向现代的学术前沿,此注超过并世的其他注释。诚为颜之推的功臣。

颜之推同僚好友陆爽之子陆法言于601年成《切韵》,在中国音韵学史上,可谓"经典第一"。切韵音系的性质是音韵学史上的老大难问题,周祖谟先生于1964年发表长文《切韵的性质和它的音系基础》,以极为丰赡的史料和极为细致的考证,提出了"切韵是根据刘臻、颜之推等八人论难的决定,又参考了前代诸家音韵、古今字数编订而成的一部有正音意义的韵书,它的语音系统是就金陵、邺下的雅言,参酌行用的读书音而定的","切韵音系的基础,应当是公元6世纪南北士人通用的雅言。至于审音方面细微的差别主要根据的是南方承用的书音"。此文发表后,瑞典著名学者马悦然即翻译、刊载于瑞典的著名学术刊物上。① 此文可以说是迄今为止关于切韵音系的最重要的一篇论文。②

至于唐五代宋的音韵史和音韵学史的研究,周祖谟先生的功绩更足垂之永久。众所周知,《广韵》是音韵学的一部重要经典,它是中国历史上第一部国颁韵书。③《广韵》是根据五代、宋初流传的切韵系韵书纂录而成,虽经陈彭年、丘雍等校雠刊正,但是成书过速,以致错乱乖谬很多。清康熙时张士俊据汲古阁毛氏所藏宋刊本及徐元文所藏宋刊本校勘重雕,对于宋本,张士俊校改其谬误诚然有功,但是"亦有本不误而以为误者,有显然讹误而未校出者",故张士俊泽存堂本谬讹亦复不少。1936年周祖谟先生临近大学毕业之时,接受当时中央研究院历史语言研究所委托校勘《广韵》,毕业后考进中央研究院,专力从事《广韵》的校勘。周祖谟先生以泽存堂本为底本,参考当时所能见到的《广韵》各种版本,及唐五代韵书(敦煌遗书为多),还利用了段玉裁的大量校语等资料,做了精细的校勘,成《广韵校本(附校勘记)》,1938年商务印书馆在长沙出版了《广韵校勘记》五卷(线装本),因抗日战争及其后的时局动乱,《广韵校本》五卷始得于新中国建立后,1951年由商务印书馆在上海出版,1960年中华书局将《广韵校本》和《广韵校勘记》二者合一。④至今全世界的汉语音韵学的研究家和其他研究中国古代文史学科的学人无不奉《广韵校本》为圭臬。

---

① 马悦然译本刊于1966年 Bulletin of the Museum of Far Eastern Antiquities 第40期,第33—78页。此承黄耀堃教授及其高足代查。
② 此前史学大师陈寅恪先生发表《从史实论切韵》,论列了参与隋文帝开皇初的长安论韵诸人及隋前的韵学书诸作者的生平仕履,然有误处,周文予以订正,为尊重前辈,文中未明言。研究斯学者不可不了解此点。
③ 民国三十年(1941)十月十日,国民政府主席林森、行政院院长蒋中正、教育部部长陈立夫联名颁布《中华新韵》(主要由音韵学家魏建功编纂),这是中国最后一部国颁韵书。
④ 参见鲁国尧《史部新著:〈中国现代语言学家传略〉》,原载《中国语文》2005年第2期,又收入《语言学文集:考证、义理、辞章》,上海人民出版社,2008年。

众所周知，敦煌宝藏是人类瑰宝，其中的韵书及韵学资料很丰富，王国维、刘复、姜亮夫等先生等都曾予以高度重视，并有抄录、校订、纂辑之功，周祖谟先生从1945年开始搜集唐五代韵书等韵学资料，而敦煌残卷搜集不易，整理考辨尤为困难，至1965年写定成书，"文革"后1978年交中华书局，1983年方得面世。《唐五代韵书集存》，是"集大成"性质的著作，此书编录了唐五代写本和刻本韵书三十种，除《唐韵》残卷和故宫藏两种王仁昫《刊谬补缺切韵》外，更多的是敦煌、吐鲁番等地发现的韵书残卷。这些珍贵材料不仅是研究六朝以迄隋唐五代音韵的宝贵资源，也是探讨这一时期的文字、词汇，甚至文化的重要凭借。是书上编收录了三十种韵书及敦煌韵字残叶和切韵法的写本的影印件，纤芥不遗；下编则为考释、辑佚以及两种附表。周祖谟先生对上述各种韵书及切韵资料，以非凡的功力从文献学和音韵学两个视角做了精深的考证，创获卓卓，远迈前此和并世诸家，其为唐五代韵书研究的最高水平是毫无疑义的。本《文选》选录的《论裴务齐正字本〈刊谬补缺切韵〉》，最足展现周祖谟先生敦煌学和音韵学顶尖级的学术成就。

众所周知，汉语的特点之一是很早就有了自己的共通语或共同语，可谓源远而流长，先秦时的"雅言"，汉代的"通语"、"凡语"、"凡通语"，一直发展至明清的"官话"，现代的"国语"、"普通话"。历史上的这些不同的名称，我认为可以用"通语"一词概括之。当今的汉语研究看似繁荣，但是薄弱环节很多，其一即为"汉语通语史"这一分支学科一直没有受到重视。1942年其时音韵学界的情况是，"若乃论及宋代，则迄今尚无撰述见称于世"。周祖谟先生目光如炬，发现宋人邵雍的《皇极经世书》的"声音倡和图"和邵雍诗集《击壤集》的用韵与《广韵》音系大异。"邵氏之书，不仅为洛邑之方音，亦即当时中州之恒言矣"，于此揭出宋代通语以汴洛话为基础方言。周先生以邵雍的"声音倡和图"的天声地音作为主要的研究对象，撰成"皇极经世书声音图解"，复研究北宋及南宋初年的洛阳、汴京地区的程颢、程颐、陈与义、史达祖、宋庠、宋祁等的诗词用韵的分部，又参以现代开封方言，做了宋代汴洛音的构拟，指明与《广韵》音系的差异。结语云："然此足为北音一系之代表，当无疑义也。"1942年中发表的《宋代汴洛语音考》，在汉语通语研究史上，是一篇经典性论文。全文过长,本《文选》据《自选集》选录其一部分,即《宋代汴洛音与〈广韵〉》。

周祖谟先生在中国古典语音学方面的成就亦卓荦可观,他发表了《读守温韵学残卷后记》、《宋人等韵图中"转"字的来源》、《陈澧切韵考辨误》、《邹汉勋"五均论"辨惑》等等,在其《唐五代韵书集存》下册里对敦煌遗书里的"有关字母等韵的写本"如《韵关辩清浊明镜残卷》、《归三十字母例》、《字母例字》等都作了精彩的考释,沾惠后人多矣。

三

周祖谟先生在音韵学上的成就,足以名标青史。他还是一位杰出的文字学家、训诂学家,他是《中国大百科全书·语言文字》卷副主编兼文字学、训诂学的分科主编。

周祖谟先生是位文字学家,他对许慎的《说文解字》和段注都有深湛的研究。他撰有《唐本说文与说文旧音》、《说文解字之宋刻本》、《徐锴的说文学》、《李阳冰篆书考》、《跋丁少山覆刻宋监本说文解字》、《大广益会玉篇跋》、《汉字的产生和发展》、《汉字与汉语的关系》等文。限于篇幅,本前言略叙《许慎及其说文解字》、《论段玉裁〈说文解字注〉》二文。

《许慎及其说文解字》开宗明义称颂许慎是中国文字学的开山祖师,其《说文解字》是一部不朽的著作。周先生引用了许慎的原文:"文字者,经艺之本,王政之始,前人所以垂后,后人所以识古。"接着作了阐释:"我们要读古代的书籍,要了解古代的文化,不懂得古代的文字是不行的。"指出许慎的伟大贡献"不仅在保存了上古时代的古文字,更重要的是他创通文字构造的条例","根据当时对于文字的构造和意义声音关系的理解,即'六书'的分类来分别篆文",正如段玉裁所云"此千古未有之书,许君之所独创"。其后的承传者众,如吕忱《字林》、顾野王《玉篇》、杨承庆《字统》,影响深远,直至今日。周先生又指出,《说文解字》中形声字特多,许慎对形声字的分析,注重声符,这就启示后人将谐声与《诗经》韵字的分部结合起来考察,从而大大推进了古音学的研究。《说文》引经往往与传世文本歧异,这些异文启示后代学者重视通假,而通假的阐发是古音学、古文字学和古籍诠释的有力武器,①这些论述都显示了周先生一身兼音韵、文字、训诂三学科的专家的当行本色。

段玉裁的《说文解字注》是中国语言文字学史上的巅峰之作,体大思精,影响深广。周祖谟先生《论段玉裁〈说文解字注〉》长文,近两万字,全面阐发段注的卓绝之处,段氏经学、小学、校勘学的博大精深的学力尽荟萃于此。段注发明许书通例的文字在书中近五六十处,段注的特点是将《说文》研究和古汉语的词义变迁相结合,将推求词义与古声韵相结合。周祖谟先生也指出了段注的缺失:固然新见迭出,但不乏失之武断处;未能研究周代的铜器铭文;墨守许书,等。这篇五十年前的论文,指出段玉裁"胶执在《说文》的本字本义上,把具有不同文字层的《说文》看成是一个平面的总和",在今日汉语学界盛行"层次"之说的时候,读到这两句几十年前的"老话",能不令人敬服?周先生结语道:"前人评论段注,每多似是而非之论,或如徐承庆之流,好为诋呵,专攻其短,而学识远不及段氏。"读此语可见前辈学者忠厚存心。而时下风气浇薄,诋呵段、王者更下徐承庆一等,因为其所读书远不及徐承庆。

周祖谟先生为训诂学的三本经典作了"校笺",《尔雅校笺》、《方言校笺》生前大行于世,《释名校笺》的部分遗稿发表于《文史》。

《尔雅校笺》系据故宫博物院《天禄琳琅丛书》宋刻本《尔雅》郭璞注加点句读,别取敦煌遗书中的《尔雅》残卷,以及古代辞书、类书引用的文字与之对校,并吸收了清代学者的校勘、研究成果。周祖谟先生指明《尔雅》是一部训释词语的书,"有解释经传文字的,也有解释先秦子书的,其中还有汉代的地理名称。这样看来,《尔雅》这部书大约是战国至

---

① 1980 年周祖谟先生发表《汉代竹书和帛书中的通假字与古音的考订》长文,可谓开风气之先。最近有两位年轻的古文字学者注重通假字的研究,值得嘉许:洪飏《古文字考释通假关系研究》(福建人民出版社,2009 年),叶玉英《古文字构形与上古音研究》(厦门大学出版社,2009 年)。

西汉之间的学者累积编写而成的"①,"其成书盖当在汉武以后,哀平以前"②。周先生还有关于《尔雅》的系列论文,如《尔雅之作者及其成书之年代》、《尔雅郭璞注古本跋》、《尔雅郭璞注与尔雅音义》、《书郑樵尔雅注后》、《重印雅学考跋》等等。

  罗常培先生说"《方言》是中国的第一部比较方言词汇著作",其光辉之处在"逼近语言科学的方法"。③《方言》的刻本,旧有宋本、明本,和清人的校刻本数种,如乾嘉学者戴震《方言疏证》、卢文弨《重校方言》、钱绎《方言笺疏》等,"论学识卢不如戴,论详审戴不如卢"、钱著则"用力勤而发明少",刘台拱、王念孙最为精到。周祖谟先生的《方言校笺》,经始于1943年,以宋李孟传本为底本,参以其他版本,吸收了上述清代名家的成果,可称道的是利用了清人未见的原本《玉篇》、《玉烛宝典》、《倭名类聚抄》、王仁昫《刊谬补缺切韵》、《唐韵》残卷等书中引用的《方言》条目,反复勘,数载辛勤,终于成就了这一部名著,有力地推进了《方言》的研究。1950年6月写毕的《方言校笺序》,论述语言和方言,翔实而精审。尤其是以下两点,闪烁着智慧的光芒。周祖谟先生说:"方言所记的语言,其中以秦、晋语为最多,而且在语义的说明上也最细,有些甚至于用秦、晋语作中心来讲四方的方语。由此可以看出秦、晋语在汉代的政治文化上所处的地位了。进一步来说,汉代的普通语恐怕是以秦、晋语为主的。……春秋时代的'雅言'就是一般所说的官话,这种官话就是'夏言','夏言'应当是以晋语为主的。因为晋国立国在夏的旧邑,而且是一时的霸主,晋语在政治和文化上自然是占优势的。等到后来秦人强大起来,统一中夏以后,秦语和晋语又相互交融,到了西汉建都长安的时候,所承接下来的官话应当就是秦、晋之间的语言了。"整六十年前,周祖谟先生就提出了先秦至西汉时期的汉语共同语的问题,对西汉通语作了明确的论断,如果有人撰著《汉语通语史》,

---

① 周祖谟《尔雅校笺序》,《周祖谟语言文史论集》,学苑出版社,2004年,第431页。
② 周祖谟《尔雅之作者及其成书之年代》,《问学集》下册,中华书局,1966年,第675页。
③ 罗常培《扬雄〈方言〉在中国语言学史上的地位》,《罗常培文集》第九卷,山东教育出版社,2008年,第247、250页。

应该对周先生的这一段话大书特书。① 周先生说"《方言》在汉语语言史上的价值很高,同时在中国文化史上也很重要",因为它可以知道"汉代社会文化情形"。这种重视文化学的观点出现在 1950 年,不也是值得大为叹服的吗?

魏张揖的《广雅》是踵继《尔雅》的又一本古代训诂要籍,"凡先秦两汉经传子史、医书、字书所有而不见于《尔雅》的字大都搜罗在内"。可是长期没有注本,至清代方始有专家董理,如钱大昭《广雅疏义》,王念孙《广雅疏证》,后者是中国语言文字学史上的又一部巅峰之作。周祖谟先生撰有《读王念孙广雅疏证简论》,这篇文章的特色在以实事求是的精神辩证地论述《广雅疏证》的高度成就,也不讳言其缺点。"在清代校勘家里面王念孙是最杰出的人物"②,王氏以《广雅》的宋本、明本相互校,又旁及《说文》、《玉篇》、玄应《一切经音义》、《集韵》、《太平御览》等,所校原书的讹误衍夺达一千余条。"至于阐发训诂方面,王氏既能贯穿群书,援引精确,而又能疏通古训,独标新解。""旁征博引,参互比证,即音以求字,因文以考义,所以解说精当,往往出人意表。"周文也指出王氏之失,"《疏证》一书并非全无罅漏,学者应当善于分析辨别,从中寻出脉络,挈其纲领,去其凌杂,取其精华,进一步贯穿古今,阐发义例,建设汉语的词义学"。这就是中国学者的实事求是的精神!多么可贵的精神!

四

周祖谟先生不仅对汉语史的研究和古典文献的整理这两大领域有杰出的贡献,而且将研究领域扩展至现代汉语,具体说,在现代汉语词汇学的创立时期,周祖谟先生起了重要的奠基作用。他的《汉语词汇讲话》,在《语文学习》杂志 1955 年第 4 期至 1957 年第 10 期连载,当时就

---

① 关于汉语通语史应该得到重视的论述,见《语言学文集:考证、义理、辞章》第 8、17 页,上海人民出版社,2008 年。
② 周祖谟《问学集》下册,第 707 页。

引起了语言学界和教育界的异常重视。经修订后,人民教育出版社于1959年出版单行本。此书共分五讲:1.词和词汇;2.词义;3.同音词、同义词和反义词;4.现代汉语的词汇和词汇的变化;5.汉语词汇规范化问题。书不厚,但"以少许胜多许"!这是第一部全面、系统地论述现代汉语词汇的著作。"该书体系完整,观点明确,材料恰当,提出很多问题并作了初步论证,可以称得上是一本简明扼要地论述、介绍现代汉语词汇的一般理论和方法的著作。这部著作直至今日仍不失其价值。"①周先生1984年在日本京都大学作了题为《汉语语词意义的转变和发展》的讲演,文章收入《周祖谟自选集》,从《诗经》、《尔雅》、《史记》一直讲到当代,贯通古今,胜义纷披。

五

周祖谟先生很重视中国语言学的学术史。他对古音学史的造诣非常之深,撰有《吴棫的古韵学》、《古韵学顾江段孔四家书述评》,又为中华书局影印《音学五书》、《古韵标准》、《六书音均表》、《诗声类》撰写的四篇"前言",凡此都深得前人之旨。周先生对《说文解字注》、《广雅疏证》这两部乾嘉大师的巨著作了述评,在《尔雅校笺》、《方言校笺》等书中评骘前此诸研究者的得失,都切中肯綮。周先生还撰写了《中国训诂学发展的历史》、《训诂学的继承和发展》、《中国词典学发展的历史》、《近三十年中国语文词典编纂法的发展》等等。

六

周祖谟先生是20世纪的卓越的语言学家,对汉语语言学的贡献巨大,这是周先生生前身后所有中国语言学人的共识。② 请看这些著论的题名吧,除了上文所述及的《汉魏晋南北朝韵部演变研究》、《魏晋南

---

① 周荐、杨世铁《汉语词汇研究百年史》,外语教学与研究出版社,2006年,第142页。
② 竟有人只谓之"语文学家"。

北朝韵部之演变》、《万象名义中的原本玉篇音系》、《切韵的性质和它的音系基础》、《宋代汴洛语音考》等等之外,再举若干例:《汉语发展的历史》、《汉字与汉语的关系》、《敦煌变文与唐代语音》、《唐五代的北方语音》、《汉代的方言》、《关于唐代方言中的四声读法》、《切韵与吴音》、《宋代方音》、《现代汉语词汇的研究》、《现代汉语方言的研究》,等等。这些论著,顾其名而思其义,其宗旨就是研究语言。研究语言而有丰硕的成就,而有精深的造诣,而有重大的贡献,自然是语言学家,而且应该尊为杰出的语言学家!周祖谟先生的学术地位是不能被诋呵的,是不能被动摇的。周先生研究语言及其历史,是侧重他所搜集的海量的文献资料的,但周先生也重视现代方言,他研究宋代通语,既利用了植根于当时语言的《皇极经世书》的声音倡和图和两宋河南人士的诗词用韵,也重视现代开封方言,并据之作了构拟。在研究原本玉篇音系的最后也作了声韵系统的构拟。周先生是历史文献考证法与比较法并用的,这有他的论著可证。时下有种误人亦误己的说法:只有用西洋的比较法才算是研究语言,如此才算是语言学家;而利用文献资料研究语言,则不算研究语言,也就不算是语言学家。这种说法若不是瞀乱到连起码的常识都不顾,就是挟洋以自重。王国维先生说:学无新旧中西。[①] 笔者引申:人无分东西,地无分南北,方法无分中西,只要研究的对象是语言,不论用何种方法,只要对"语言事实的搜集和分析"[②]有成果的就是语言学家,有大成果的就是大语言学家!这是无可置疑的。墨守谬说者食洋不化,有害于自身,也戕害了学术。

七

周祖谟先生还是一位有杰出成就的校勘家,他的优秀成果有《方言

[①] 王国维著《〈国学丛刊〉序》:"学之义不明于天下久矣。今之言学者,有新旧之争,有中西之争,有有用之学与无用之学之争。余正告天下曰:学无新旧也,无中西也,无有用无用也。凡立此名者,均不学之徒即学焉而未尝知学者也。"(见《观堂集林》下,河北教育出版社,2001年,第875页)

[②] 朱德熙先生之语,见《语文研究》2002年第4期。

校笺》、《尔雅校笺》、《释名校笺》、《广韵校本》,前面都曾作了简介。这四大名著都是中国语言学的经典著作,周祖谟先生的校笺本具有权威性。恕我妄言,语言学的古籍只能由精通版本目录校勘的语言学家来董理,我的说法不是没有根据的,请看中华书局1995年出版的《通志二十略》,翻其中的《七音略》,只见校语寥寥可数,原来此书是一位历史学家点校的。

会让语言学人惊诧的是,周祖谟先生还著有《洛阳伽蓝记校释》一书。《洛阳伽蓝记》乃我国中古史上的名著,与郦道元《水经注》并称双璧,作者为北魏杨衒之。这本书对研究北朝前期政治、民族、文化、宗教、建筑、民俗以至中外交通,等等,都有重要意义。要给这本书作校订和注释,除必须具有高阶的古汉语水平外,还需要多方面的学术修养,如涉及梵音处,周先生特向梵语专家季羡林先生(1911—2009)和印度师觉月教授(Prabodhi Chandra Bagachi,1898—1956)求教,周祖谟先生的这本《校释》做了三件事,一是校勘,利用了《永乐大典》、《元河南志》等前人未曾用过的史料;二是力图解决正文和子注析分的难题;三是准确的注释。此书创获卓卓,饮誉寰宇,堪称同类书中的最高水平,这可用著名南北朝史专家王伊同教授的评价为证。王伊同先生(1914—),长期在美国大学执教,他在海外读到了周祖谟先生的《洛阳伽蓝记校释》后,写了《〈洛阳伽蓝记〉札记兼评周祖谟〈校释〉》,给予如此高度的评价:"嗣读衒之书者,手此一编,无复搜索考证之烦。诚孟坚之师古,学海之杰魁。""裴松之注《三国志》,尝云:'绘事以众色成文,蜜蜂以兼采为味。故使绚素有章,甘逾本质。'周氏此注,鸠集传记,增广异闻,功在士林,诚必传之作。"①

八

周祖谟先生的主业是文字音韵训诂之学和校勘目录版本之学,但是他的深厚的国学修养也见之于文史之学。他写过《释古代文学评论

---

① 《王伊同学术论文集》,中华书局,2006年,第130、134页。

中的文气说》、《中国古代诗歌的比兴和想象》、《读纳兰词书后》、《北魏的佛教与政治》、《胡三省生卒行历考》、《宋亡后仕元之儒学教授》等文，可见周先生的治学面之广，本来中国的传统是文史不分家，老一辈的学者都能体现这一优良传统，可叹的是此道将绝矣，更可惊异的是当今竟有人堂而皇之地反对语言学与文史结合！

九

周先生何以能取得如此高的成就？而这些成就是今人不能望其项背的。这个问题应该是具有普遍性的问题，即他那一代的学者中很多人何以都有很高很高的水平。周先生十分勤奋当然是他能跻身大家行列的原因之一。上世纪50年代我在北大求学时，图书馆的老馆员常跟我们说："你们的周先生年轻时总是开馆就进入，闭馆方离开的。"我以为，周祖谟先生博极群书，淹贯文史，具有深厚的国学修养，在语言文字学和校勘学两个学科都有非凡的成就，这是他的光辉之处。细读周先生的论著，可体味到这样一个深层道理：周先生的校勘著作里，蕴含着语言学的矿藏；而在语言学论著中，包容了校勘学的成果，"挹此注彼，挹彼注此"，左右逢源，取资宏富，达到融通境界。前者可以王伊同《〈洛阳伽蓝记〉札记兼评周祖谟〈校释〉》的评语为证："周氏以训诂音韵名家，……于北朝史，亦向所措意。《伽蓝记》文字音义诸节，随手诠注，立成的论。如卷五（页221）'閱然似仰蜂窠'句，注云：'閱然，各本并作閃然，閃并閱字之误。《广韵·屋韵》：閱，初六切，众也，出《字统》。《字统》者，后魏阳承庆所撰。云閱然者，指孔穴之多，故云似仰蜂窠。'"[①]

凡学人无不同意这样一种观点：大批资料的发现可能导致一门学问的崛起或腾飞。以我国近代而论，诸如1899年安阳殷墟甲骨文的发现，1900年敦煌莫高窟藏经洞六万卷中古文献的发现，近若干年众多竹书、帛书文献的不断出土，这些都是我们所熟知的事实。可以说，不能上穷碧落下黄泉，致力于搜集能搜集到的资料（传世的、出土的文献

---

① 《王伊同学术论文集》，中华书局，2006年，第131页。

资料自然是其主要部分),那研究就很难获得出众的成果。重视文献,尤其是寻觅珍稀资源,这是校勘家职业的本能。周祖谟先生的学术特色是极为重视文献,踏破铁鞋去觅求资料。兹举数例,周祖谟先生在治语言文字之学的六十年生涯中,一贯重视敦煌遗书,除了《唐五代韵书集存》的主要内容是论述敦煌的韵学文献外,周先生的《骞公楚辞音之协韵说与楚音》、《论文选音残卷之作者及其方音》、《读守温韵学残卷后记》、《敦煌唐本字书叙录》、《敦煌变文与唐代语音》、《唐五代的北方语音》等文都从敦煌残卷中获取珍贵资源。周先生研究了大藏经中的日本沙门安然悉昙藏,写成《关于唐代方言中四声读法之一些资料》、《宋人等韵图中'转'字的来源》。从邵雍《皇极经世书》发现了非正宗的"另类"的,但富有高度价值的宋代韵图写成了《汴洛语音考》。须知,上述诸文多是周先生在上世纪三、四十年代写成的,那时敦煌学在中国还处于刚刚起步阶段呢。20世纪70年代陆续有竹简出土,周祖谟先生于1980年即发表了《汉代竹书和帛书中的通假字与古音的考订》,这是敏锐地发现学术增长点、迅速地利用出土文献以治音韵学的范例。周祖谟先生的学术历程与学术特色,发人深省之处甚多,此处只述两点:首先,一个学者应该具有敏锐的目光,勇敢地抢占学术前沿;其次,如今地不爱宝,竹书源源不断地被发现,应该像周祖谟先生那样走音韵学与古文字学相结合的道路以推进古音学的研究,玩概念的现象是难有前途的。①

综察周祖谟先生治学的特点,依鄙见,特拈出"广大、精深、创新"六字。周祖谟先生是一位杰出的语言学家,他出入于音韵、文字、训诂、词汇等语言学的诸分支学科,相互会通,皆有重大创获;他又是卓越的校勘家,治目录、版本、校勘之学;又擅敦煌学、文史之学的领域:这是周祖谟先生广大的一面。周祖谟先生在海量资料的基础上,作致密的考证,细入毫芒,精湛深邃:这是他的精深的一面。追求正确,追求完善,追求卓越,追求巅峰,此即创新,必能发人之所未曾发,言人之所不能言,而

---

① 上海《文汇报》2010年3月19日《忽悠消费者,鸡蛋玩概念》:如今鸡蛋名目繁多,保洁蛋、绿色蛋、低胆固醇蛋……,都是忽悠消费者。此文于治音学者岂无启发?

写出大量必传之作:这是周祖谟先生的创新的一面。

总而言之,周祖谟先生之学纵贯古今,横通诸学,卓然自成一大家,而屹立于中国20世纪的人文学科大家的行列。

十

周祖谟先生的早期论著,有很多以文言文为载体。古人云"文如其人",周先生无论使用文言或白话,其语言特色可以用四字概括,即"雍容典正",今日读者如以周文与并世其他专家比较,就能体味到这一特色。(也可以将周祖谟先生的文言论文和历史学家王伊同先生的文言论文相较,后者奥僻之辞较多。)

周祖谟先生以学问名家,亦擅诗词,工书法。

《二十世纪诗词注评》载周先生《赴敦煌道中》诗,谨迻录于此:"祁连峻岭堆冰雪,嘉峪关高见戍楼。古道逶迤随树转,山泉萦绕傍田流。沙平日暮风烟静,野旷天低禾黍稠。陇雁南征声唳唳,明驼载货去悠悠。"[①]周先生1995年逝世后,在其老友徐复先生的指导下,南京师范大学主办的《文教资料》杂志于1995年第3期出一纪念周祖谟先生的专辑,内载燕孙先生哲嗣周士琦先生所辑的燕孙先生《片羽集诗词抄》若干首。

周先生书学右军,妍美遒劲,《北京大学当代学者墨迹选》收周先生四帧行书作品:"重游西安兴庆宫诗"、"寄赠饶宗颐"、"呈清水茂"、"游四川灌县都江堰离堆二王庙"。[②] 我1991年春在京都时,京都大学木津祐子(现京都大学教授)陪我拜访池田武雄教授(1913—1997,唐作藩先生《音韵学常识》日文本的译者),见其客厅壁上悬一玻璃镜框,内贮一横幅,乃周先生自撰并书赠池田武雄教授的长篇歌行,堪称诗、书二绝,惜乎当时未能抄录,此乃"重要文化财"也(此五字乃日本对仅次于

---

① 钱理群、袁本良《二十世纪诗词注评》:"点评:古道雄关,平沙田畴,雁行驼队,好一幅西北边疆风光图。"广西师范大学出版社,2005年,第331页。

② 梁惠陵选编《北京大学当代学者墨迹选》,北京大学出版社,1992年。

"国宝"的文物的称呼),愿扶桑学人珍藏之。

北京语言大学王恩保教授编《古诗文吟诵集粹》(北京语言学院出版社出版,1993年6月),内有周祖谟先生吟咏的六首:崔颢《黄鹤楼》、李白《春夜洛城闻笛》、杜甫《登高》、刘长卿《长沙过贾谊宅》、李商隐《流莺》、欧阳修《玉楼春·别后不知君远近》,周先生的吟咏可谓中国传统诗词吟咏的正宗,有如白居易《五弦弹》诗所云,"正始之音其若何?""一弹一唱再三叹""融融曳曳召元气,听之不觉心平和"。

周祖谟先生是大学者,学问广博而渊深,同时显现了深厚的传统文化素养。纵观周先生和周先生同时代的学者,他们除了专业学问外,也擅长文言文写作,工诗词、善书法,至于吟咏对他们来说乃寻常事耳,因此可以说,自晚清以来,在西洋文化的长时间强势冲击下,至20世纪三、四十年代,犹可谓"文采风流今尚存"。越七十年而至今日,情况如何呢?治中国古典文学、古代汉语、古代哲学、古史学的教授和研究员们有几人能写文言文、旧体诗词,工书法,能吟咏?这些都将成"广陵散"矣,能不令人扼腕! 在"全球化"、"与国际接轨"的风潮席卷下,如今的美欧模式,更具体地说盎格鲁-撒克逊模式弥漫、笼盖了整个中国教育、中国学术,"大学排行榜"、"SSCI"等变本加厉,推波助澜,连学术论文都程式化、一律化,……凡此种种,遂使中国的传统文化成了"濒危物种"。而竟然有人不以为非,反以为是。每思及此,不禁觉悲从中来!

十一

段玉裁曾云:"古之以别集自见者多矣,而多不传;传矣,而不能久;传且久矣,而或不著;其传且久,久而著者,数十家而已。其故何哉?盖学有纯驳浅深,而文又有工拙之不等也。"[①]

周祖谟先生的论著,义深而文工,其"传且久,久而著",必矣!

---

① 段玉裁《潜研堂文集序》。

十二

北京大学中文系为百年系庆,决定出版名家文集多本。陈平原主任令我为业师燕孙先生编《文选》,并撰写前言与学术年表,愚陋如我不足当此大任,然不敢违命,亦欲以此报师恩于万一也。于是勉力为之,选目及前言草稿曾呈请唐作藩、郭锡良、曹先擢、周士琦、周荐、徐朝东、李子君、徐从权诸位先生赐教,获益良多,谨申谢忱。吉林大学李子君教授为人敦实,为学谨严,读书广博,因请为"学术年表",承赐允,谨此致谢。

编选中参考了燕孙先生的《周祖谟自选集》(首都师范大学出版社,2008年)、周士琦先生的《周祖谟语言学论文集》(商务印书馆,2001年)和《中国现代语言学家传略》等。"前言"中历叙燕孙先生各论著成就时,引用先生文句甚夥,为避免注释过多,一般不出注。

鲁迅先生说:"至于选本,我倒以为是弊多利少的。""不过倘要研究文学或某一作家,所谓'知人论世',那么,足以应用的选本就很难得。选本所显示的,往往并非作者的特色,倒是选者的眼光。眼光愈锐利,见识愈深广,选本固然愈准确,但可惜的是大抵眼光如豆,抹杀了作者真相的居多,这才是一个'文人浩劫'。"① 我这个愚弟子识浅才疏,确如鲁迅先生所云,目光如豆,肯定会"抹杀""作者真相"。而燕孙先生专著十几本,论文两百多篇,可以入选、节选者可至百万字,然陈主任规定字数不得过廿万。故恳请读者诸君直接研读《问学集》、《周祖谟文史论集》、《周祖谟自选集》及各专著。此前言的谬误之处亦祈求教正。

鲁国尧

2010年3月21日子夜稿成,

4月2日修改,8月中旬再改

---

① 鲁迅《且介亭杂文二集·〈题未定〉草(六)》。

2010年8月15日附记：近日在书坊读到白化文先生《北大熏习录》（北京大学出版社，2010年），其中有一篇《周燕孙（祖谟）老师二三事》"最后要订正一件小事：周老师属虎，生于民国三年甲寅，即公元1914年。生日是农历十一月十九日，按公历计算，已是1915年1月4日。解放后，对外以阳历11月19日为生日。北大中文系为周老师庆祝80寿辰，就以阳历为据，在1994年11月开会庆祝。……此虽小事，后来人欲编辑先生年谱、学谱的人可能不知，故附记于此。""周先生于1995年1月14日凌晨3时10分逝世。"

汉字上古音东冬分部的问题*

《诗经》古韵部的类别，自清代顾炎武开始直到近代已经研究得比较精到了，可是有些学者对个别之韵部的分合还有不同的看法，现在又有人提出一些新的见解，需要讨论。

从方法上来看，大家都是凭借着《诗经》、群经、《楚辞》以及先秦诸子的押韵进行研究，并跟汉字的谐声系统相印证。其结论所以不同，原因是多方面的。有的是由于对韵的理解不同，是属于同部字相押，还是异部字相押，意见不一致；有的是由于对是否属于特殊的方音现象的看法不同；还有的是由于对声调的分类有不同的见解，以致分部不能一致。

现在所要谈的是《诗经》音"东""冬"分部的问题。"东""冬"分为两部，这是孔广森的发明，后来得到段玉裁、江有诰的认可。江有诰因"东""冬"今音相同，把"冬"部称为"中"部。孔广森在《诗类声》里定"东""冬"为两部，并指出"冬"部字与"侵"部最近，与"蒸"部稍远。江有诰在《音学十书》里指出"东""冬"的分别在于"东"每与"阳"通，"中"（冬）每与"蒸""侵"合。后来张惠言、丁履恒等人也都跟孔广森、江有诰的意见一样。惟有严可均的《说文类声》不同意孔广森的意见，他把"冬"部字归入"侵"部，定"冬""侵"为一部，这样就生出歧异来了。近人章太炎在晚年也主张"冬"部字当归"侵"部，否定了自孔广森以来分"东""冬"为二，"冬"独立为一部的说法。这是一方面的问题。

可是，现在又出现了另一方面的问题，就是古文字学家于省吾先生又提出"东""冬"应当是一部，不是两部的说法。他在《甲骨文字释林》里有〈释甹·甶兼论古韵东冬的分合〉一篇文章。他认为甲骨文的"甹"字是"雝"的原始字，"雝"（雍）在《诗经》音中是"东"部字，这是前人一致

---

* 本文为1984年5月21日在日本29届国际东方学者会议的讲演稿。

的意见,可是,宫殿的"宫"字甲骨文从"冎",如此则"宫"字不当属于"冬"部,而应归之于"东"部。其他与"冎"有关的字,有"躳"(躬)"窮"(穷)二字,也应归属"东"部。因此,他认为"东""冬"不应该分立,"冬"部字应归入"东"部。这样又跟以前顾炎武、江永的分部相同了。

有了这两方面的问题,究竟怎样确定才好,就有讨论的必要。

我们可以先看"冬""侵"两部的关系。在《诗经》里"冬""侵"两部字通押的有以下数例(加圆圈的是侵部字):

《秦风·小戎》:中骖
《豳风·七月》:冲阴
《大雅·思齐》:宫临
《大雅·凫鹥》:潨宗宗降饮崇
《大雅·公刘》:饮宗
《大雅·荡》:谌终
《大雅·云汉》:甚虫宫宗临躬

《诗经》里"冬""侵"通押的例子只有这么七处。这些诗大体都是公元前六七世纪以前的诗,地域范围都在关中,也就是古时代的雍州。至于《诗经》中周南、召南、邶、鄘、卫、王、郑、齐、魏、唐、陈、桧、曹诸国诗,押"侵"韵的有十二处,押"冬"韵的有七处,就是没"冬""侵"通押的例子,而诸国都在关中以东,地域包括甚广。由此可见"冬""侵"通押不是普遍现象,而是《诗经》时代部分地区所有的早期的一种方音现象,不能作为《诗经》的一般现象看待。我认为要为《诗经》分别韵部只能以一般现象为主,以偏概全是不妥当的。如果不守着这条原则,有些韵部的界画就模糊不清了,甚至于要把前人已经分清楚的也合并起来,那就是"大道以多歧亡羊"了。《诗经》中不同韵部在一起押韵的还不算少,其中有的是由于方音本来如此,所以通押;也有的不是出于方音之本然,而是因韵部读音相近,作者一时权宜通押。我们不能不细心分辨。上面所举的《诗经》"冬""侵"相押的例子确实具有地区性,所以我认为那是方音现象。

《诗经》中除了有"冬""侵"通押的例子以外,还有一处"冬""蒸"通押的例子,即《大雅·召旻》,以"中弘宫"为韵,"弘"是"蒸"部字。另外还有少数"蒸"部字和"侵"部字通押的例子。在《大雅》内有三处,在《鲁颂》内有一处:(加圆圈的是"蒸"部字)

《大雅·大明》:林兴心
《大雅·生民》:林林冰　登升歆今
《大雅·閟宫》:乘縢弓綅增膺惩承

由此来看,"冬""侵""蒸"三部韵母的读音必然比较接近。现在学者一般都把这三部的主要元音拟为[ə]是有道理的。"侵"部是收-m的,"冬"部上古最早也可能是收-m的,因为"冬""侵"有相押的关系。可是至少在东周时代已有广大地区读为收-ng的了。推想最早冬部字的韵母原来有合口性质的成分,合口成分与-m拼在一起而发生异化作用,所以-m就变为-ng。不过,在某地区的方言里还有读-m的遗留,因而出现"冬""侵"通押的现象。

以上是我对第一问题的看法。

说到第二个问题,即"东""冬"是否为一部的问题。对于"东""冬"当分与否,前人的意见颇不一致。主张不分的是以《邶风·旄丘》"戎东同"为韵和《小雅·蓼萧》"浓冲雍同"为韵作为根据。"戎""浓""冲"三字孔广森是作为"冬"部字看待的。"戎""浓""冲"既然与"东"部的"东同雍"在一起押韵,所以"东""冬"难以分为两部(见丁履恒《形声类编》王念孙信)。主张不分的,又因为《易经》"彖传""象传"中也有"东""冬"两部字相押的例子,所以越发觉得"东""冬"实是一部。

我们认为《诗经》中"东""冬"分用的现象是比较清楚的,《旄丘》、《蓼萧》"东""冬"两韵字相押,那只能算是例外。至于《易传》自是《易传》,跟《诗经》这一部诗歌的总集不可同日而语,其间又有时间和地区的问题,不能不分别开来看。《诗经》中"东""冬"两部,如江有诰所说"东每与阳通,冬每与蒸侵合",界域分明,不可归为一部。

谈到于先生的意见,因为甲骨文的卣为"雍"字,而认为从卣得声的"宫"字、"躬"字和从"躬"得声的"穷"字都同归"东"部,进而说"东""冬"当为一部,这跟《诗经》的押韵不合。如果按照前面所说的"中"、"宫"、

"躬"等字上古最早是收-m的话,那么,"雍"字也可能原来属-m类,后来分化入"东"部,犹如"风"字从"侵"部转入"冬"部,后来又转入"东"韵("风"是唇音字,《切韵》收"东韵","雍"是喉音影母字,《切韵》收"钟韵")。那么,"中""宫""躬"另为一部也是说得通的。

还有,在文字谐声方面,一个字跟本身的声符不在一部的也不乏其例,如"昏"从"民"声,"民"在"真"部,而"昏"在"文"部;又如"斯"从"其"声,"其"在"之"部,而"斯"在"支"部。这样看来,虽然"宫"从"吕"声,"宫"与"吕"不属于同一部也是可能的。我的看法是:于先生利用古文字去说明古音韵,这种做法不无道理,但还不能证明"东""冬"是一部。"冬"部除"宫"、"躬"、"穷"以外,还有"中"、"冬"、"农"、"虫"、"宗"、"宋"、"众"等字,于先生都没有提,那些字又有什么证明都同样属于"东"部,也是问题。在先秦诸子书中的"东""冬"合韵的也很少,"东""冬"到两汉仍然有分;下至魏晋时期,除陆机、陆云、左思以外,"东""冬"的界限仍然秩然不紊,直到刘宋时期才合为一部。

我想,声音的转变,从分而合是有条件的;但是由合而分,分而又合,似乎于音变条例不合,除非有足够可信的证据。所以我主张汉字上古音《诗经》韵部"东""冬"分为两部较妥。经过这一番讨论,概括起来说"东""冬""侵"三部有分,不宜有所更易。我们论定《诗经》韵部的分合要能分辨一般与特殊,我们研究语言的历史始终不能不注意时代的先后和方言的差异,同时还要能从音理上推寻其原委才行。这些就是我要说的最主要的意思。

1984 年 1 月

(选自《周祖谟语言学论文集》,商务印书馆,2001 年)

古音有上去二声说

四声之名,古所未有,学者皆知始于宋齐之世。至于四声之分,则由来已远,非始于江左也。魏晋之人为文制韵固已严辨四声,即上求周秦两汉之文,亦莫不曲节有度,平必韵平,入必韵入。故知字有声调之别,自古已然。惟古之声调是否有四,卒不易辨。清人论古音者所见各殊,或曰古无四声,或曰古有平上入而无去,或曰古有平上去而无入,或曰古四声均已具备。斯可谓异说纷纭,杂然并陈矣。然则孰是孰非,不可不论也。

一　古无四声说不可信

古无四声说,源于明陈第。陈第作《毛诗古音考》既明古音与今音有异,又谓四声之辨非古所有。其意以为古人之诗既在求其可歌可诵,则平仄互协,不以为嫌,与后世文人之严于界画者不同。尔后清初顾炎武著《音学五书》,承其绪论,而立说更加广泛,此为古诗用韵,四声一贯,本无平上去入之分,且谓入为闰声,可转为平上去。《音论》云:

> 四声之论,虽起于江左,然古人之诗已自有迟疾轻重之分,故平多韵平,仄多韵仄。亦有不尽然者,而上或转为平,去或转为平上,入或转为平上去,则在歌者之抑扬高下而已。故四声可以并用。

又云:

> 《诗》三百篇中亦往往用入声之字,其入与入为韵者,什之七八;与上去为韵者,什之三。以其什之七,而知古人未尝无入声也。以其什之三,而知入声可转为三声也。故入声,声之闰也,犹五音

之有变宫变徵而为七也。

此谓古人未尝无入诚是矣,若谓入与平上去三声协韵,而入可转读为三声,则非。盖诗中去入通协者有之,入与平上通协者绝寡。凡顾氏《诗本音》中所谓上入通为一韵者,往往不同一部;所谓平与入通为一韵者,往往平入分用。既非一韵,又非同部,平自读平,入自读入,不可转入为平也。如《秦风·小戎》首章二章平入分别画然,而顾氏必以为通韵,遂改入读平。又《豳风·七月》六章上入分用不乱,而顾氏谓入可转上,因定为一韵。是则入或为平,或为上,通转无方矣。其所谓古无四声之说实不可信。良由《诗》韵之部类分辨未精,用韵之方例审视未密,遂以不同部之字为同部,且以此不同部之字,其四声不同而见用于一章者为通协矣。宜乎顾氏不知古四声有别也。

顾氏之后,江永著《古韵标准》,固亦用古无四声之说,然能明于通变,不苟为附合之论。凡顾氏为求诗韵合谐而别转一音者,皆不复从。且曰:"入声与去声最近,《诗》多通为韵。与上声韵者间有之,与平声韵者少,以其远而不谐也。韵虽通,而入声自如其本音,顾氏于入声皆转为平为上为去大谬。"(《标准》卷四入声第一部总论)

二 古无上去二声说与《诗经》用韵不合

顾江之后,段玉裁作《六书音均表》创古四声不同今韵之说。其论古四声云:

> 古四声不同今韵,犹古本音不同今韵也。考周秦汉初之文,有平上入而无去。洎乎魏晋,上入声多转而为去声,平声多转为仄声,於是乎四声大备,而与古不侔。有古平而今仄者,有古上入而今去者,细意搜寻,随在可得其条理。

段氏指出古音已分平上入三声诚然是矣,然谓古音无去声一类,犹与诗韵不尽相合。

考段氏立说之根据不外二者:一曰《诗经》用韵,二曰文字谐声。此固为审音之要求,求韵之大方,然而用贵有当,不可牵强。即《诗经》用韵而论，去与平或与上相协者有之，与入相协者亦有之。去与入相协者，段氏以为古必读入；与平上相协者，古必读平上。从文字谐声观之，阴声韵去入相关涉者多，阳声韵平上去牵连者众。故凡去与平上相关涉者，段氏以为古读平上；与入相关涉者，古当读入。因此段氏定古音无去之说。然而案之《诗经》用韵与文字谐声，其说犹未为是。

考之《诗经》用韵，虽去声有与平上入三声通协者，但去与去自协者固多。如之、鱼、脂、元诸部之去皆自成一类，不可谓古音无去也。若就谐声而言，去声字亦有不与平上入相涉者。如东部之"弄"，元部之"贯乱见建赞算"，脂部之"四罪弃胃对頪隶"，祭部之"外卫败带咞继贝介"，支部之"解"，歌部之"坐卧"，幽部之"就售"，宵部之"盗"，侯部之"扇寇"，皆难以定其非去。段氏未加详辨，重其合而不重其分，其误一也。

且夫过信古今声调有异，而不知古人为诗自有通变，则误以上与去及去与入通协者皆为一类矣。知从偏旁以求四声之分，而不知偏旁相同者其四声未必相同，（犹之乎同从一声旁之字，其声纽不尽相同也。）则误以诸字之由一声孳衍而来者，皆与其得声之字共为一声矣。其失已甚。又况据《诗》韵与文字谐声交互以证古四声之分合，孰为可信，岂可漫无分辨乎？盖《诗》之协韵，何者为平，何者为去，其可明者也；文字之谐声，一音所生诸字是否其声调必同，乃不可明者也。夫不可明者自不能与可明者并论。苟《诗》之协韵，分画犁然，则不得复据谐声以证其合。段氏重谐声而不重《诗》韵，其误二也。

又古韵各部所具之声调未必尽同，此部无去，他部则否，岂可断言古必无去。段氏以一概全，其误三也。

抑有进者：前人论韵均举《诗经》及群经、《楚辞》为证，然而群经中往往杂有战国以迄秦汉之作，战国以后上去二声均已逐渐具备，前人因《三百篇》之用韵上去二声犹有分辨不十分明确者，遂并群经中分用甚明者而亦揉合之，是忽略事实，强古人以从我，非慎思明辨之道矣。段氏抑且谓《切韵》以前无去不可入，昧于时代之演变，其误四也。

综兹四端，可知段氏立说虽似牢不可破，其实不然。今欲论古声调,自当以《诗》韵为主。《诗》韵有去,而段氏认为无去,是与《诗》韵不合。

段氏立说有误,而近代学者多宗之,是不细察之过。甚且如黄季刚先生复倡古音无上之说,亦以《诗》音及文字谐声为证。以为《诗经》用韵上与平通协者多(实际并不多),而文字之谐声,其声子声母全在上声者又少,故定今之上声古皆读平。实则黄氏之误,正与段氏古音无去之说相若。观其《诗音上作平证》一文(见黄永镇《古韵学源流》。)以《诗》中平上通韵之例为古本音,殊为牵强。考《诗》中上声分用者多,与他类合用者寡,以寡论多,于理不合。何况此数例虽与平相协,其不与平相协之上声字犹多,焉能统归为平声?其误不辨自明。再从文字谐声观之,之脂鱼幽诸部之上,皆截然自成一类者,段氏独能分之,其卓识诚不可没。黄氏必谓声子声母全在上声者绝稀,故作革新立异之言,实不可信(杨树达已有《诗音有上声说》一文,见《积微居小学金石论丛》)。

三 证古有上去二声

自段氏创古无去声之说以后,学者多以为古四声不备矣。迨段氏卒后之七年,江有诰始证明古人实有四声,特古人所读之声不尽与今韵相同耳。有今之上去古读为平者,有今之平去古读为上者,亦有今韵一声而古人本有二声者。江氏因仿顾氏《唐韵正》之例,著《唐韵四声正》一书,凡古声与今声有异者皆一一为之辨识,使学者得知古今异同之所在,并藉以论古四声之分类。道光二年壬午冬(公元1822)寄书与王念孙,述其所见。略谓古韵二十一部中,其四声具备者七部,曰之幽宵侯鱼支脂。有平上去而无入者七部,曰歌元文耕阳东谈。有平上而无去入者一部,曰侵。有平去而无上入者一部,曰真。有去入而无平上者一部,曰祭。有平声而无上去入者二部,曰中蒸。有入声而无上去者二部,曰葉缉。(见《唐韵四声正》卷首。)是年王氏亦确定古有四声(观壬午夏《与丁履恒书》可知。见丁氏《形声类编》。),故答书称江说与己见"幾如桴鼓相应"。然而两家对于所以确定古音有四声之故犹未阐发。

至道光二十年(公元1840)当涂夏燮作《述韵》,始详为之说。

撮要言之,约有三证:(1) 古人之诗,一章连用五韵六韵以至十余韵者,有时同属一声,其平与平、入与入连用者固多,而上与上、去与去连用者,亦屡见不鲜。若古无四声,何以四声不相杂协?是古人确有四声之别也。(2)《诗》中一篇一章之内,其用韵往往同为一部,而四声分用不乱,无容侵越。若古无四声,何以有此?是四声分用之例,即判别古韵有无四声之确证。(3) 同为一字,其分见于数章者,声调并同,不与他类杂协,是古人一字之声调大致有定。苟古无四声,则不能不有出入矣。兹举《诗》中四声分用之例,以见一斑:

平上分用例:
　邶风谷风二章迟违畿(平)荠弟(上)脂部
　唐风绸缪二章刍隅(平)逅觏(上)侯部
　小雅十月之交四章徒夫(平)马处(上)鱼部
　小雅小弁六章先墐(平)忍陨(上)谆部
　大雅桑柔二章翩泯(平)烬频(上)真部
　大雅民劳五章安残(平)绻反谏(上)元部
　商颂长发五章共共厖龙(平)勇动竦总(上)东部

平去分用例:
　卫风氓五章劳朝(平)暴笑悼(去)宵部
　小雅节南山五章惠戾届阋(去)夷违(平)脂部
　小雅大田三章萋祁私(平)穉稺穟利(去)脂部
　小雅采菽五章维葵(平)膍戾(去)脂部

上去分用例:
　小雅巧言五章树数(去)口厚(上)侯部
　小雅大田一章戒事(去)耜亩(上)之部
　大雅韩奕五章土讦甫噳虎(上)居誉(去)鱼部

上入分用例:
　豳风七月六章薁菽(入)枣稻酒寿(上)幽部
　小雅六月二章则服(入)里子(上)之部
　小雅采芑一章芑亩止试止(上)翼奭服革(入)之部

去入分用例：
  邶风谷风五章惉雠售(去)鞠覆育毒(入)幽部
  小雅我行其野三章蓫特(入)富異(去)之部
由以上论证可知《诗》韵确有四声之分无疑矣。

（选自《周祖谟学术论著自选集》，北京师范学院出版社，1993年）

汉代竹书和帛书中的通假字与古音的考订

一

山东临沂银雀山汉墓所出的竹书和长沙马王堆汉墓所出的帛书,都是汉代早期藏于墓葬中的写本。银雀山的竹书有《管子》、《孙子兵法》、《尉缭子》、《晏子春秋》等书,马王堆的帛书有《周易》、《老子》、《经法》、《十六经》和战国时期的《纵横家书》以及医书。这些写本的字体,有的是隶书,有的介于篆隶之间,其中有不少古体字和别体字,跟后代古书传本的字不同。例如:

戈(哉) 埶(勢) 恿(勇) 吻(歠) 槫(專) 駇(驅)《孙子兵法》

齵(禍) 闠(關) 枆(棘) 覞(窺) 叒(吝) 揥(揣) 颩(汎) 爰(曖)《老子》

翆(祥) 悘(悔) 罪(飛) 屍(尸) 撜(抍) 耶(聖)《周易》

洫(溢) 救(救) 䎸(悟) 挣(争) 佴(耻) 禽(擒) 勑(剌) 胥(旌)《经法》

俑(刷) 訏(舒) 遬(速) 聰(耻) 飯(盤) 迿(驅)《纵横家书》

迡(退) 僃(俛) 戦(陳)《尉缭子》

这些对于我们研究汉字形音义发展的历史过程很重要。同时,在这些古写本里还出现很多跟古书传本不同的通假字。例如:

輕(經) 適(敵) 視(示) 侍(待) 失(佚) 責(積)

與（舉） 畏（威）《孙子兵法》

泊（薄） 浴（谷） 坐（挫） 靚（靜） 冬（終） 寺（恃） 始（似） 賢（堅） 介（契） 畜（孝） 適（謫） 兌（銳）《老子》

孚（復） 禮（履） 羅（離） 或（有） 回（違） 肥（配） 兌（奪）《周易》

巽（選） 備（服） 芒（荒） 代（忒） 立（位） 才（哉） 涅（熱） 枹（孚） 而（能）《经法》

勺（趙） 雖（惟） 耆（嗜） 呻（吞） 羊（祥） 倍（背）《纵横家书》

迎（仰） 篹（選） 發（廢） 伸（陳）《尉缭子》

各书通假字之多不胜枚举。这种通假字，有些是由于古人字少，以一字代表两个词来用，有些是由于口授笔录，仓卒无其字而写为另一音同或音近的字，当然也不免有笔画写错的字。所谓一字代表两个词的，在古代就是一种通行的写法，无所谓假借；所谓仓卒不得其字的，才算为假借，即本有其字，而以此代彼。现在我们给一个统称，名之曰通假字。

这种通假字在字形上不同于一般古书，主要有四种情况：

（一）有的是原字跟以此为声旁的形声字不同。这在甲骨文和金文中已有不少例子。如冬通终，入通内，立通位，令通命，才通哉之类都是。

（二）有的是两个谐声字声旁相同，而形旁不同。如适与敌，贤与坚，侍与待，代与忒之类都是。

（三）有的是两个谐声字形旁相同，而声旁不同。如赟与资，拯与撜，信与伸，樞与朴之类都是。

（四）还有一种情形是两个字在形体上完全不同。如畏通威，礼通履，畜通孝，勺通赵之类都是。

这种情况在先秦古书里是常见的。以上所说的古体字、别体字和通假字对我们理解上古音的声韵系统都大有帮助。

通常我们考订上古音所根据的材料，主要有五方面。一是上古时代的韵文，二是甲骨卜辞和铜器铭文，三是形声字的谐声系统，四是先秦古书中的异文,异文包括通假字在内,五是古书中的音训。五者之中,其时代比较容易确定,而且材料相当集中的是韵文,如《诗经》和《楚辞》屈宋之作。谐声字数量大,但必须区分时代的早晚,《说文解字》中的谐声字有不少是汉代才开始出现的。研究古音,对所用的材料的时代要加以区分,同时也要注意到材料的地域性。西周和春秋时代的铜器,制作的时间各有不同,春秋时代方国语音不同,研究时就不能不加以区分。即以《诗经》而论,其中已有不同的方音现象在内,如冬侵两部通押见于《秦风》、《豳风》和《大雅》,可能是方音现象。古人说"楚人音楚"。《楚辞》以及《老子》、《庄子》也有其方音特点,如真文两部、东阳两部多通押。所以不能不注意材料的地域性。

  银雀山的竹书和马王堆的帛书都是汉代初期的写本,这是没有疑问的。如《孙子兵法》不避"邦"字、"盈"字,帛书的《周易》不避"启"字可证。《周易》且无"彖辞"、"象辞",六十四卦的排列次第与后世的传本也大不相同,文句出入也多,足见是时代很早的一个传写本。这批材料的时代是接近的,其中的古体字、别体字和通假字包括较广,我们可以从中看到不少有关古音的问题。有些足以印证清人和近人关于古音声韵部类的成说,有些我们可以从中得到启发,再做进一步的探讨。

  这一批材料属于文字形音义的问题很多,整理起来非常费事。我们应当感谢许多位专家学者做了很好的考释,便利多多。关于文字的异同,凡是与考订古音关涉不大的,这里都搁置不谈,只就与考订古音有关的例子进行爬梳整理,略抒所见,以供研究古音者商讨。《诗》云:"嘤其鸣矣,求其友声",希望同道之友,予以指正。

二

本文所应用的材料有七种:
(1)《周易》[①]　　　　(2)《老子》甲本
(3)《老子》乙本　　　(4)《经法》(包括《十六经》等)

[①]　《周易》是朱德熙、于豪亮两位先生提供的,在此敬表谢意。

(5)《战国纵横家书》　　(6)《孙子兵法》

(7)《尉缭子》

前五种是帛书，后两种是竹书。帛书中除《经法》四篇和《纵横家书》的一些章节为佚书以外，其他都有现在的传本可以对校。这里采用的通假字大体以有传本可对校的为主。

这七种材料书写的字体或同或不同，书写的时间有早有晚，但各书中所出现的通假字有些是相同的，如"位"作"立"、"况"作"兄"、"导"作"道"、"刑"作"形"、"氏"作"是"之类，有些在字音上是属于同一类现象的，所以合并在一起来看。

韵部不同，情况不一，主要表现出以下几种关系：

（一）阴声韵或阳声韵韵部音近的关系。如《周易》贲卦的"贲"字帛书作"蘩"。就现在通常采用的古韵分部的类别来说，"贲"为文部字，"蘩"为元部字。又巽卦的"巽"作"箅"，"巽"为文部字，"箅"为元部字。又同人卦，"伏戎"作"服容"，"戎"为冬部（中部）字，"容"为东部字。又涣卦九二，"涣奔其机"，作"贲其阶"，"机"为微部字，"阶"为脂部字。又既济，"妇丧其茀"，"茀"作"发"，"茀"为物部字，"发"为月部字。

《老子·道经》"绳绳兮不可名"，帛书《老子》甲本作"寻寻呵不可名也"，"绳"为蒸部字，"寻"为侵部字。

《经法·道法》中"也"字通作"殹"，"也"为歌部字，"殹"为祭部字。又《十六经·观》"寺（待）地气之发也，乃梦者梦而兹（孳）"，"梦"当为"萌"的假借字。梦为蒸部字，萌为阳部字。

《尉缭子·兵劝》"离其屯邺"，今本作"田业"。案"屯"从屯声，属文部，"田"字则属真部。

（二）阴声韵部与相配的入声韵部相通。如《周易》需卦"有孚"，帛书作"有复"，"孚"为幽部字，"复"为觉部字。又渐卦"或直其寇"，"寇"作"梮"，"寇"为侯部去声字，"梮"为屋部字。又小过卦"往厉必戒"，"戒"作"革"，"戒"为之部去声字，"革"为职部字。

《老子·道经》帛书"三者不可至计"，"至计"今本作"致诘"，"计"为脂部去声字，"诘"为质部字。又"六亲不和，案有畜兹"，"畜兹"今本作"孝慈"，"孝"为幽部去声字，"畜"为觉部字。又"绣呵缪呵"，今本作"寂兮寥兮","寂"是觉部字,"绣"是幽部字①。

《尉缭子·兵令》"述亡不从其将吏","述"通"遂","遂"为微部去声字,"述"为物部字。

(三)阴阳入三声对转。如《周易》旅卦"得其资斧",帛书"资"作"溍","资"为脂部字,"溍"为真部字。

《老子·德经》"天无以清将恐裂",帛书乙本作"天毋已清将恐莲","裂"为月部字,"莲"为元部字。

《经法》内《十六经·三禁》"番于下土,施于九州","番"即"播"的借字,"番"为元部字,"播"为歌部字。又《称》"先人之连","连"为"烈"的借字,"连"为元部字,"烈"为月部字。

(四)《广韵》祭泰夬废四韵与入声月部字相通。如《周易》兑卦的"兑"字帛书作"夺",夬卦的"夬夬"作"缺缺"。

《老子·德经》"其邦缺缺"帛书"缺缺"作"夬夬"。又《道经》"俗人察察"作"鹭(俗)人蔡蔡","夬""蔡"《广韵》收去声。

《尉缭子·兵令》"弱国之所不能发也","发"通"废","发"《广韵》收入声,"废"收去声。

(五)缉盍两部与阴声去声字的关系。如《周易》"噬嗑"《系辞》作"筮盖","嗑"为盍部字,"盖"《广韵》收泰韵,又盍韵。

《老子·道经》帛书"杀人众,以悲依(哀)立之","立"通"莅","立"为缉部字,"莅"《广韵》收至韵。

《经法》"贵贱有恒立","立"通"位","立"为缉部字,"位"《广韵》收至韵。又《十六经·雌雄节》"慎戒毋瀸,大禄将极","瀸"通假为"废"。全文中"瀸"多读为"废","瀸"为盍部字,"废"《广韵》收废韵。

《纵横家书》"燕累臣以求挚","挚"通"质","质"为质部字,"挚"《广韵》收祭韵。又"执无齐患","执"通"势","执"为缉部字,"势"《广韵》收祭韵。

从以上这些通借的情形我们可以看到一些帛书中所透露的古音迹象。

---

① 《老子》帛书乙本作"萧呵谬呵"。

（一）帛书中阴声韵相通或阳声韵相通，其韵母元音必然相近。阴阳入相配对转，元音也必相同。至于阴声韵的脂微两部，阳声韵的真文两部以及东冬两部在这些材料中是否不分，还难以确定。但有些字的归部却可以得到启示。如"医"声字江有诰归脂部，王念孙归祭部。案《老子》帛书甲本"也"作"殹"，"殹"也见于"诅楚文"，"也"作"殹"与歌祭通转的关系相合，"医"当归祭部。又古佚书《称》"行曾（憎）而素爱，父弗得子；行毋（侮）而索敬，君弗得臣"（见《经法》书），"毋"通"侮"，"侮"从每声，当属之部字，以前多归入侯部，不妥，似当改正。

（二）《广韵》祭泰夬废去声字与入声月曷末辖黠薛几韵，王念孙、江有诰根据《诗经》押韵情况都独立为一部，有去入而无平上。以前我曾把去入两声分开，去声称为祭部，入声称为月部。现在从歌部、元部、月部对转的关系着眼，祭部与月部也可以统归一部，可是在声调上仍当有别。这里连带要说明的一个问题就是古声调的分类问题。

周秦时代字有声调之分是没有疑问的，但是有几个调类，学者的意见还不一致。段玉裁曾经说："古四声不同今韵，犹古本音不同今韵也。考周秦汉初之文有平上入而无去，洎乎魏晋，上入声多转为去声，平声多转为仄声，于是四声大备。"（见《六书音均表》）这话不无根据，只是时间上不够确切。案之《诗经》押韵，有的韵部确实去声自成一类。从谐声系统来看，去声字有两个来源，一来自平上，一来自入声。这两类在《诗》中一起押韵，应是自成一个调类。两汉韵文更是如此。

可是，就这批材料的通假字来看，去入的关系的确很接近。如《老子》甲本"露"作"洛"，"恶"作"亚"与上文所举阴入通假的例子都是。不仅如此，在《周易》帛书里甚且平上去之分也不严格。如《周易》卦名中"豫"作"余"，"蛊"作"箇"，"坎"作"赣"，"晋"作"溍"，"姤"作"狗"，"震"作"辰"，"艮"作"根"，"小过"作"少过"都是。在金文里也有很多这样的例子。如"卿"通"飨"、通"向"，"尚"通"常"，"少"通"小"，"童"通"动"，"商"通"赏"，"遗"通"贵"，"圣"通"经"，"田"通"甸"，"者"通"诸"，"厘"通"赉"等等。如此，是不是古音没有声调的区别呢？似乎还不能这样说。我想这应当跟文字发展的不同阶段和使用文字在记录语词时，声音有没有变易转移有关系。《周易》的例子还会与方音有关系。总之，还需要进行探讨。

关于这个问题,我认为可以分别不同的历史阶段来认识:

1. 汉语在周秦时代调类有三,或有四,是经过长时期逐渐发展而形成的。更早也许只有长短之分。凡有塞音韵尾的音节(如-p,-t,-k之类)其音调会比没有塞音韵尾的音节短一些。说不定在远古时代,Proto-Chinese 可能有复辅音的韵尾,如-ms,-gs,-ks 之类,后来因复辅音韵尾之不同而产生不同的声调。我认为去声可能就是从-s 尾来的。这要等汉藏系语言的研究有了新的成果才能确定。

2. 周秦时代不同韵部的调类多寡不同,也有一个发展的过程。阴声韵如之支鱼等部除平声外,先有上声,进一步发展有去声,阳声韵各部,冬蒸两部没有上去,阳侵真三部则有上而无去。

3. 去声成为一个调类,发展比较晚。去声所以由平上声或入声发展出来的原因应当是多方面的。有一部分可能是由于字义有引申而音有改变,有一部分可能是由于声母有变易或韵尾有变化甚至失落而产生另一种声调。甚至于还有一部分是由于原有的根词在语义上有了新的扩展而产生了新词,声调也出现异同。这些都要从语词在语义方面的发展和文字的孳衍之间的关系去推寻,同时又要联系到语词在整个音节上(包括声母、介音、元音和韵尾)的声音转变和变化来看。

例如"子"有孳乳的意思,于是孳衍一个"字"字,表示"子"的引申义。又如"令"为平声,所施之令曰"命",于是有"命"字去声一读。"昭"是光明的意思,光使之明,则为"照"。又"与"与"举"义通,言有所称举则为"誉"。"字、命、照、誉"都是去声字。这是从语义的发展与文字的孳乳等关系来看的。

从音的变易来看,如"路"从"各"声,"各"上古似读 gl-,"路"从"各"声而读 l-,声调会有改变,而与入声调不同。又如"立"上古可能读 gl-p,后来才变为 l-p。作为所立之位而言,古人也用这个字,而音有变易,后来产生"位"字,声母读 gɤ(-ɤj),而不读-l,音调也有了不同。此中消息,还要深入探讨。

4. 在《诗经》时代去声字虽然有它独立的调位,但去声字究竟是少数。就《诗》中有去入通押的例子来推测,去声字的调值跟入声字的调值应当是比较接近的。帛书《老子》中去入相通假的例子可以说是这种情况的反映,其中也会有方音性存在。关于上古音声调的发展,我就谈这么多。

(三)上面所列通假字中缉盍两部或与脂祭两部去声发生关系,这在金文里就已经见到。如"入"通"内","立"通"位","灋"通"废","迨"通"会"之类。我们知道缉盍两部的韵尾是收-p的①,有些学者认为转为脂祭两部的字原来收-b,后来变为收-d,以至消失。我认为帛书中所出现的这几个例子是由前代流传下来的一种假借,未必表现在字音上有什么特别的地方。

以上所谈都是属于韵母和声调两方面的问题。《经法》一些佚书东阳两部通押,与《老子》相似,而在通假字中没有出现相通的例子。下面谈声母方面的问题。

三

竹书和帛书中通假字的声母情况十分复杂。在声母方面与《广韵》比较,属于相同的发音部位而发音方法不同的居多。有些是送气不送气之分,如:

《周易》小畜九二"牵复","牵"k‘作"坚"k②。睽卦的"睽"k‘作"乖"k。

《老子》乙本"精"tʂ作"请"tsʻ。"溪"k‘作"鸡"k。《孙子》"侧"tʂ作"厕"tʂʻ。

《经法·十六经》"蚩 tɕ 尤"作"之 tɕ 尤"。

有些是清浊之分,如:

《周易》比卦"有它吉","它"t‘作"沱"d。萃卦的"萃"dz字作"卒"ts。

---

① 上古入声字的韵尾不一定是收-p,-t,-k,很可能原来是收-b,-d,-g。
② 所注声母标音都依据《广韵》。下并同。

旅卦"怀其资","资"ts 作"次"dz。小过"从或戕之","戕"dz 作"臧"ts。

《战国纵横家书》"髓"s 通"随"z。"遭"ts 通"曹"dz。"毒"d 通"竺"t①。

《孙子》"钝"d 作"顿"t。"彼"p 作"皮"b。"积"ts 作"渍"dz。"骄"k 作"乔"g。

《尉缭子》治□"不杀殀胎","殀胎"t'作"夭台"d。又兵令"功伐"bv 作"功发"pf。

除此以外,也有与《广韵》读音稍远的,我们可以据此考订竹书和帛书所反映的古声母的类别。其中有不少可以跟谐声系统相印证。

(一) 唇 音

清人钱大昕证古无轻唇音,早已为学者所承认。上述几种写本也有例可证。下面先列现在传本的字或现在通常应用的字,括号内注出竹简或帛书中的通假字,并注明出处。前面标出声母的差异②。

b:bv《周易》屯卦"班如"(烦如)。《老子》甲本倍(负)。《经法》备(服)。

bv:b《经法》服(备)。

p':bv《周易》丰、《经法》配(肥)。

bv:p'《战国纵横家书》滏(铺)。

p:pf'《经法》播(番)。

pf':p《尉缭子》赴(卜)。

ŋ:m《周易》无妄(无孟)。《老子》乙本晚(免)。妄(芒)。《老子》甲本、《经法》侮(毋)。

m:ŋ《老子》甲本没(沕)。

这些都表现出后代读轻唇音的字古当读如重唇。

---

① 以下均不举原文文句。
② 标注《广韵》声母的音标采用通常一般的标法。

（二）舌　音

关于舌音，钱大昕在《十驾斋养新录》"舌音类隔之说不可信"一条根据经传异文和古书中的音训已经证明韵书里知彻澄三母字古音读如端透定。这在古文字里已有很好的例证。如甲骨文"鼎"即"贞"，金文"奠"即"郑"。在竹简和帛书里同样可以得到证明。例如：

t:ɖ《周易》颐卦"眈眈"（沈沈）。

t:ɖ《老子》甲本镇（阗）。

ɖ:tʻ《老子》甲本兆（佻）。

ɖ:ɖ《周易》颐卦"逐逐"（笛笛）。《老子》甲本筹（梼）。

d:ɖ《老子》甲本、乙本动（重）。《经法》特（直）。

由此可知端透定跟知彻澄都是舌尖塞音。端透定古读 t, tʻ, d，知彻澄读如端透定，李方桂先生拟为带-r 卷舌性的介音 tr, tʻr, dr（见《上古音研究》）。tr, tʻr, dr 后来变为卷舌音 ṭ, ṭʻ, ḍ。

（三）照组三等字

照穿床审禅三等字在谐声上与端透定和知彻澄关系比较密切，古音当读近舌头音，钱大昕已有论证。在古文字里，甲骨文"屯"即"蠢"（春），金文里"氐"即"致"，"冬"即"终"，"吊"即"叔"，可证照穿审古读如舌头音。竹简和帛书里也有不少通假的例子：

• A 类

tɕ:t《周易》需卦、《老子》乙本终（冬）。《经法》战（单）。

t:tɕ《老子》甲本、乙本致（至）。

d:tɕ《老子》甲本动（踵）。《老子》甲本动（蹱）。

tɕ:d《老子》甲本正（定）。

• B 类

ɕ:t《周易》同人卦、升卦"升"（登）。

ɕ:tʻ《老子》乙本施（他）。

tʻ:ɕ《周易》大蓄卦脱（说）。《战国纵横家书》呑（呻）。

ɕ:tʻ《老子》甲本奢(楮)。

d:ɕ《老子》甲本敌(适)。《战国纵横家书》敌(啻)。

t:ɕ《老子》甲本谪(适)。

ɕ:d《周易》遁(掾)卦"说"(夺)。《老子》甲本始(台)。

ɕ:ɖ《老子》乙本胜(朕)。《老子》甲本释(泽)。《战国纵横家书》释(择)。

ɖ:ɕ《尉缭子》兵令陈(伸)。

tɕ:ɕ《老子》乙本诸(奢)。

s:ɕ《周易》小畜卦"小"(少)。

ɕ:s《尉缭子》兵令尸(死)。《战国纵横家书》少(小)。

ɕ:x《老子》乙本螫(赫)。

• C 类

dʑ:ʑ《老子》甲本、《战国纵横家书》示(视)。

ʑ:d《老子》甲本成之孰之(亭之毒之)。

ɖ:ʑ《老子》乙本持(市)。

d:ʑ《经法》独(蜀)。《尉缭子》待(侍)。

ʑ:tʻ《老子》乙本谁(推)。

ʑ:tɕ《战国纵横家书》常(掌)。

tɕ:ʑ《周易》震卦"震"(辰)。《周易》晋卦"炙"(貼)。《老子》甲本志(恃)。

t:ʑ《周易》损卦"端"(遄)。

ʑ:g《战国纵横家书》嗜(耆)。

这里 A 类是照母跟端知定几母的关系,照母古音当谓 t。B 类是审母跟端透定知彻澄照心晓几母的关系。我在 1941 年作《审母古读考》曾指出审母三等字大部分读为舌部塞音,还有一部分读为摩擦音。今暂拟前者为 stʻ(-stʻ)、后者为 ɕ-(如"少")。这里 C 类是禅母跟端透定知澄照床几母的关系。禅母的读音,我在《禅母古音考》里曾指出禅母古音接近定母,床母三等当与禅母为一类①,今定禅母古读为 dʑ。禅母还有少数字跟群母字发生关系,如"嗜"从"耆"(g-),韵书归禅母(dzʑ),可能是后代的变音。

(四)泥娘日

章太炎有《古音娘日二纽归泥说》,认为娘日二母古读为泥。娘母的名称是后起的,可以不论。日母古音接近泥母,从谐声系统和经传异文看得很清楚。现在又有以下的一些例子:

ȵ:n《老子》甲本、《战国纵横家书》如(女)。《老子》甲本热(涅)。《孙子兵法》汝(女)。《孙子兵法》扰(犹)。

n:n《老子》乙本诺(若)。

t':ȵ《老子》甲本退(芮)。

ȵ:s《老子》甲本攘(襄)。

s:ȵ《周易》需卦需作懦。

ȵ:j《周易》同人卦伏戎(服容)。

从这里可以看出日母读 n,而心母还有 sn- 一类,在帛书里表现比较清楚。

(五)邪 母

近人已有文章论到邪母古音接近定母,因为在谐声上邪母与喻母、定母的关系十分密切。我们看到竹简和帛书中有下面的例子:

d:z《孙子兵法》途(徐)。《经法》待(寺)。《经法》、《战国纵横家书》堕(隋)。

dʑ:z《经法》持(寺)。

z:d《老子》甲本似(治)。

z:z《经法》恃(寺)。

dz:z《战国纵横家书》剂(赍)。

---

① 上面例子的禅母仍写为 z。下同。

z:ɕ《老子》甲本咒(矢)。《老子》甲本似(始)。

z:j《老子》甲本徐(余)。《老子》甲本俗(欲)。

从这里可以看出邪与定澄从审喻几母的关系。邪母在谐声上与喻母定母关系最为密切。如：

余 j:徐 z:途 d

以 j:似 z:台 d

今暂拟邪母为 zd-(←sd)，后来变为 z。

（六）喻　母

喻母字根据谐声系统来看，有同舌音谐声的，有同齿音谐声的，有同牙音谐声的。在古书的异文里，喻母字跟舌音、齿音、牙音都发生关系，竹简和帛书的通假字也是如此：

・A 类

j:t'《老子》甲本余(涂)。《老子》乙本耀(眺)。

j:d《孙子兵法》、《老子》乙本锐(兑)。《战国纵横家书》悦(兑)。

d:j《老子》乙本殆(怡)。《战国纵横家书》诞(延)。

t':j《战国纵横家书》偷(俞)。

d:j《战国纵横家书》除(余)。

j:dz《经法》孕(绳)。

・B 类

z:j《老子》甲本徐(余)。《老子》甲本、乙本俗(欲)①。《老子》乙本似(怡)。

《经法》祥(羊)。《战国纵横家书》详(羊)。

s:j《孙子兵法》、《战国纵横家书》、《尉缭子》、《经法》虽(唯)。

《战国纵横家书》肆(肄)。

---

① 已见前。

j:z《孙子兵法》佯(详)。

j:ts《战国纵横家书》犹(乃)。

j:dz《老子》甲本亦(夕)。

• C类

k:j《老子》甲本谷(浴)。《孙子兵法》、《经法》举(与)。

j:k《厨易》兑卦"引兑"(景夺)。

j:x《经法》溢(洫)①。《孙子兵法》镒(洫)。《经法》育(畜)。

j:p《经法》也(繄)。

这三类,A类是喻母与舌音的关系,B类是喻母与齿音的关系,C类是喻母与牙喉音的关系。这些关系是错综的,推寻喻母古音原先也许是由sd-和sg-两类复辅音来的。从竹简和帛书通假字的情形来看,A、B两类的读音可能是d·,C类的读音可能是g·。

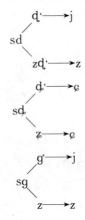

（七）照组二等字

照组二等字即庄初崇山四母。这四母近人已经提出古音读近精清从心。从谐声系统和古书异文可以得到证明。现在竹简和帛书里有下列一些例子：

tṣ:dz《老子》甲本、《战国纵横家书》争(静)。

---

① 洫或为溢字别体。

tʂ:ts《周易》离卦"日昃之离"(日쩃之曬)。《老子》甲本、乙本爪(蚤)。

tʂ':ts《经法》测(则)。

tʂ':ts'《老子》甲本察(蔡)。

tʂ':dz《孙子兵法》测(贼)。

s:dʑ《战国纵横家书》选(譔)。

s:tʂ'《尉缭子》选(篡)。

tʂ':s《周易》井卦"心恻"(心塞)。

ʂ:s《周易》讼卦"眚"(省)。《老子》甲本爽(啪)。《战国纵横家书》生(星)。《战国纵横家书》沙(莎)。

s:ʂ《老子》乙本姓(生)。《经法》性(生)。

从这些例子我们可以同样确定庄初崇山四母古音读近精清从心，今拟作 tsr, ts'r, dzr, sr[①]，后代变为 tʃ, tʃ', dʒ, ʃ，发展为 tʂ, tʂ', dʐ, ʂ。

(八) 匣 母

匣母古音，高本汉(B. Karlgren)拟为 ɡ。在竹简和帛书里属于匣母的例子比较多：

ɡ:ɣ《老子》甲本奇(何)。

ɣ:ɡ《战国纵横家书》韩(乾)。

ɣ:k《周易》临卦咸林(禁林)。噬嗑卦系辞作噬盖。《老子》甲本、乙本、《经法》活(栝)。《老子》乙本后(句)。《经法》秋毫(稿)。《经法》祸(过)。《经法》咸(减)。《经法》怙(古)。《尉缭子》豪(槁)。《尉缭子》豪(藁)。

k:ɣ《周易》屯卦婚媾(闵厚)。《老子》甲本加(贺)。《老子》甲本坚(贤)。

ɣ:k'《周易》咸卦作钦卦。《老子》甲本慧(快)。

ɣ:k《老子》甲本狎(闸)。

---

① r 为介音。

ɤj:ɤ《周易》随卦官有渝(官或谕)。《老子》甲本荣观(环官)。
《战国纵横家书》围(回)。

ɤj:x《经法》䰙(讳)。

另外，我们看到帛书中群母与见母关系密切。如：

《老子》甲本、乙本勤(堇)。《老子》甲本、乙本奇(畸)。《老子》甲本、乙本俭(检)。

《经法》蚑(规)。《战国纵横家书》擎(敬)。

见群两母的古音当读 k, g。匣母在谐声上与见母关系较密，今拟为 gʻ，喻母三等字则为匣母细音。

(九) 晓　母

晓母在谐声上跟见溪关系较密，还有一部分跟明母发生关系，竹简和帛书里也都有一些例子：

x:m《老子》乙本昏(悶)。《经法》荒唐(芒唐)。《经法》徽缠(靡黑)。

x:ŋ《老子》乙本忽(沕)。《老子》甲本恍(望)。

k:x《老子》甲本既(慇)。

kʻ:x《孙子兵法》怯(胁)。

x:k《老子》甲本货(购)。

x:z《孙子兵法》隳(隋)。

x:ʂ《周易》震卦虩虩(朔朔)。

今拟晓母古音为 X。晓母跟明母相通的那一部分应读为轻鼻音 xm(m̥)。

(一〇) 来　母

来母字属于同声母的异文在帛书里较多，属于不同声母的有以下一些例子：

k:l《周易》革卦作勒卦。《老子》乙本鉴(蓝)。《老子》甲本棘

（朸）。《经法》拣（练）。《经法》樛（寥）。

l:k《周易》井卦敝漏（敝句）。《老子》乙本廉（兼）。

m:l《战国纵横家书》命（令）。

l:m《老子》甲本寐（僇）。

t':l《老子》甲本宠（龙）。《老子》乙本蛋（疠）。《老子》乙本宠（弄）。《尉缭子》治口摅（虑）。

l:t'《经法》履（体）。

vj:l《经法》、《孙子兵法》位（立）。

从这些例子我们可以想到古代有以 l 为第二成分的一些复辅音，如 kl,ml(金文"麦"即从来声[①]),t'l 之类。

四

关于竹书和帛书中通假字的声母问题，经过整理分析，我们可以大体看出古声类的一个系统：

p	p'	b	m		pl, ml（下面都是复声母）
t	t'	d	n	d'	t'l
(tr	t'r	dr)			
ṱ	ṱ'	ḍ		ȼ	
ts	ts'	dz	s	zd	sl sn
(tsr	ts'r	dzr	sr)		
k	k'	g	ng	g'	x	kl xm
ʔ					

这个表跟谐声通转和一般通假字的现象基本上是相适合的。如果能跟古韵部的读音联系起来，在辨类上可能更清楚一些。要推寻更古的读音，那还有待于汉藏语系的研究有了新的开展才行。现在虽然已有很值得重视的见解，但是需要连带许多问题通盘来考虑，所以没有引用。

---

① 据于思泊先生说。

另外，从谐声系统来考查，还有些不易确定的问题，只好暂时放下。以 s 为复辅音第一成分的还有 sl-，如"洒"从丽声，"数"从娄声可证。在帛书里《经法》有"数"作"萎"一例，所以表中加上了 sl- 一音。

五

古书的通假字是非常复杂的。其中一定有一字读两音的，也许有的音是后代韵书中所没有记载的，说不定还会有一字在不同文句中的读音随文义而定的情况，所以不好随意推断。从语音的发展来看，音的变化是有先后层序的不同。在某一时代跟某一地域，某些音可能变得快一些，另外某些音可能还保持较早的读法；或者同一类音因为后面介音和元音的不同而发生的变化也不同，绝不能认为只有一个模式。本文仅就这批竹简和帛书中的通假字所反映的声韵情况概括地加以描述，同时着重说明我们怎样认识这批材料和探讨一些问题的方法和途径。

古书中的通假字在声音上除了同音假借以外，就韵来说，有同部字，有异部字。异部字多属于音近一类，有时是阴阳对转。而对转又大都属于双声的范畴，清人多谓之为"一声之转"。这一方面是比较容易理解的。如果就声母来说，有些不同声母的字互相通借，我们会感觉很奇怪，不易理解，但实际上还是有条理可寻。

我认为清人戴震在《转语二十章叙》里曾提出"同位"和"位同"的说法。他说："凡同位为正转，位同为变转。"以言训诂，则认为"凡同位则同声，同声则可以通乎其义；位同则声变而同，声变而同，则其义亦可以比之而通。"这不能说是凿空之论。所谓"同位"是指发音部位相同而发音方法不同，如同属牙音（velars），见与群或相通转。所谓"位同"是指发音方法相同而发音部位不同，如同属清音塞音（surds），或同属擦音（sibilants），可以通转。在竹简和帛书里，我们看到下面的例子：

I

（一）《周易·履（礼）卦》"素履"帛书作"错履"，素为心母字，错为清母字;而离(罗)卦"履错然"帛书作"礼昔然",昔也心母字。素为鱼部字,错昔都是铎部字。

(二)《老子·道经》"渊兮似万物之宗","兮"帛书作"呵"(《老子》甲本),呵是晓母字,兮是匣母字,呵为歌部字,兮为支部字。

(三)《战国策·楚策》"践乱燕以定身封","践乱"帛书作"浅乱"(《战国纵横家书》),"践"作"浅",这跟越王勾践剑的铭文作"鸠浅"例同①,践、浅同为元部字,践为从母字,浅为清母字。

Ⅱ

(一)"屈伸"古书多作"诎信",伸为审母三等字(ɕ),信为心母字,心审二母在一定的时期同为摩擦音。伸为真部字,信按谐声为元部字。"诎信"一词上一音节韵尾对下一音节的声母不能没有影响。

(二)《纵横家书》赵国的"赵"字,帛书或作"勺"(《战国纵横家书》),赵为澄母字(dr-),勺为禅母字(ʥ),同为浊塞音(sonants)。赵为宵部字,勺为药部字,宵药对转。

上面的A类是"同位",粗疏一点说,就是五音属于同类;B类就是"位同",用等韵家的名词来说,就是发声、送气、收声之属同类。根据这两条原则来考核通假字的声音通转,有些疑惑可以涣然冰释。

总括起来说,银雀山出土的竹书和马王堆出土的帛书代表了战国秦汉之间古书写本的面貌,极为珍贵,对我们研究古代语言文字大有帮助。附带讲一句,《周礼》郑注所说的"故书"与今本的异文和《春秋左传》与《公羊传》、《榖梁传》的异文同这些竹简、帛书的古体字、异体字和通假字均有相似之处,都值得我们深入研究,举例来看,如:

(一)《周易·离卦》"日中则昃",孟喜本"昃"作"稷",帛书作"䄻",当与"稷"同。又《春秋》定公十五年《左传》"日下昃",《榖梁传》经文"昃"也作"稷"。

(二)《春秋》襄公三十年《左传》"天王杀其弟佞夫","佞夫"《公羊传》作"年夫"。案帛书《十六经·成法》"滑(猾)民将生,年辩用知

---

① 越王勾践剑1965年冬湖北江陵望山战国墓出土,铭文作"越王鸠浅自作用鐱"。

(智)","年"即通"佞"。

(三)《春秋》襄公二十五年《左传》"吴子遏伐楚",《公羊传》、《穀梁传》都作"吴子谒"。案竹书《孙子兵法》"围师遗阙,归师勿谒","谒"今本作"遏","谒"即通"遏"。

(四)《仪礼·聘礼》"问几月之资",注:古文资作賫。《老子·德经》"厌食而资财有余",帛书乙本"资"作"賫",又《经法·国次》"利其齎财","齎"即通"资"。《广韵》资、賫、齎同音,收脂韵,音即夷切。

(五)《周礼·乡师》"及窆执斧以涖匠师",注:故书涖作立。案"涖"跟"莅"相通。《老子·德经》"以道莅天下",帛书乙本"莅"作"立"。

(六)《周礼·弓人》"夫角之中,恒当弓之畏",注:畏故书作威。案金文"畏"通"威"。

由此可见,竹书和帛书有这么多的通假字,对于我们理解古籍也是深有启发的。

1980 年 9 月

(选自《周祖谟语言学论文集》,商务印书馆,2001 年)

四声别义创始之时代

古人一字每有数音，或声韵有别，或音调有殊，莫不与意义有关。盖声与韵有别者，由于一字所代表之语词有不同，故音读随之而异。如"敦"，厚也，音都昆切。《诗》"敦彼独宿"，敦训独貌，音堆。"贲"，饰也，音彼义切，"贲勇"则音奔。其例至广，无烦觊缕。至若音调有殊者，则多为一义之转变引申，因语词之虚实动静及含义广狭之有不同，而分作两读。或平或去，以免混淆。即如物体自有精粗美恶，人心亦有爱憎去取。物之精者美者，谓之好，音呼皓切；粗者劣者，谓之恶，音乌各切。而心之所喜所爱，则谓之好，音呼号切；所憎所恶，则谓之恶，音乌故切。夫物之美恶与人之好恶义虽相关，但以其词类不同，用于文句之地位亦不同，故古人区分为两词两音，一读上，一读去，斯即以四声别义之例也。

考四声别义之所始，清人多谓肇自六朝经师。盖北齐颜之推《家训·音辞篇》尝谓"好"有呼号一音，"恶"有乌故一音，见于葛洪《要用字苑》，徐邈《毛诗左传音》。二人皆晋人也。而陆德明《经典释文》所录晋宋以下经师以四声别义之例尤多。故顾炎武、钱大昕、卢文弨、段玉裁皆谓此乃始自六朝经师，不合于古。如顾氏《音论》卷下"先儒两声各义之说不尽然"条云：

> 凡上去入之字，各有二声，或三声，四声，可递转而上同以至于平，古人谓之转注。（此语非是）其临文之用，或浮或切，在所不拘。而先儒谓一字两声各有意义，如"恶"字变为爱恶之恶，则去声，为美恶之恶，则入声，《颜氏家训》言此音始于葛洪、徐邈，乃自晋宋以下同然一辞，莫有非之者。余考"恶"字，如《楚辞·离骚》有曰："理弱而媒拙兮，恐导言之不固，时溷浊而嫉贤兮，好蔽美而称恶"，此美恶之恶，而读去声；汉刘歆《遂初赋》"何叔子之好直兮，为群邪之所恶，赖祁子之一言兮，几不免乎徂落"，此爱恶之恶，而读入声。

乃知去入之别，不过发言轻重之间，而非有此疆尔界之分也。凡书中两声之字，此类实多，难以枚举。自训诂出而经学衰，韵书行而古诗废，小辩愈滋，大道日隐。噫，先圣之微言，汩于蒙师之口耳者多矣！

自此说出，学者多承其绪论。钱氏《十驾斋养新录·论易卦之观字》云：

> 古人训诂，寓于声音，字各有义，初无虚实动静之分。好恶异义，起于葛洪《字苑》，汉以前无此分别也。观有平去两音，亦是后人强分。《易》观卦之观，相传读去声，《彖传》"大观在上，中正以观天下"，《象传》"风行地上观"，并同此音，其余皆如字，其说本于陆氏《释文》。然陆于观国之光，兼收平去两音，于"中正以观天下"云徐唯此一字作官音，是童观、阚观、观我生、观其生、观国之光，徐仙民并读去声矣。《六爻》皆以卦名取义，平则皆平，去则皆去，岂有两读之理？而学者因循不悟，所谓是末师而非往古者也。（一卷）

又《论长深高广字音》云：

> 长深高广俱有去音，陆德明云："凡度长短曰长，直亮反。度深浅曰深，尸鸩反。度广狭曰广，光旷反。度高下曰高，古到反。相承用此音，或皆依字读。"（见《周礼·释文》）又《周礼》前期之前，徐音昨见反，是前亦有去声也。此类皆出乎六朝经师，强生分别，不合于古音。（见卷四、又卷五"一字两读"条意亦相若）

此与顾氏之说，同出一辙。余如卢文弨《钟山札记》卷一，谓字义不随音区别，段玉裁《六书音均表》卷一《古音义说》，谓平转为仄，上入转为去，今韵多为分别，皆拘牵琐碎。（其说又散见《说文解字注》）立论虽各有所据，然不察其所由起，概视为末儒妄作，则非也。

以余考之，一字两读，决非起于葛洪、徐邈，推其本源，盖远自后汉始。魏晋诸儒，第衍其绪余，推而广之耳，非自创也。惟反切未兴之前，汉人言音只有读若譬况之说，不若后世反语之明切，故不为学者所省察。清儒虽精究汉学，于此则漫未加意。闲尝寻绎汉人音训之条例，如郑玄《三礼注》，高诱《吕览》、《淮南》注，与夫服虔、应劭之《汉书音义》，其中一字两音者至多,触类而求,端在达者。今就诸儒之说,诠次于后,申其旨趣,而以魏世苏林、如淳、孟康、韦昭之说附焉。

渔　《说文》"捕鱼也",《广韵》语居切,在鱼韵。

　　案《吕览·季夏纪》"今渔师伐蛟,取鼍"。高注云:"渔师,掌鱼官也。渔读若相语之语。"(《淮南子·时则篇》"乃命渔人伐蛟取鼍"注同。)《季冬纪》"命渔师始渔",注云:"渔读如《论语》之语。"(此指渔师之渔而言。《淮南子·时则篇》"命渔师始渔",《说林篇》"渔者走渊"注同。)《淮南子·原道篇》"暮年而渔者争处湍濑",注云:"渔读告语。"此相语,告语,《论语》之语,并读去声,(《广韵》牛倨切。)与言语之语,读上声,音鱼巨切者不同。今韵书渔字有平声,无去声,高诱音去声者,以渔师、渔人、渔者之渔,与《易》"以佃以渔"之渔,为用不同,前者为由动词所构成之名词,后者为动词,故《吕览·决胜篇》"譬之若渔深渊",《异宝篇》"方将渔",《慎人篇》"舜之耕渔",《具备篇》"见夜渔者","渔为得也",诸渔字并如本字读,而不别加音释。是渔字汉人有平去二音也。斯即以四声别义之一例。

语　《广韵》鱼巨切,在语韵,论也。又牛倨切,告也。

　　案二者音义略有不同,如《易·系辞》"或默或语",《礼记·文王世子》"既歌而语",皆读如本字。而《论语·阳货篇》"居,吾语女",《礼记·杂记》"言而不语",《释文》皆读去声。此固晋宋以后经师所口相传述,然自上例观之,高注称渔读相语之语,又曰渔读告语之语,是告语、相语之语,与言语之语有别,自汉末已然矣。

为　《广韵》薳支切,在支韵,《尔雅》"作,造,为也"。又于伪切,在寘韵,助也。

　　案"作为"与"助为"义虽相因,而有广狭之异,故相传分作两读。如《吕览·审为篇》"杀所饰要所以饰,则不知所为矣",高注云:"为读相为之为。"相为之为,即音于伪切。又《汉书·高纪上》"明其为贼",集注云:"应劭曰为音无为之为,郑氏曰为音人相为之为。"应、郑皆汉末人,其言已如此。

遗　《广韵》以追切,在支韵,"失也,亡也"。又以醉切,在至韵,"赠也"。

案遗失、遗留,与遗赠、遗送之音有别,自古已然。如《周礼·地官序官》"遗人",郑注云:"郑司农云:遗读如《诗》曰弃予如遗之遗。(《释文》云"郑众音维"。)玄谓以物有所馈遗。"《淮南子·览冥篇》"猨狖颠蹶而失木枝",高注云:"狖读中山人相遗物之遗。"皆其证也。

难　《广韵》那干切,在寒韵,"艰也,不易称也"。又奴案切,在翰韵,"患也"。

案经典相承,难易之难,与问难、难却、患难之难,音有不同。难易之难为形容词,读平声;问难、难却之难为动词,读去声。患难之难为名词,亦读去声。此本为一义之引申,因其用法各异,遂区分为二。如《周礼·占梦》"遂令始难欧疫",郑注云:"难谓执兵以有难却也。故书难或为傩,杜子春傩读为难问之难。"又《淮南子·时则篇》"仲秋之月,天子乃傩,以御秋气"。高注云:"傩犹除也,傩读躁难之难。"躁难、难问,皆读去声也。杜子春者,河南缑氏人,尝问业于刘歆,(见贾公彦《周礼注疏·论周礼废兴》所引马融《周官传序》。)而郑众、贾逵又皆从其受学,自其读傩为难问之难,可知难字分作两读。远始于东汉之初。

劳　《广韵》鲁刀切,在豪韵,"倦也,勤也,病也。"又郎到切,在号韵,"劳慰也"。

案"劳慰"云者,即《孟子》"劳之来之"之劳,其与勤劳之劳,义实相承,而古人已分作两读。如《淮南子·泛论篇》"以劳天下之民",注云:"劳犹忧也,劳读劳勑之劳",此即作去声读。(《汉书·平当传》"劳俫有意者"注"劳者恤其勤劳也"。)

任　《广韵》如林切,在侵韵,"堪也,保也",又音汝鸩切,胜也。

案堪任、保任、任使之任,盖皆读平声。胜任、信任、任用之任,皆读去声。如《淮南子·精神篇》"养性之具不加厚,而增之以任重之忧",注云:"任读任侠之任。"任侠一词,古之通语也。

《史记·季布栾布传》"为气任侠"，《集解》引孟康云："相与信为任。"《汉书》颜注云："任音人禁反。"是任侠之任读去声。又《说林篇》"短绠不可以汲深，器小不可以盛大，非其任也"，注云："任读堪任之任。"此即读为平声矣。是任之分作两音，由来已远，非近世所兴也。

量　《广韵》吕张、力让二切。

案豆区斗斛之属，谓之量，读去声。以之度物之多少，亦谓之量，读平声。去声为名词，平声为动词。《周礼·考工记》栗氏"准之然后量之"，郑注云："量读如量人之量。"即读平声也。

阴　《广韵》于今切，在侵韵。

案经典相承又有去声一音，前者为名词，后者为动词，谓覆蔽之也。如《礼记·祭义》"阴为野土"，郑注云："阴读为依廕之廕"，是其证。（阴覆之阴又通作廕，或作荫。）

与　《广韵》余吕、羊洳二切。

案凡党与、相与、许与之与，皆读余吕切，而参与、干与之与，皆读羊洳切。盖由相与、亲与之义引申之，以我临物亦谓之与也。如《易·杂卦传》"或与或求"，王弼注与读去声，是余吕为本音，羊洳则转音也。然两声各自为义，自汉已然。如《仪礼·特牲馈食礼》"祝曰酢，有与也"，郑注云："与读如诸侯以礼相与之与。"（"诸侯以礼相与"《礼记·礼运》文。）与即读为上声。如《礼记·中庸》"可以与知焉"，郑注云："与读为赞者皆与之与。"（"赞者皆与"《仪礼·士冠礼》文。）《汉书·高纪下》"万民与苦甚"，集注云："如淳曰：'与音相干与之与，'师古曰：'音弋庶反。'与皆读去声，是其例也。"

子　《广韵》即里切，在止韵。

案经师相承又有将吏切一音，盖子者本为对父之名，爱之如其子，则读去声。《礼记·乐记》云："致乐以治心，则易直子谅之心油然生矣"，郑注曰："子读如不子之子。"（《祭义》亦有此语，注同。《释文》云："子如字，徐将吏反。"）考《尚书·益稷》云："启呱呱而泣，予弗子，惟荒度土功"，"弗"《史记·夏本纪》作

"不",不子者,不能爱念之如子也。此云易直子谅之心者,亦为子爱之义,故郑云读如不子之子。陆德明《尚书释文》云:"子如字,郑将吏反",是不子之子郑殆读去声无疑。(孙星衍《尚书今古文疏证》谓郑盖读如字,恐非。)《乐记》注所云,匪特明其义训,抑且通其音读,故称读如,或者不察,反以为疏通故训则拘矣。又子爱之子亦通作字,(《广韵》疾置切,去声。)《列子·杨朱篇》云:"惟荒度土功,子产不字,过门不入。"不字,即不子也。《左传·成公四年》"其肯字我乎",《周礼·大司徒》注"小国贡轻,字之也","字"并训爱。

比　　《广韵》卑履切,校也。又毗至切,近也。
案比较、比拟、比例、比方之比,前人多读上声,比近、比次、党比、频比之比,多读去声。前者为本音,后者为转音。《汉书·任敖传》"吹律调乐入之音声,及以比定律令",集注云:"如淳曰:'比音比次之比,谓五音清浊各有所比,不相错入,以定十二律之法令,于乐官使长行之。或曰谓比方之比,音必履反。'师古曰:'依如氏之说,比音频二反。'"由此观之,比有两读,魏世已然。

下　　《广韵》胡雅切,在马韵,"贱也,后也,底也"。又胡驾切,在祃韵,"行下"。
案前者为形容词,后者为动词,故分为二音。《汉书·高纪下》云:"葬长陵已下",集注云:"苏林曰'下书之下。'"下为动词,故师古曰"下音胡亚反",足证下有两读,由来已久。

假　　《广韵》古疋、古讶二切,皆训"借也",而有上去之异。借,子夜、资赐二切,皆训"假借",而有去入之分。《左氏·庄公十八年传》孔疏云:"假借同义。取者,假为上声,借为入声。与者,假借皆为去声。"
案古人已有此分别,如《汉书·文帝纪·赞》"常假借纳用焉",集注云:"苏林曰'假音休假,借音以物借人之借'。"(《薛宣朱博传·赞》"假借用权"集注引邓展音同。)又《晁错传》"里有假士",集注云:"服虔曰'假音假借之假'。"是也。

被　　《广韵》皮彼切,在纸韵,"寝衣也"。又平义切,在寘韵,"覆也"。

案《书·尧典》"光被四表",郑注云:"言尧德光耀及四海之外。"(见《诗·噫嘻》疏。)《释文》被音皮寄反,作去声读。考《淮南子·俶真篇》"被施颇烈",高注云:"被读光被四表之被也。"《汉书·韩王信传》"国被边",集注云:"李奇曰'被音被马之被。'"《史记·南越尉佗传》"即被佗书",集解引韦昭云:"被音光被之被。"由是可知覆被之被(动词)与寝被之被(名词),音读不同,有自来矣。

走　　《广韵》子苟、则候二切,并训"趋也"。

案走之字义,有趋走、走向之分。古者趋走之走,读上声;走向之走,读去声。如《孟子》"弃甲曳兵而走",走,退走也,读上声。《淮南子·说林篇》"渔者走渊,木者走山",高诱云:"走读奏记之奏",则读去声矣。又《汉书·高纪上》"步从间道走军",集注云:"服虔曰:'走音奏。'师古曰:'走谓趣向也。'"《张释之传》"此走邯郸道也",集注云:"如淳曰'走音奏,趣也。'"凡此之类,并读去声。夫趋走与走向义近,而古人分为二音者正以其为用不同耳。

过　　《广韵》古禾切在戈韵,"经也"。又古卧切,在过韵,"误也,越也,责也。"

案经过之过读平声,过越之过读去声,汉人即已如是。《淮南子·览冥训》"过归雁于碣石,轶鹍鸡于姑馀",高诱曰:"过,去也。过读责过之过。"云责过之过,即以别于经过之过也。

数　　《广韵》所矩、色句二切。凡计数之数读上声,数目之数读去声,而频数之数则又音所角切,是一字有上去入三音也。

然考之汉代,固已若是,犁然不紊。如《汉书·东方朔传》"朔曰'是窭数也'",集注云:"苏林曰:'数音数钱之数。'"案此即读为上声一音。《史记·李广传》"以为李广老,数奇",《索隐》引服虔说云:"作事数不偶也,音朔。"此则读为入声矣。

告　　《广韵》古到切,在号韵,"报也"。又古沃切,在沃韵,"告上曰告"。盖上告下音古沃切,下告上音古到切。一读去声,一读入声。

案汉人此字已有两读,《诗》"日月告凶",《汉书·刘向传》作"日月鞠凶";《礼记·文王世子》"则告于甸人",注云:"告读为鞠",鞠告双声,鞠入声字也。《释名》云:"上敕下曰告,告,觉也。使觉悟知己意也。"觉亦入声字。又《史记·高祖本纪》云:"高祖为亭长时,常告归之田。"《集解》云:"服虔曰:'告音如嘷呼之嘷。'李斐曰:'休谒之名也。'孟康曰:'古者名吏休假曰告。告又音诰。'"《索隐》曰:"韦昭云:'告请归乞假也,音告语之告,刘伯庄、颜师古并音古笃反,服音如嘷呼之嘷。'按《东观汉记·田邑传》云:'邑年三十,历卿大夫,号归罢厌事,少所嗜欲。'寻号与嘷同,古者当有此语。今服虔虽据田邑号归,亦恐未为得。然此告字,当音诰。诰号声相近,故后告归号归遂变也。"据是可知告归之告,古有数读,服虔音号,孟康音诰,颜伯庄音梏,梏诰并入声,沃韵字也。《淮南子·泛论篇》"乾鹄知来,而不知往",高诱云:"鹄读告退之告。"鹄亦沃韵字,而高诱音"告退之告",可证高诱读告亦有入声一音,韦昭音告语之告亦然。今人读告归之告多读为梏,殆即本乎高诱、韦昭矣。

由上所述,可知以四声别义远自汉始,确乎信而有征。清人谓此乃六朝经师之所为,殆未深考。即诸儒之音观之,以杜子春之音《周礼》"傩读难问之难"为最早,尔后郑玄、高诱分别更广。郑玄与卢植同为马融之门人,而高诱又为卢植之弟子,二人师友之渊源既深,故解字说音,旨趣亦同。后儒继作,遂成风尚。迨夫晋世,葛洪、徐邈,更趋精密矣。论其所始,不得不谓其昉自汉世也。

(选自《周祖谟学术论著自选集》,北京师范学院出版社,1993年)

汉语骈列的词语和四声[*]

一

刘义庆《世说新语·排调》篇记载一段故事说：

> 诸葛令(诸葛恢)、王丞相(王导)共争姓族先后。王曰："何不言'葛王'，而云'王葛'？"令曰："譬言'驴马'，不言'马驴'，驴宁胜马耶？"

案诸葛恢为琅邪阳都人，父祖辈都是三国时代有名的人。祖父是魏司空诸葛诞，父亲是吴大司马诸葛靓，族祖有诸葛瑾、诸葛亮。王导是琅邪临沂人，祖父王览在晋初为太中大夫，伯祖王祥在魏为司空，在晋为太保，父亲王裁，在晋为抚军长史。这两家都是名门望族。

诸葛氏原为葛氏，后称诸葛。晋元帝司马睿为安东将军时以王导为丞相军谘祭酒，以诸葛恢为江宁令。二人在一起戏谑，争论姓族称名的先后，以见门第的高下。诸葛恢以"驴马"为喻，可以说极尽诙谐之能事。结果，王导不仅没有占上风，反而语塞，无以答对。

这则故事很有趣。可是为什么当时人都说"王葛"，而不说"葛王"呢？是否王姓的声望高于诸葛？还是有别的缘故？再则，人人都说"驴马"，而不说"马驴"，这又是什么缘故呢？单纯是一种习惯吗？还是意在分别大小，而以小大为次？我看，其中当别有道理。

"王葛"跟"驴马"都是两个字(词)并举的，我们可以称之为"骈词"。汉语是有声调的语言。汉字每个字都有一定的声调。两个字，也就是有确定含义的两个词，在一起并举合称的时候，哪一个在前，哪一个在

---

[*] 本文内容曾于1984年7月在日本京都大学文学部作过讲演。

后,大都是依照说话的时候怎样顺口来叙次的。这里面就与字音声调的起伏升降长短有关系。

从声调来看,上面所举的"王葛","王"是平声,"葛"是仄声(入声)①,平声在前,仄声在后。前代合称两个人的时候,这样的例子很多。如:

苏李 1(苏武,李陵)　　　　班马(班固,司马迁)
嵇阮　(嵇康,阮籍)　　　　王谢(王导,谢安)
邢魏　(邢劭,魏收)　　　　燕许(张说,苏颋)
苏李 2(苏味道,李峤)　　　萧李(萧颖士,李华)
王孟　(王维,孟浩然)　　　韦柳(韦应物,柳宗元)
元白　(元稹,白居易)　　　牛李(牛僧孺,李德裕)
温李　(温庭筠,李商隐)　　何李(何景明,李梦阳)

这些都是平声在前,仄声在后。"班马"就时代来说,"马"当先说,"班"当后说。然而要合于平声在前的规律,所以宋娄机作《班马字类》,称"班马",不称"马班"。

进一步来看,如果两名都是仄声的话,那又是"上""去""入"的次序为先后。如:

管乐(管仲,乐毅)　　　　　沈宋(沈佺期,宋之问)
李杜(李白,杜甫)

这里"管"、"沈"、"李"都是上声字,"乐"是入声字(今读去声),"宋""杜"是去声字。两名并举,上声在前,去入声在后。如果不是这样的时候,有些与时间先后有关系。如屈原和宋玉并称为"屈宋",屈原在前;段玉裁和王念孙并称为"段王",段的年龄长于王,所以段玉裁在前。"屈"是入声字,"段"是去声字。

这种声调上的安排在汉语的骈词中表现得很普遍。我们可以举出很多不同方面的例子。(字下加圆圈的为入声字)

---

① 北京音没有入声,这是按照《广韵》一类的韵书来说的。

- 古代国名:
  - 秦晋 齐楚 燕赵 吴越
- 天象和气象:
  - 霄汉 河汉 牛斗 星月 风雨 霜露 冰雪 云雾 霜雪
- 地理名称:
  - 山水 河洛 江汉 湖海 陵谷 丘壑 秦陇 川陕 云贵
  - 康藏 闽粤 江浙 湖广
- 动植物:
  - 龙虎 牛马 猫狗 狐兔 猪狗 禽兽 鸟兽 虎豹 松柏
  - 花木 梅柳 花鸟 草木 桃李 黍稷
- 人体:
  - 肢体 手脚 须发 肠胃 脾胃
- 饮食:
  - 鱼肉 酒饭 烟酒 荤素 米面 梨枣 瓜果 葱蒜 羹饭
  - 油醋
- 衣着器物:
  - 冠带 衣帽 衾枕 床帐 帷幕 锦绣 绸缎 几案 纸墨
  - 琴瑟 钟磬 钟鼓 脂粉 耒耜 弓箭 弓弩 牌匾 砖瓦
- 词义对衬:
  - 高下 深浅 浓淡 远近 顺逆 哀乐 生死 成败 升降
  - 繁简 难易 优劣 好坏 文武 先后 良莠 荣辱 南北

这些骈词的声调都跟前面所举的例子相同。由此我们可以总结出一条规律。那就是:在汉语里两个词并举合称的时候,两个词的先后顺序,除了同是一个声调以外,一般是按照平仄四声为序,平声字在前,仄声字在后。如果同是仄声,则以上去入为序。先上,后去、入;或先去,后入。

当然,我们也看到有些骈词未必要管声调的平仄。如以时间先后为序的:

周孔(周公,孔子) 孔孟(孔子,孟子)

秦汉(秦朝,汉朝)　唐宋(唐朝,宋朝)
史汉(《史记》,《汉书》)

这些不期然而然地与上面的一条规律相合。可是,也不无例外。如"夏商"(夏朝和商朝)、"宋元"(宋朝和元朝),仄声字在前,平声字在后。其他如"是非"、"管弦"、"肺腑"、"犬羊"(曹丕《与吴质书》:"以犬羊之质,服虎豹之文。")之类也都不与一般规律符合。不过,这类例子究竟是少数,甚至于可以说是极少数。

另外,有些由文语来的骈词包括入声字,如果依照普通话语音系统来读,似乎不与上边所说的规律相符,如"祸福"、"手足"之类,可是依照旧日的韵书音系来看,还是相合的。

这一条规律,在近代,最初指出的是余嘉锡先生。他在1938年撰写《世说新语笺疏》,在解释前面所举的《排调》篇那一节的时候,曾说:

凡以二名同言者,如其字平仄不同,……则必以平声居先,仄声居后,此乃顺乎声音之自然,在未有四声之前固已如此。

他所说"未有四声之前",当指平上去入四声说未有之前。他的话很简单,但已经把汉语的声调古已有之的事实和二名同言时以字音的平仄来分先后的事实都指出来了。不过,如果二名同是仄声的时候又是如何,他并没有阐发,不能不加以补充说明。

二

上古汉语是以单音节词为主,后来双音词逐渐加多,有很多词就是用骈偶的单音词作义素(词素)而合成的。如"阶梯"、"皮肤"、"齐全"、"篇章"、"栽培"等等。构词的两个义素可能是意义相近的,或是属于同类事物的,也可能是意义相反的。最有意思的是前后两个义素(也就是两个字)的顺序在声调上仍然跟上面所说的规律一致。下面把不同声调的字所组成的词依次列举一些来看。

・平　平:

桥梁　图书　提携　钱财　钻研　声音　贫穷　谦恭　攀援
稀疏　辛酸　高深

- 平　上：

光景　柔软　牙齿　唇吻　躯体　包裹　基础　头脑　标本
宽敞　珍宝　寒冷　温暖　奔跑　评选　奔走　抚养　星斗
迁徙　朋友　描写　幽雅　遥远

- 平　去：

a. 空旷　昏暗　蒙昧　依靠　迷恋　思念　恭敬　宏大
飘荡　穷困　煤炭　行动　容貌　嘲笑　浅陋　仓库
门户　宫殿　愉快　灾害　饥饿　囚禁　征兆　清静
消耗　坟墓　疲倦　尊敬　思念　评论　奇怪　镶嵌
材料

b. 墙壁　储蓄　踪迹　痕迹　侵略　消灭　区域　铺设
疑惑　人物

- 上　上：

引导　岛屿　奖赏　主宰　允许

- 上　去：

a. 检验　缓慢　简慢　土地　领袖　巧妙　醒悟　简陋
恐惧　恼怒　辅助　诽谤　妥善　懒惰　警戒　勉励

b. 闪烁　整饬　堵塞　缴获　养育

- 去　去：

a. 次序　怠慢　眺望　赋税　旺盛　构造　怨恨

b. 跳跃　践踏　盗窃　吝啬　教育

上面加圆圈的都是古入声字，现在普通话已经读为去声。

从以上所举的例子来看，现在通常应用的双音词（复合字）基本上也是守着前面所说的声调次序来组成的。平上，平去，上去的词都不少。这是在两个义素（词素）之间的一项很有意思的语音现象。

根据上述所举的骈词和复合词两方面的材料，我们可以深刻地理解到汉语的声调在词与词合称或在有联合关系的词素组合中所起的制约作用。

《世说新语·排调》篇记述的那一段故事,王导在当时的名位也许比诸葛恢高一些,把二人合称"王葛",不无原由,同时也比说"葛王"合于声音规律。说"驴马"而不说"马驴"也正是这个道理。但驴不如马大,马贵而驴贱。"驴马"这个骈词恰恰被聪敏的诸葛恢抓住了,弄得王导啼笑皆非,无言可对。

三

在汉语里还有很多由两部分并列组成的四字成语,以第二字是平声字、第四字是仄声字的居多。先"平"后"仄"跟骈词和双音词极相似。这在成语中的数量也比较多。因为是约定俗成的,又是符合词语组合的规律的,所以一般都不能改变先后的次序而倒过来说。例如:

- 平平仄仄:

山清水秀　平心静气　深谋远虑　龙腾虎跃
倾家荡产　雄才大略　精耕细作　娇生惯养
焦头烂额　瞻前顾后　街谈巷议　轻描淡写
排山倒海　山珍海味　呕心沥血　盘根错节
同仇敌忾　通情达理　摇唇鼓舌　眉开眼笑

- 仄平仄仄:

巧言令色　正言厉色　曲高和寡　眼明手快
冷言热讽　自高自大　见多识广　痛心疾首
日新月异　镜花水月　酒囊饭袋　驾轻就熟
倒行逆施　大言不惭　审时度势　水深火热

这里所列的成语都跟规律相合。我们知道了这个规律是有普遍意义的,那么,"惊心动魄"就不要写为"动魄惊心","排山倒海"也就不要写为"倒海排山"了。既合于习惯,也符合语言规律。这样,在创造新的词语时,也就知道有所遵循了。

根据以上所讨论的事实,我们还可以得到两点启示:

(一)齐梁时代的文学之士所说的"宫羽相变,低昂舛节,前有浮声,则后须切响"以及"一简之内,音韵尽殊,两句之中,轻重悉异,妙达此旨,始可言文",其实际意义就是把"平""仄"分为两类,上句末尾是平声,下句末尾就以仄声与之相应。"平"为平声,"仄"即上、去、入。"平"为"轻","仄"为"重"。

(二)四声分为平仄(侧),而又有平上去入的名称,平声的音调必然相对的比较平。前人传诵的四声口诀说:"平声平道莫低昂,上声高呼猛烈强,去声分明哀远道,入声短促急收藏。"这对于粗疏理解古代四声的性质不无实际意义。

我们可以把这些知识联系起来看,对于汉语的内部规律和由这个规律发展而成的文学上的音律形式会有更深刻的理解和认识。

1983 年 12 月

(选自《周祖谟语言学论文集》,商务印书馆,2001 年)

《颜氏家训·音辞篇·注》补

　　《颜氏家训》,旧有赵曦明注,其中疏漏甚多。及经卢文弨为之增补,始臻完密。惟《音辞》一篇,卢氏有不能诠解者,颇赖段玉裁为之参定。而段氏者又精于考古,疏于审音,故笺校虽多,犹未尽善。考《家训》此篇专为辨析声韵而作,斟酌古今,掎摭利病,具有精义,实乃研求古音者所当深究,旧注之阙误者,未可存而不论也。今谨就所知,略加缀辑,发其隐奥,疏其滞疑,以为谈音韵者之一助。至如论内言、外言之义,《说文》读若之旨,皆有凭借,非逞玄想。故不嫌冗赘,并著于篇。

1943 年 7 月

　　夫九州之人,言语不同,生民已来,固常然矣。自《春秋》标齐言之传,《离骚》目楚词之经,此其较明之初也。后有扬雄著《方言》,其言大备。然皆考名物之同异,不显声读之是非。逮郑玄注六经,高诱解《吕览》、《淮南》,许慎造《说文》,刘熹制《释名》,始有譬况假借以证音字耳。而古语与今殊别,其间轻重清浊,犹未可晓;加以内言、外言、急言、徐言、读若之类,益使人疑。

　　〔卢注〕《释名》,《直斋书录解题》称汉征士北海刘熙成国撰,此书作刘熹,《文选注》引李登《声类》,熹与熙同。旧注之精当者摘要载之,其繁冗讹谬者不录。

　　〔补〕案内言、外言、急言、徐言,前人多不能解。今依音理推之,其义亦可得而说。考古人音字,言内言、外言者,凡有四事:《公羊传》宣公八年"曷为或言而,或言乃?"何休注:"言乃者内而深,言而者外而浅。"此其一。《汉书·王子侯表》上,襄嚵侯建,晋灼嚵音内言毚兔,各本讹作"嚵菟",今正。此其二。猇节侯起,晋灼猰音内言鹶,此其三。《尔雅·释兽·释文》,獑晋灼音内言貐,此其四。据此四例推之,所谓内外者,盖指韵之洪细而言。言内者洪音,言外者细音。何以知言内者为洪音?案噱唐王仁昫《切韵》在掞韵,音自染反。敦煌本、故宫本同。《篆隶万象名义》、《新撰字镜》并音才冉反,与王韵同。惟颜师古此字作士咸反,今本《玉篇》同。则在咸韵也。如是可知噱字本有二音:一音自染反,一音士咸反。自染即渐字之音,渐三等字也。士咸即毚字之音,毚二等字也。二等、三等元音之洪细不同。且三等有 i 介音,二等无 i 介音。二等为洪音字,三等为细音字。晋灼音噱为毚兔之毚,是作洪音读,不作细音读也。颜注士咸反,正与之合。盖音之侈者,口腔共鸣之间隙大;音之敛者,口腔共鸣之间隙小。大则其音若发自口内,小则其音若发自口杪。故曰噱音内言毚兔。是内外之义,即指音之洪细而言无疑也。依此求之,猰节侯之猰,晋灼音内言鹶,鹶唐写本《切韵》在宵韵,音于骄反。王国维抄本第三种。以下言《切韵》者并同,凡引用第二种者,始分别标明。考《汉书·地理志》济南郡有猇县,应劭音筊,苏林音爻。爻切韵胡茅反,在肴韵,匣母二等字也。鹶则为喻母三等字。喻母三等,古归匣母,是鹶爻声同,而韵有弇侈之异。今晋灼猰音内言鹶,正读为爻,与苏林音同。《切韵》此字亦音胡茅反。此藉内言二字可以推知其义矣。复次,《尔雅·释兽》"狖貐,类貙,虎爪,食人,迅走。"《释文》云:"狖,字亦作獖,诸诠之乌八反,韦昭乌继反,服虔音瞖,晋灼音内言貐。案字书貐音喧。"今案喧《切韵》乌结反,在屑韵,四等字,貐曹宪《博雅音》作于结反,见《释言》。与字书音喧同。考《淮南子·本经篇》"狖貐凿齿",高诱云:"狖读车轧履人之轧。"轧切韵音乌黠反,在黠韵,二等。今晋灼此字音内言貐,正作轧音,与高诱注若合符节。《切韵》狖音乌黠反,即本高诱、晋灼也。然则内言之义,指音之洪者而言,已明确如示诸掌矣。至如外言所指,由何休《公羊传注》可得其确解。何休云:"言乃者内而深,言而者外而浅。"乃《切韵》音奴亥反,在海韵,一等字也。而如之反,在之韵,三等字也。乃属泥母,而属日母。乃而古为双声,惟韵有弇侈之殊。乃既为一等字,则其音侈;而既为三等字,则其音弇。乃无 i 介音,而有 i 介音。故曰言乃者内而深,言而者外而浅。是外言者,正谓其音幽细,若发自口抄也。夫内外之义既明,可进而推论急言、徐言之义矣。考急言、徐言之说,见于高诱之解《吕览》、《淮南》。其言急气者,如:《淮南·俶真篇》"牛蹄之涔,无尺之鲤",注:"涔读延祐曷问,此四字当有误。急气闭口言也。"《地形篇》"其地宜黍,多旄犀",注:"旄读近绸缪之缪,急气言乃得之。"《泛论篇》"太祖軵其肘",注:"軵,挤也,读近茸,急察言之。"《说山篇》"牛车绝辚",注:"辚读近蔺,急舌言之乃得也。"《说林篇》"亡马不发户辚",注:"辚,户限也。楚人谓之辚。辚读近邻,急气言乃得之也。"《修务篇》"腾朕哆呭",注:"腾读权衡之权,急气言之。""腾"正文及注刻本均误作"睠",今正。此皆言急气者也。其称缓气者,如:《淮南子·原道篇》"蛟龙水居",注:"蛟读人情性交易之交,缓气言乃得耳。"《本经篇》"飞蛩满野",注:"蛩,一曰蝗也,沇州谓之螣。读近殆,缓气言之。"《吕览·仲夏纪》"百螣时起"注"螣读近殆,兖州人谓蝗为螣",与此同。《修务篇》"胡人有知利者,而人谓之𩧢",注:"𩧢读似质,缓气言之,在舌头乃得。"《吕览·慎行篇》"相与私哄",注:"哄读近鸿,缓气言之。"此皆言缓气者也。即此诸例观之,急气、缓气之说,可有两解,一解指声调不同,一解指韵母洪细不同。盖凡言急气者,均为平声字,凡言缓气者,除蛟字外均为仄声字。此一解也。别有一解即指韵母之洪细而言。如涔故宫本王仁昫《切韵》锄簪反,在侵韵,案涔三等字也。旄读近绸缪之缪,《切韵》旄莫袍反。缪《切韵》武彪反,在幽韵,四等字也。軵读近茸,《说文》亦云"軵读若茸。"《广韵》而容而陇二切。茸《切韵》王摹本第二种。而容反,在钟韵,三等字也。辚读近蔺若邻,《切韵》辚力珍反。蔺,《广韵》良刃切,在震韵。邻,《切韵》力珍反,在真韵。邻蔺皆三等字也。腾读权衡之权,敦煌本王仁昫《切韵》及《广韵》字作朧,音巨员反。权《切韵》巨员反,在仙韵,三等字也。以上诸例,或言急气言之,或言急察言之,字皆在三四等。至如蛟读人情性交易之交,蛟《切韵》古肴反。交《切韵》古肴反,在肴韵,二等字也。䲣读近殆,䲣《广韵》徒得切,在德韵,殆徒亥切,在海韵,䲣殆双声,皆一等字也。《吕览·任地篇》高注:兖州谓蛾为䲣,音相近也。蛾《广韵》音或与䲣同,在德韵。《广韵》䲣音徒得切,与高注相合。哄读近鸿,《广韵》哄胡贡切。鸿《切韵》王篸本第二种。音胡龙反,在东韵,一等字也。以上诸例,同称缓气,而字皆在一二等。夫一二等为洪音,三四等为细音,故曰凡言急气者皆细音字,凡言缓气者皆洪音字。惟上述之桎字,高云读似质,缓气言之,适与此说相反。盖桎《广韵》音陟利切,在至韵,与交质之质同音,质又音之日切。桎质皆三等字也。三等为细音,而今言缓气,是为不合。然缓字殆为急字之误无疑也。如是则急言缓言之义已明。然而何以细音则谓之急,洪音则谓之缓?尝寻绎之,盖细音字均为三等字,皆有i介音,洪音字为一二等字,皆无i介音。有i介音者,因i为高元音,且为声母与元音间之过渡音,而非主要元音,故读此字时,口腔之气道,必先窄而后宽,而筋肉之伸缩,亦必先紧而后松。无i介音者,则声母之后即为主要元音,故读之轻而易举,筋肉之伸缩,亦极自然。是有i介音者,其音急促造作,故高氏谓之急言。无i介音者,其音舒缓自然,故高氏谓之缓言。急言缓言之义,如是而已。此亦与何休晋灼所称之内言外言相似。晋灼,晋尚书郎,其音字称内言某,内言之名当即本于何休。盖当东汉之末,学者已精于审音。论发音之部位,则有横口在舌之法。论韵之洪细,则有内言外言急言缓言之目。论韵之开合,则有踧口笼口之名。论韵尾之开闭,则有开唇合唇闭口之说。横口踧口开唇合唇并见刘熙《释名》。论声调之长短,则有长言短言之别。见《公羊传》庄公二十八年何休注。剖析毫厘,分别黍累,斯可谓通声音之理奥,而能精研极诣者矣。惜其学不传,其书多亡,后人难以窥其用心耳。尝试论之,中国审音之学,远自汉始。迄今已千有余年。于此期间,学者审辨字音,代有创获。举其大者,凡有七事:一汉末反切未兴以前经师之审辨字音,二南朝文士读外典知五音之分类,三齐梁人士之辨别四声,四唐末沙门之创制字母,五唐末沙门之分韵为四等,六宋人之编制韵图,七明人之辨析四呼。此七事者,治声韵学史者固不可不知也。

孙叔言创《尔雅音义》,是汉末人独知反语。

〔赵注〕隋唐《经籍志》,《尔雅音义》八卷,孙炎撰。

〔补〕案反切之兴,前人多谓创自孙炎。然反切之事,决非一人所能独创,其渊源必有所自。章太炎《国故论衡·音理论》,即谓造反语者非始于孙叔然,其言曰:"案《经典释文·序例》,谓汉人不作音,而王肃《周易音》,则序例无疑辞,所录肃音用反语者十余条。寻《魏志·王肃传》云:肃不好郑氏,时乐安孙叔然授学郑玄之门人,肃集圣证论以讥短玄,叔然驳而释之。假令反语始于叔然,子雍岂肯承用其术乎?又寻汉《地理志》广汉郡梓潼下,应劭注:潼水所出,南入垫江,垫音徒浃反。辽东郡沓氏下,应劭注:沓水也,音长答反,是应劭时已有反语,则起于汉末也。"由是可知反语之用,实不始于孙炎。颜师古《汉书注》中所录劭音,章氏亦未尽举,而应劭音外复有服虔音数则。如惴音章瑞反,鰌音七垢反,臑音奴沟反,《广韵》人朱切。痏音于鬼反,《广韵》荣美切。踢音石奐反,《广韵》他历切。是也。故唐人亦谓反切肇自服虔。如慧琳《一切经音义·景审序》云:"古来反音,多以傍纽而为双声,始自服虔,原无定旨。"唐代日本沙门安然《悉昙藏》引唐武玄之《韵诠》反音例,亦云:"服虔始作反音,亦不诘定。"《大正新修大藏经》No. 2702 P. 382 是皆谓反切始自服虔也。服应为汉灵帝献帝间人,是反切之兴,时当汉末,固无疑矣。然而诸书所以谓始自孙炎者,盖服应之时,直音盛行,反切偶一用之,犹未普遍。及至孙炎著《尔雅音义》,承袭旧法,推而广之,故世以孙炎为创制反切之祖。至若反切之所以兴于汉末者,当与佛教东来有关。清人乃谓反切之语,自汉以上即已有之,近人又谓郑玄以前已有反语,皆不足信也。孙炎,《魏志·王肃传》作孙叔然,注云与晋武帝同名。案炎与叔然名字义训相应,此作叔言恐误。

至于**魏世**,此事大行。高贵乡公不解反语,以为怪异。自兹厥后,音韵锋出,各有土风,递相非笑,指马之喻,未知孰是。共以帝王都邑,参校方俗,考核古今,为之折衷。榷而量之,独金陵与洛下耳。以下当分段。

〔卢注〕指马之喻,《庄子·齐物论》:"以指喻指之非指,不若以非指喻指之非指也。以马喻马之非马,不若以非马喻马之非马也。天地一指也,万物一马也。"

〔补〕案《经典释文·叙录》,魏高贵乡公有《左传音》三卷。此云高贵乡公不解反语,以为怪异,事无可考。《释文》所录高贵乡公反音一条,或本为比况之音,而后人改作者也。金陵即建康,为南朝之都城。洛下即洛阳。《世说新语·雅量篇》称谢安作"洛生咏",刘注引宋明帝《文章志》云:"安能作洛下书生咏",是俗称洛阳为洛下。卢注云:洛下,今之河南开封府,非也。洛阳为魏晋后魏之都城。盖韵书之作,北人多以洛阳音为主,南人则以建康音为主,故曰榷而量之,独金陵与洛下耳。

南方水土和柔,其音清举而切诣,失在浮浅,其辞多鄙俗。北方山川深厚,其音沉浊而𨭖钝,得其质直,其辞多古语。

〔卢注〕《淮南·地形训》:"清水音小,浊水音大。"陆法言《切韵·序》:"吴楚则时伤轻浅,燕赵则多涉重浊,秦陇则去声为入,梁益则平声似去。"

〔补〕案《经典释文·叙录》云:"方言差别,固自不同,河北江南,最为巨异。或失在浮清,或滞于重浊。"与颜说相同。颜谓南人之音辞多鄙俗者,以其去中原雅音较远,而言辞俗俚,于古无征故也。

然冠冕君子,南方为优,闾里小人,北方为愈。易服而与之谈,南方士庶,数言可辨。隔垣而听其语,北方朝野,终日难分。而南染吴越,北杂夷虏,皆有深弊,不可具论。

〔补〕此论南北士庶之语言各有优劣。盖自五胡乱华以后,中原旧族多侨居江左,故南朝士大夫所言,仍以北音为主。而庶族所言,则多为吴语。故曰易服而与之谈,南方士庶,数言可辨。而北方华夏旧区,士庶语音无异,故曰隔垣而听其语,北方朝野,终日难分。惟北人多杂外族之音,语多不正,反不若南方士大夫音辞之彬雅耳。至于闾巷之人,则南人之音鄙俗,不若北人之音为切正矣。参见陈寅恪先生《东晋南朝之吴语》一文。

其谬失轻微者,则南人以钱为涎,以石为射,以贱为羡,以是为舐。

〔补〕此论南人语音,声多不切。案钱《切韵》昨仙反,涎叙连反,同在仙韵,而钱属从母,涎属邪母,发声不同。贱《唐韵》唐写本,下同。才线反,羡似面反,同在线韵,而贱属从母,羡属邪母,发声亦不相同。南人读钱为涎,读贱为羡,是不分从邪也。石《切韵》常尺反,射食亦反,同在昔韵,而石属禅母,射属床母三等。是《切韵》承纸反,舐食氏反,同在纸韵,而是属禅母,食属床母三等。南人读石为射,读是为舐,是床母三等与禅母无分也。

北人以庶为戍,以如为儒,以紫为姊,以洽为狎。如此之例,两失甚多。

〔补〕此论北人语音,分韵之宽,不若南人之密。案庶戍同为审母字,《广韵》庶在御韵,戍在遇韵,音有不同。庶开口,戍合口。如儒同属日母,如在鱼韵,儒在虞韵,韵亦有开合之分,北人读庶为戍,读如为儒,是鱼虞不分也。又紫姊同属精母,而紫在纸韵,姊在旨韵,北人读紫为姊,是支脂无别矣。又洽狎同为匣母字,《切韵》分为两韵,北人读洽为狎,是洽狎不分也。由此足见北人分韵之宽。

以上所论为南北语音之大较。然亦有之推所未及论者。如南人以匣于为一类,北人以审母二三等为一类,是也。南人不分匣于者,如原本《玉篇》"云"作"胡勋反","寓"作"胡甫反",《经典释文·论语为政章》"尤"切为"下求",唐写本《尚书释文》残卷"猾"反为"于八"皆是。北人审二审三不分者,如《北史·魏收传》,博陵崔岩以双声语嘲收曰:"愚魏衰收",《洛阳伽蓝记》,李元谦嘲郭文远婢曰:"凡婢双声",皆是。盖衰双为审母二等,收声为审母三等,今以"衰收""双声"为体语,是审母二三等无别也。且魏收答崔岩曰:"颜岩腥瘦",腥属心母,瘦属审母二等,魏以"腥瘦"为双声,是心审二母更有相混者矣。至于韵部，则北音钟江不分，删寒不分，烛觉不分，均可由北朝人士诗文之协韵考核而知，与南朝萧梁之语音迥别，此皆颜氏之所未及论，故特表而出之。

至邺已来，唯见崔子约崔瞻叔侄，李祖仁李蔚兄弟，颇事言词，少为切正。

〔赵注〕《北齐书·崔㥄传》：子瞻，字彦通，聪朗强学，所与周旋皆一时名望。叔子约，司空祭酒。

〔补〕案之推入邺当在齐天保八年，《观我生赋》自注云："至邺便值陈兴"，是也。崔瞻《北史》卷二十四作崔赡，赡与彦通义相应，当不误。若作瞻则不合矣。赡，㥄子，清河东武城人。《北史》云："赡洁白善容止，神采嶷然，言不妄发。齐大宁元年除卫尉少卿，使陈还，迁吏部郎中，天统末卒。"崔子约见同卷《崔㥄传》，传云："子约长八尺余，姿神俊异，魏武定中为平原公开府祭酒。与兄子赡俱诣晋阳，寄居佛寺，赡长子约二岁，每退朝久立，子约冯几对之，仪望俱华，俨然相映，诸沙门窃窥之，以为二天人也。齐废帝乾明中为考功郎病卒。"李祖仁、李蔚见《北史》卷四十三《李谐传》。谐顿丘人，仕魏终秘书监。史称：谐长子岳，字祖仁，官中散大夫。岳弟庶，方雅好学，甚有家风。庶弟蔚，少清秀，有襟期伦理，涉观史传，兼属文辞，甚有时誉。仕齐，卒于秘书丞。弟若，即与刘臻颜之推同诣陆法言门宿，共论音韵者也。见法言《切韵·序》。

李季节著《音韵决疑》，时有错失。

〔赵注〕《隋书·经籍志》，《修续音韵决疑》十四卷，李概撰。又《音谱》四卷。

〔补〕案李季节见《北史》卷三十三《李公绪传》。公绪，赵郡平棘人。史云："公绪弟概，字季节，少好学，然性倨傲。为齐文襄大将军府行参军，后为太子舍人，为副使聘于江南，后卒于并州功曹参军。撰《战国春秋》及《音谱》并行于世。"《北史·李公绪传》）。概平生与清河崔赡为莫逆之友，概将东还，赡遗之书曰："伉气使酒，我之常弊,诋诃指切,在卿尤甚。足下告归,吾于何闻过也。"见《北史·崔赡传》。足见相款之密。其所著《音韵决疑》及《音谱》皆亡。《音谱》之分韵,敦煌本王仁昫《切韵》犹记其梗概。如佳皆不分,先仙不分,萧宵不分,庚耕青不分,尤侯不分,咸衔不分,均与《切韵》不合。《音韵决疑》,《文镜秘府论》所录刘善经《四声论》中,尝引其序云:"案周礼凡乐圜钟为宫,黄种为角,太族为徵,姑洗为羽。商不合律,盖与宫同声也。五行则火土同位,五音则宫商同律,暗与理合,不其然乎。吕静之撰韵集,分取无方,王微之制鸿宝,咏歌少验。平上去入,出行间里,沈约取以和声,律吕相合。窃谓宫商徵羽角即四声也,羽读如括羽之羽,以之和同,以位群音,无所不尽。岂其藏理万古,而未改于先悟者乎?"此论五音与四声相配之次第,为后人之所宗,故附著之。

阳休之造《切韵》,殊为疏野。吾家儿女,虽在孩稚,便渐督正之。一言讹替,以为己罪矣。云为品物,未考书记者,不敢辄名,汝曹所知也。

〔赵注〕《隋书·经籍志》,《韵略》一卷阳休之撰。

〔补〕《北齐书》卷四十二《阳休之传》云:"休之,字子烈,右北平无终人。父固,魏洛阳令。休之俊爽有风概,少勤学,爱文藻,仕齐为尚书右仆射。周武平齐,除开府仪同,隋开皇二年终于洛阳。"其所著《韵略》已亡。刘善经《四声论》云:"齐仆射阳休之,当世之文匠也。乃以音有楚夏,韵有讹切,辞人代用,今古不同,遂辨其尤相涉者五十六韵,科以四声,名曰《韵略》。制作之士,咸取则焉。后生晚学,所赖多矣。"据此可知其书体例之大概。王仁昫《切韵》亦记其分韵之部类,如冬钟江不分,元魂痕不分,山先仙不分,萧宵肴不分,皆与《切韵》不合。其分韵之宽,尤甚于李季节《音谱》,此颜氏之所以讥其疏野也。

古今言语,时俗不同,著述之人,楚夏各异。《苍颉训诂》,反稗为逋卖,反娃为于乖;

〔段云〕案《广韵》稗傍卦切,与逋卖音异。娃于佳切,在十三佳,以于乖切之,则在十四皆。

〔补〕《苍颉训诂》，后汉杜林撰，见《旧唐书·经籍志》。此音不知何人所加。稗为逋卖反，逋为帮母字，《广韵》作傍卦切，则在并母，清浊有异。颜氏以为此字当读傍卦切，故不以《苍颉训诂》之音为然。又娃《切韵》于佳反，在佳韵，今反为于乖，是读入皆韵矣，亦与《切韵》不合。

《战国策》音刎为免；

〔段云〕《国策》音当在高诱注内，今缺佚不完，无以取证。

〔补〕案刎《切韵》音武粉反，在吻韵，免音亡辨反，在弥韵。二音相去较远，故颜氏不得其解。考刎之音免，殆为汉代北方之方音。如《释名·释形体》云："吻，免也，入之则碎，出则免也。"吻刎同音，刘成国以免训吻，取其音近，与高诱音刎为免正同。又《仪礼·士丧礼》"众主人免于房"，注云："今文免皆作统，"《释文》免音问。《礼记·内则》"衿榆免薧"，《释文》免亦音问。是免有问音也。刎问又同为一音，惟四声小异。高诱之音刎为免，正古今方俗语音之异耳，又何疑焉。颜氏固不知此，即清儒钱大昕、段玉裁诸家，亦所不寤，审音之事，诚非易易也。

《穆天子传》音谏为间；

〔赵注〕《穆天子传》三"道里悠远，山川间之"，郭注："间音谏。"

〔段云〕案颜语，知本作"山川谏之"，郭读谏为间，用汉人易字之例，而后义可通也。后人援注以改正文，又援正文以改注，而"谏音间"之云，乃成吊诡矣。

〔补〕案段氏之言是也。《诗·大雅·板》"是用大谏"，《左传》成公八年引作"简"，简即间之上声，是谏间古韵相同。《唐韵》谏古晏反，在谏韵，间古苋反，去声。在裥韵，谏间韵不同类，故颜氏以郭注为非。然不知删山两韵，举平以赅上去入。郭氏固读同一类也。如《切韵》菅音古颜反，在删韵，间音古闲反，在山韵，而《山海经·北山经》"条菅之水出焉"，郭传："菅音间，"是其证矣。

《说文》音戛为棘，读皿为猛；

〔补〕案《唐韵》戛音古黠反,在黠韵,棘音纪力反,在职韵。二音韵部相去甚远,故颜氏深斥其非。今考《说文》音戛为棘,自有其故。盖"戛"《说文》训"戟也"。又"戟"训有枝兵也,读若棘。是戛戟同音。戟之读棘,由于音近义通。《诗·斯干》"如矢斯棘",《左氏传》隐公十一年"子都拔棘以逐之",《礼记·明堂位》"越棘大弓",笺注并训棘为戟,是棘戟一物也。棘本谓木丛生有刺,而戟亦谓之棘者,盖以形旁出两刃,如木之有刺,故亦曰棘。今戛既与戟棘同义,故亦读若棘矣。考《说文》之读若,不尽拟其字音,亦有兼明假借者,如此之例是也。虽戛棘戟三字于古音之属类不同,而同为一语,皆为见母字,故得通假。段注《说文》戛字下云:"棘在一部,案即古韵之部。相去甚远,疑本作'读若子'而误。"是不明说文读若之例也。然颜氏亦习于故常,仅知戛字音古黠反,而不知戛字本有二音。二者之训释亦不相同。《书·益稷》"戛击鸣球",《释文》:"马注,戛栎也,居八反。"此一音也。张衡《西京赋》"立戈迤戛",《说文》云:"戛戟也,读若棘。"此又一音也。汉人音字,固尝分别言之。如《汉书·王子侯表》羹颉侯信,应劭云:"颉音戛击之戛。"其云"戛击之戛",正所以别于戈戛之戛也。若戛古仅有古黠反一音,应劭当直音颉为戛矣,何为词费,而云"戛击之戛"乎?足证戛字古有二音。后世韵书只作古黠反,而纪力一音乃湮晦无闻矣。幸《说文》存之矣,而颜氏又从而非之,此古音古义之所以日见废替也。至于《说文》读皿为猛,与冋读若犷同例。《切韵》皿武永反,猛莫杏反,冋举永反,犷古猛反,同在梗韵,而猛犷为二等字,皿冋为三等字,音之洪细有别。故之推以皿音猛为非。案猛从孟声,孟从皿声,猛孟皿三字音皆相近。孟古音读若芒,《史记》"芒卯",《淮南子》作"孟卯"是也。猛字扬雄《太玄经》强测与伤强协韵,则亦在阳部。《说文》皿盆均云读若猛,盖谓皿盆当与猛同韵,顾炎武《唐韵正》卷九云:"皿古音武养反。"是也。《说文》读皿为猛当为汝南方音。

《字林》音看为口甘反,音伸为辛;

〔段云〕看当为口干反,而作口甘,则人谈韵,非其伦矣。今韵以邯入寒韵,徐铉所引《唐韵》已如此,其误正同。

〔补〕看《切韵》音苦寒反,在寒韵。《字林》音口甘反,读入谈韵,与《切韵》音相去甚远。考任大椿《字林考逸》所录寒韵字,无读入谈韵者,疑甘字有误。若否,则当为晋世方音之异。如忝从天声,《切韵》音他玷反,烎从干声,《广韵》音徒甘直廉二切,《广韵》引《字林》云小热也。是其比矣。至如段氏所举之邯字,《汉书·高纪》"章邯",苏林音酒酣之酣,酣故宫本王仁昫《切韵》音胡甘反,在谈韵,此即邯之本音。惟"邯郸"之邯,《切韵》所以收入寒韵,音胡安反者,盖受郸字之同化(assimilation)而音有变,与《汉书·扬雄传》"㟪㟪"之㟪,苏林音"宏"相同。段氏以此与看音口甘相比,非其类也。后世韵书邯仅作胡安反,其本音则无人知之矣。伸《切韵》音书邻反,辛音息邻反,伸为审母三等,辛为心母,审心同为摩擦音,故方言中心审往往相乱。《字林》音伸为辛,是审母读为心母也。此与汉人读蜀为叟相似。钱大昕《十驾斋养新录》卷五《翻切古今不同》条,释此文谓古无心审之别非是。盖此仅为方音之歧异,非古音心审即为一类也。

《韵集》以成仍宏登合成两韵,为奇益石分作四章;

〔段云〕今《广韵》本于《唐韵》,《唐韵》本于陆法言《切韵》,法言《切韵》,颜之推同撰集,然则颜氏所执略同今《广韵》。今《广韵》成在十四清,仍在十六蒸,别为二韵。宏在十三耕,登在十七登,亦别为二韵。而吕静《韵集》成仍为一韵,宏登为一韵,故曰合成两韵。今《广韵》为奇同在五支,益石同在二十二昔,而《韵集》为奇别为二韵,益石别为二韵,故曰分作四章。皆与颜说不合,故以为不可依信。

〔补〕案为奇异石分作四章者,盖《韵集》为奇不同一韵,益石不同一韵也。王仁昫《切韵》所注吕氏分韵之部类,与《切韵》不合者甚多。如脂与微相乱,真臻文,元魂痕,董肿,语麌,吻隐,旱潸,巧皓,敢槛,养荡,耿静迥,个祃,宥候,艳梵,质栉,锡昔麦,叶怗洽,药怿,诸韵无分,是也。

李登《声类》以系音羿;

〔补〕案系《唐韵》胡计反,羿五计反,二字同在霁韵,而系属匣母,羿属疑母。李登以系音羿,牙喉音相混矣。

刘昌宗《周官音》读乘若承。此例甚广,必须考校。

〔段云〕《广韵》乘食陵切,音同绳,承署陵切,音同丞。今江浙人语多与刘昌宗音合。

〔补〕案《经典释文·叙录》,刘昌宗《周官音》一卷。《周礼·夏官》"王行乘石",《释文》云:"刘音常烝反。"常烝即承字音。乘为床母三等,承为禅母。颜氏以为二者有分,不宜混同,故论其非。考床禅不分,实为古音。如《诗·抑》"子孙绳绳",《韩诗外传》作"子孙承承",绳床母,承禅母也。《诗·下武》"绳其祖武",《后汉书·祭祀志》刘昭注引谢承书东平王苍上言作"慎其祖武",绳床母,慎禅母也。又《释名·释饮食》:"食,殖也,所以自生殖也。"以殖训食,食床母,殖禅母也。此类皆是。下至晋宋,以迄梁陈,吴语床禅亦读同一类。如嗜《广韵》常利切,《玉篇》音食利切是也。

前世反语,又多不切:徐仙民《毛诗音》反骤为在遘,《左传音》切椽为徒缘,不可依信,亦为众矣。

〔赵注〕《隋书·经籍志》,《毛诗音》二卷,《春秋左传音》三卷,并徐邈撰。

〔段云〕骤字今《广韵》在四十九宥,锄祐切。依仙民在遘反,则当入五十候,与陆颜不合。《广韵》椽直挛切,仙民音亦与陆颜不合。

〔补〕徐仙民反骤为在遘,骤为宥韵字,遘为候韵字,以遘切骤,韵之洪细有殊。故颜氏深斥其非。而在遘与锄祐声亦不同,锄床母,在从母。床从不同类。疑今本"在"为"仕"字之误,仕在形近而讹。锄仕皆床母字也。《诗·四牡》"载骤骎骎",《释文》:骤助救反,又仕救反。《玉篇》骤亦音仕救切。足证在为讹字。此云《毛诗音》反骤为仕遘,《左传音》切椽为徒缘,上论韵,下论声,若作在遘,则声韵均有不合,于辞例不顺,故知在必有误。椽徐反为徒缘者,考《左传》桓公十四年"以大宫之椽,归为卢门之椽",《释文》椽音直专反,直专与徒缘本为一音,但直专为音和切,徒缘为类隔切,颜氏病其疏缓,故曰不可依信。

《通俗文》曰:"入室求曰搜。"反为兄侯。然则兄当音所荣反。今北俗通行此音,亦古语之不可用者。

〔段云〕搜所鸠反,兄许荣反,服虔以兄切搜,则兄当为所荣反,而不谐协。颜时北俗兄字所荣反,南俗呼许荣反,颜谓所荣虽传自古语,而不可用也。一说"此音"指兄侯也。颜氏讥兄侯之非,而以所鸠为是也。

〔补〕"此音"当指兄侯反而言,颜云兄当音所荣反者,假设之辞。其意谓搜以作所鸠反为是,若作兄侯,则兄当反为所荣矣,岂不乖谬。服音虽古,亦不可承用,故曰今北俗通行此音,亦古语之不可用者。段氏不得其解。钱馥亦同此说。

玙璠,鲁之宝玉,当音余烦。江南皆音藩屏之藩。岐山当音为奇,江南皆呼为神祇之祇。江陵陷没,此音被于关中,不知二者何所承案。以吾浅学,未之前闻也。

〔补〕《切韵》烦附袁反,藩甫烦反,二字同在元韵,而烦为奉母,藩为非母,清浊有异。《切韵》瑶作附袁反,与颜说正合。惟《左传》定公五年"季平子卒,阳虎欲以玙璠敛",《释文》:璠音烦,又方烦反。空海《篆隶万象名义》本顾野王《玉篇》而作,璠音甫园反。方烦,甫园,即为藩音。是江南有此一读。《切韵》奇渠羁反,祇巨支反,二字同在支韵,皆群母字,而等第有差。奇三等,祇四等。《切韵》岐山之岐,音巨支渠羁二反,见王抄《切韵》第二种,故宫本王仁昫《切韵》同。《易·升卦》"象曰:王用亨于岐山",《释文》云:岐其宜反,或祁支反。亦有二音。祁支即巨支,其宜即渠羁也。颜云河北江南所读不同,亦言其大略耳。考《原本玉篇》岐即作渠宜反,是江南亦有读奇者也。

北人之音多以举莒为矩,唯李季节云:"齐桓公与管仲于台上谋伐莒,东郭牙望桓公口开而不闭,故知所言者莒也。然则莒矩必不同呼。"此为知音矣。

〔补〕齐桓与管仲谋伐莒,事见《管子·小问篇》、《吕览·重言篇》。此引李季节之言,当见《音韵决疑》。举莒《切韵》音居许反,在语韵,矩音俱羽反,在麌韵。颜氏举此以见鱼虞二韵,北人多不能分,与古不合。李氏举桓公谋伐莒事,以证莒矩音呼不同,其言是矣。盖莒为开口,矩为合口。故东郭牙望桓公口开而不闭,知其所言者莒也。

夫物体自有精粗,精粗谓之好恶。人心有所去取,去取谓之好恶。原注上呼号反,下乌故反。此音见于葛洪徐邈。而河北学士读《尚书》云好原注呼号反。生恶原注于谷反。杀,是为一论物体,一就人情,殊不通矣。

〔补〕案以四声区别字义,始于汉末。好恶之有二音,当非葛洪徐邈所创,其说必有所本。详见拙著《四声别义释例》。葛有《要用字苑》一卷,见两唐志。徐有《毛诗音》、《左传音》,见《经典释文·叙录》。

甫者男子之美称,古书多假借为父字。北人遂无一人呼为甫者,亦所未喻。唯管仲范增之号,须依字读耳。原注管仲号仲父,范增号亚父。

〔补〕甫父二字不同音。《切韵》甫方主反,父扶雨反,皆麌韵字,而甫非母,父奉母。北人不知父为甫之假借,辄依字而读,故颜氏讥之。

案诸字书焉者鸟名,或云语辞,皆音于愆反。自葛洪《要用字苑》分焉字音训。若训何训安,当音于愆反,"于焉逍遥","于焉嘉客","焉用佞","焉得仁"之类是也。若送句及助词,当音矣愆反,"故称龙焉","故称血焉","有民人焉","有社稷焉","托始焉尔","晋郑焉依"之类是也。江南至今行此分别,昭然易晓。而河北混同一音,虽依古读,不可行于今也。

〔赵注〕于焉逍遥,于焉嘉客,见《诗·小雅·白驹》。焉用佞,焉得仁,有民人焉,有社稷焉,见《论语》。故称龙焉,故称血焉,见《易·坤·文言》。托始焉尔,为隐二年《公羊传》文,晋郑焉依,为隐六年《左传》文。

〔补〕案焉音于愆反,用为副词,即安恶一声之转。安乌寒切。恶哀都切。皆影母字也。焉音矣愆反,用为助词,即矣也一声之转。矣于纪切。也羊者切。皆喻母字也。焉于愆切。焉矣愆切。之分,陆氏《经典释文》区别甚严。凡训何者,并音于虔反。语已辞,则云如字。如《左传》隐公六年"我周之东迁,晋郑焉依",《释文》:"焉如字,或于虔反非。"案"晋郑焉依"即晋郑是依之意。又《论语》"子曰:十室之邑,必有忠信如丘者焉,不如丘之好学也。"《释文》:"焉如字,卫瓘于虔反,为下句首。"案晋卫瓘注本焉字属下句。是也。惟《公羊传》桓公二年"殇公知孔父死,己必死,趋而救之,皆死焉。"《释文》焉音于虔反,殆误。

邪者原注音琊。未定之词,《左传》曰:"不知天之弃鲁耶?抑鲁君有罪于鬼神邪?"《庄子》云:"天邪?地邪?"《汉书》云:"是邪,非邪?"之类是也。而北人即呼为也,亦为误矣。难者曰:"《系辞》云'乾坤易之门户邪?'此又为未定乎?"答曰:"何为不尔,上先标问,下方列德以折之耳。"

〔赵注〕《左传》云云,见左昭二十六年传,第二句不作"邪"。《汉书》云云,见《外戚传》。《系辞》云云,本文乃乾坤其易之门邪。

〔卢注〕《庄子》云"天邪地邪",当作"父邪母邪",见《大宗师篇》。又案"也"字可通"邪",如《论语·子张》问十世可知也,《荀子·正名篇》其求物也,养生也,粥寿也,皆作邪字用。当由互读,故得相通。

〔补〕案卢说是也。邪也古多通用。惟后世音韵有异,《切韵》邪以遮反,在麻韵,也以者反,在马韵。邪平声,也为上声。

江南学士读《左传》口相传述，自为凡例。军自败曰败，打破人军曰败。原注补败反。诸记传未见补败反，徐仙民读《左传》唯一处有此音，又不言自败败人之别，此其穿凿耳。

〔卢注〕左氏哀元年传"夫先自败也已，安能败我。"案《释文》无音，知本不异读也。

〔补〕案自败败人之音有不同，实起于汉魏以后之经师。汉魏以前，当无此分别。徐仙民《左传音》亡佚已久，惟陆氏《释文》存其梗概。《释文》于自败败他之分，辨析甚详。《叙录》云："夫质有精粗，谓之好恶，并如字。心有爱憎，称为好恶，上呼报反，下乌路反。当体即云名誉，音预。论情则曰毁誉，音余。及夫自败蒲迈反。败他补败反，补原误作蒲，今正。之殊，自坏呼怪反。坏撒音怪。之异，此等或近代始分，或古已为别，相仍积习，有自来矣。余承师说，皆辨析之云云。"考《左传》隐公元年"败宋师于黄"，《释文》云："败必迈反，败佗也，后放此。"斯即陆氏分别自败败他之例。他如"败国"，"必败"，"败类"，"所败"，"侵败"等败字，皆音必迈反。必迈补败音同。是必江南学士所口相传述者也。尔后韵书乃兼作二音，《唐韵》夬韵自破曰败，薄迈反；破他曰败，北迈反。即承《释文》而来。北迈与必迈补败同属帮母，薄迈与蒲迈同属并母，清浊有异。卢氏引《左传》哀公元年自败败我《释文》无音一例，以证本不异读非是。盖此或《释文》偶有遗漏，卷首固已发凡起例矣。

古人云膏粱难整，以其为骄奢自足，不能克励也。吾见王侯外戚语多不正，亦由内染贱保傅，外无良师友故耳。梁世有一侯尝对元帝饮谑，自陈"痴钝"乃成"飔段"，元帝答之云："飔异凉风，段非干木。"谓"郢州"为"永州"，元帝启报简文，简文云："庚辰吴人，遂成司隶。"如此之类，举口皆然。元帝手教诸子侍读，以此为诫。

〔赵注〕《说文》：飔，凉风也。段干木，魏文侯时人，《广韵》引《风俗通》以段为氏。庚辰吴人者，《春秋》定四年冬十有一月庚午，蔡侯以吴子及楚人战于柏举，楚师败绩，楚囊瓦出奔郑。庚辰吴入郢。

〔卢注〕《晋语》七：悼公曰："夫膏粱之性难正也，故使惇惠者教之，使文敏者道之，使果敢者谂之，使镇靖者修之。"

〔补〕案梁侯自陈"痴钝"而成"飔段"，上字声误，下字韵误。盖痴《切韵》丑之反，飔楚治反，二字同在之韵，而痴为彻母，飔为穿母二等，舌齿部位有殊。钝王仁昫《切韵》徒困反，在慁韵，段徒玩反，在翰韵，同属定母，而韵类有别。故元帝短之。至如谓"郢州"为"永州"，则声韵皆非矣。郢《切韵》以整反，在静韵，永荣昞反，在梗韵。梗静韵有洪杀，以荣声有等差，岂可混同？其音不正，是不学之过也。简文所云"庚辰吴入"云者，曾运乾《喻母古读考》云："《后汉书》：鲍永字君长，建武十一年征为司隶校尉，永辟扶风鲍恢为都从事，帝尝曰：贵戚且宜敛手以避二鲍。又鲍永三世为司隶校尉，永父宣哀帝时为司隶校尉，永子昱中元时拜司隶校尉，帝尝曰：吾固欲天下知忠臣之子复为司隶也。简文答语，举春秋吴入楚都为郢之歇后语，举后汉抗直不阿之司隶为永之歇后语，齐梁之际多通声韵，故剖判入微如此云。"

河北反攻字为古琮，与工公功三字不同，殊为僻也。比世有人名暹，自称为纤。名琨自称为衮。名洸，自称为汪。名㲉，原注音药。自称为獡。原注音烁。非唯音韵舛错，亦使其儿孙避讳纷纭矣。

〔卢注〕《广韵》暹与纤皆息廉切，不知颜读何音。

〔补〕案此杂论当时语音之不正。攻字《切韵》王写本第二种。有二音：一训击，在东韵，与工公功同纽，音古红反；一训伐，在冬韵，音古冬反。二者声同韵异。此云河北切为古琮，即与古冬一音相合。颜氏以为攻当作古红反，河北之音，恐未为得。暹纤《切韵》并音息廉反，在盐韵，颜读当与《切韵》相同。疑此"纤"字或为"幵""瀸"等字之误。幵瀸《切韵》子廉反，亦盐韵字，而声有异。暹心母，幵精母也。琨《切韵》古浑反，在魂韵，衮古本反，在混韵，一为平声，一为上声，读琨为衮，则四声有误。洸《切韵》古皇反，汪乌光反，二字同在《唐韵》，而洸为见母，汪为影母。读洸为汪,牙喉音相乱。蒳音药,《切韵》以灼反,猦音烁,书灼反。蒳为喻母,猦为审母。读蒳为猦,亦舛错之甚者。揆颜氏此论,无不与《切韵》相合。陆氏《切韵·序》尝称"欲更捃选精切,除削疏缓,颜外史萧国子多所决定",由此可知《切韵》之分声析韵多本乎颜氏矣。

(选自《周祖谟语言学论文集》,商务印书馆,2001年)

后　记

本文写于抗战期间,于1945年之秋曾以印本远邮四川白沙请教于魏建功先生,先生时任教于白沙女子师范学院。11月中乃得惠书,于"内言"、"外言"、"急言"、"徐言"之义颇多阐发,擘析精微,足祛宿疑。比者整理书箧,竟获得原信,发缄读之,喜出望外。事隔十七年,适与先生言及,先生已全不省记矣。函中就少量之材料反复推敲,实具有充分运用知识以辨析问题之方法在焉。今重印旧著,谨录所示如下,读者幸勿以其仅为专论一二名词之事而忽之也。

1962年11月记于北京

魏建功先生原函

大著《音辞篇注补》读过,西南无此结撰。……功自囿"中外古今"夹缝中,则不免"蛮斫三斧",有所讨论,用作献替。

一、尊说内外急徐,根据音理,合以例证,至当不易。惟内外急徐,何以有此两种系统,未见解释。盖言"内""外"者为何休晋灼,而言"急""徐"者为高诱,不识此中有无关系?

二、内外是洪细,急徐如亦为洪细,除求诸高诱地理时间条件,似无以说其所以不同。按言内外者语较肯定,而言急徐者益显委宛曲折;取晋高相较,如"獩"字晋称内言,高直以读若言之,不复譬况,是其所有加注急缓者,皆于读若以外曲尽描写也。然苟急徐仍在洪细一事之分辨,晋灼本之何休而不用高诱者,又当有故。疑高之不加譬况者,既与何言内外之例相类,而言急徐,纵与内外部分相同,要必有若干其他因素包括在内。自来"轻重清浊",多由混指数事,渐变为专言一点,鄙见"内外"之于"急徐"内涵必稍有别。

三、高注诸例,去其讹文及模棱者,则言急气者有——

(1) 旄读近绸缪之缪;

(2) 轥读近蔺若邻;

(3) 媵读权衡之权。涔字例有讹文,鞘字例模棱。

言缓气者有——

(1) 蛟读人情性交易之交;

(2) 螣读近殆;

(3) 垤读似质;

(4) 哄读近鸿。

今取《切韵》音追言之,似必归于等列问题。若注意其所以取为读若之字而又加譬况之故,当察其异而舍其同,高注七例条列如次:

旄莫报	莫袍	去平二类	缪武彪		平		
轥力珍		平	蔺良忍		去	邻力珍	平
媵巨员		平	权巨员		平		
蛟古肴		平	交古肴		平		
螣徒得	徒登	入平二类	殆徒亥		上		
垤陟利		去	质陟利	之日	去入二类		
哄胡贡	胡降	去	鸿胡笼		平		

鄙见内外不必与急徐全异,而亦不可必其不异,论证内外舍洪细无可言者,而急徐例字言洪细则有垤质不能周纳,故上列七例声类等列皆不足以解释。其中媵蛟于音读几不可见其异,而旄缪、螣殆、垤质、哄鸿则自声调之异得其解矣!功自哄字发其端,是高涿郡鸿读平调,缓之以况近哄之去调也;而兄三等细音不得用缓气状之垤质,可知高本取入调之质,缓之以况近垤之去调,交质之质音当晚出;螣字尤可见汉人阴阳入互用,故以殆音螣平入两读,而取殆上调,缓之以况近平若入调之螣;

综之，平入调似相类（音素有别），平之于去，入之于去，犹上之于平入，皆以缓气读而近之。旧歌括之"去声分明哀远道"，于此缓字可以相发明也。上＞入/平＞去（急＞缓），执是以观，旄之读缪，知当指去声莫极切一音，武彪切缪为平声，急之以况近旄（莫极）；莫袍切一音则与缪为音素相异一点为主（唐人韵书中仅存莫袍切，而广韵两音俱收）；如谓皆属平声，或即以缓急别幽豪韵邪？于是足下急细缓洪之说可以符合。

四、䗅蛟二例，细按当各以求其不同之点为归。蛟读人情性交易之交，则与常训之古肴切应有不同，正如旄读近绸缪之绸音随义异也。惟"情性交易"为高引汉代成语，其音不能知矣。䗅读权衡之权，亦与所以谐声字母音异有关。旄从毛，毛平声，读缪而为去；蛟从交，交属平声，而情性交易之交必非平声，故缓之而况近蛟之平声，疑巧韵古巧切下有从交之狡即其解也；䗅从卷，卷上声，原即卷去声，读权衡之权平声，自卷言之，正急气而况近平声。

五、辚字一例，今韵书中兼有平去二声，而注中读近蔺邻，亦去平二声兼备，依去急气为平正合；而邻字一注则无可考见其异矣，疑邻为他去声字之讹。按《广韵》震韵有辆辚，又有舜燐，均同有平声真韵又音，邻字仅一平声。

六、䎱读近茸。茸平声。付去声，方遇切。䎱则平去二音，而容切，而陇切。耳日母，付非母，声类正如今读 ʂ（审禅合并，禅日相等）合口字为 f 也（水如匪，叔书如父夫，手如否，蜀如黍），韵属对转，阴阳互用。去声急气言之为平声，亦正与鄙说合。

七、假令声调相同，如䎱权、蛟交，而以急徐言其洪细，是洪细本已相联及之，不必蛇足。今于"去急为平"原则下观所有平声似皆为浊母阳调，"上急为平"者则为清母阴调，"上缓为平"者则为阳声韵阳调，"上缓为入"者则亦为阳调。然则急徐于声类韵调相互牵涉关系又若有可说者矣。且以急指细音，所言音理，恐不及论声调变化之为近。功往尝以为《说文》谐声字有读若者，中多汉代已有声调之征，于兄启发急徐之说，益加信心，颇欲因此作《汉代声调考》也。

八、黄门原文上云"轻重清浊"，下言"内言外言急言徐言读若"，如用口游反音颂"属上""属下"之说,则"轻重清浊"为声读情况,而"内外急徐"为韵调,"读若"为音之各部分,次序秩然。内外急徐,又先言韵而后言调也。此虽不足断言为可信,或亦不失为观点之一耳。

九、鄙见如可成立,何休内外言以外之长短言实与高诱急缓言相当矣。按长言为去,短言为入,正与入缓为去,去急为入之例合。就此观之,何氏内外果即高氏急缓相同邪?

十、尊补论南北语音大较,之推亦有未及者,举匣于、审二三等二事,前者属南人不分,后者为北人不分。按匣于不分似不限南人,庾子山在周,所为双声诗必为北人所喻,即匣于不分也。建功手上。

1945 年 11 月 7 日白沙

《切韵》的性质和它的音系基础

一

陆法言的《切韵》是研究汉语中古时期(公元三世纪至六世纪)语音的重要资料,以前已经有很多人利用它来考察中古音的语音系统,但是《切韵》是怎样性质的一部书,它的音系的基础是什么,它代表什么时代、什么地方的语音,它能不能作为我们论定中古音的依据,学者的意见还不一致。

对这些问题要理解透彻,惟有从各方面有关的材料进行探讨。首先我们要从《切韵序》研究起。陆法言的序文很简短,但是关于他作《切韵》的缘由、旨趣和著作的精神都已有所说明。《切韵序》说:

> 昔开皇初,有刘仪同臻、颜外史之推、卢武阳思道、魏著作彦渊、李常侍若、萧国子该、辛谘议德原、薛吏部道衡等八人同诣法言门宿。夜永酒阑,论及音韵。以古今声调,既自有别,诸家取舍,亦复不同。吴楚则时伤轻浅,燕赵则多涉重浊,秦陇则去声为入,梁益则平声似去。又支脂鱼虞,共为不韵;先仙尤侯,俱论是切。欲广文路,自可清浊皆通,若赏知音,即须轻重有异。吕静《韵集》、夏侯该《韵略》(该或作咏)、阳休之《韵略》、李季节《音谱》、杜台卿《韵略》等各有乖互。江东取韵,与河北复殊。因论南北是非,古今通塞,欲更捃选精切,除削疏缓,颜外史、萧国子多所决定。魏著作谓法言曰:向来论难,疑处悉尽,何为不随口记之?我辈数人,定则定矣。法言即烛下握笔,略记纲纪。后博问英辩,殆得精华。于是更涉余学,兼从薄宦,十余年间,不遑修集。今返初服,私训诸弟,凡有文藻,即须声韵。……遂取诸家音韵、古今字书,以前所记者,定之为《切韵》五卷。剖析毫厘,分别黍累。……非是小子专辄,乃述

群贤遗意。……于时岁次辛酉大隋仁寿元年也。

从序文我们可以了解以下几点：

(1) 当时各处方言语音不同。

《切韵序》云："吴楚则时伤轻浅，燕赵则多涉重浊。"此指韵而言。陆德明《经典释文·序录》说："方言差别，固自不同，河北江南，最为巨异。或失在浮清，或滞于沈浊。"是南北的方言差异很大。《颜氏家训·音辞篇》说："南方水土和柔，其音清举而切诣，失在浮浅，其辞多鄙俗；北方山川深厚，其音沈浊而钝，得其质直，其辞多古语。"与法言序文所述相同。此所谓轻浅、重浊，意义不很清楚，可能是从韵母元音的洪细、前后、开合几方面来说的。日本沙门了尊《悉昙轮略抄》卷一《弄纽事》一条引《元和新声韵谱》云："傍纽、正纽皆谓双声，正在一纽之中，傍出四声之外，傍正之目，自此有分，清浊之流，因兹别派。口(?)赋云：欲求直义，必也正名。五韵(音?)谱此，九弄斯成。笼唇，言音尽浊，开齿，则语气俱轻。常(当?)以浊还浊，将清而成清。"（见《大正新修大藏经》二七〇九，六五九页）了尊书作于元世祖至正二十四年（公元 1287），所引《元和新声韵谱》为唐人所作（今所传元本《玉篇》神珙四声五音九弄反纽图序即节取此书），其中"笼唇""开齿"之说，指声指韵，含义不明，但对于理解"轻浅""重浊"的意义不无帮助。至于法言序文所说"秦陇则去声为入，梁益则平声似去"，这是当时方言中声调差异最明显的。秦陇去声为入，除声调不同以外，韵尾一定也有不同。关于这一方面的例证不多，我们现在所发现的例子，都属于阴声韵字，而且主要是去声祭泰夬废和入声曷没黠辖屑薛之间的关系。例如晋赫连屈孑亦作屈丐，北周宇文泰，原各黑獭，狡狯唐关中言狡刮（此条见玄应《一切经音义》卷十八，赵振铎同志《从〈切韵序〉论切韵》一文已引及）之类皆是。

(2) 《切韵》以前诸家韵书分韵不同，各有乖互。

序文说："古今声调，既自有别，诸家取舍，亦复不同。"又说："吕静《韵集》、夏侯该《韵略》、阳休之《韵略》、李季节《音谱》、杜台卿《韵略》等各有乖互。江东取韵，与河北复殊。"此五家书都已亡佚不存，分韵情况只有在唐代王仁昫《刊谬补缺切韵》四声韵目小注中略有一些记载，由此我们还可以看出其中的异同。五人之中，吕静是晋代任城人，任城在今山东曲阜。阳休之，右北平无终人，北魏洛阳令阳固子，仕于北齐、北周。无终在今河北苏县。李季节，名概，李公绪弟，姊为邢邵妻，赵郡平棘人，仕于北齐。平棘在今河北赵县。杜台卿，北齐杜弼子，博陵曲阳人，仕于北齐，后又仕于隋。曲阳在今河北定县。这四个人，吕静时代较早，阳、李、杜三人都仕于北齐，时代先后很近，而且都是当时所谓"河北"地方（即北齐所领疆域）的人。至于夏侯该，则不见史传，唐李涪刊误云："梁夏侯该撰《四声韵略》十二卷（《隋书·经籍志》作十三卷）。"是夏侯该仕于梁。《颜氏家训·书证篇》说他和谢炅都是读数千卷书的人，足见也是博闻之士。魏晋至齐梁，夏侯氏大都为谯郡人，谯郡在今安徽亳县。夏侯该既仕于梁，可能是北人南渡之后而定居于江南的。这五家书是陆法言编纂《切韵》的主要参考资料。其中《韵集》时代较早，北魏江式《上古今文字表》说吕忱放故左校令李登《声类》之法，作《韵集》五卷（《隋书·经籍志》作六卷），宫商角徵羽各为一篇（见《魏书·江式传》），隋潘徽《韵纂序》也说："末有李登《声类》、吕静《韵集》，始判清浊，才分宫羽"（见《隋书·潘徽传》）。由此推想《韵集》可能只有韵的大的分类，而没有立出四声的韵目（颜之推《家训》和陆德明《经典释文》可以证明这一点）。其他阳、李、杜几家书都与陆法言时代接近。《隋书·经籍志》阳休之《韵略》一卷，李概《音谱》四卷。杜台卿书则不著目。隋刘善经《四声论》里曾提到阳休之的《韵略》。他说："齐仆射阳休之，当世之文匠也。乃以音有楚夏，韵有讹切，辞人代用，今古不同。遂辨其尤相涉者五十六韵，科以四声，名曰《韵略》。制作之士，咸取则焉。后生晚学，所赖多矣。"（见日本释空海《文镜秘府论》引，隋志刘善经《四声指归》一卷，即此书。）从刘善经的话我们可以知道阳休之的《韵略》是辨析音韵的书，书仅一卷，可能只举相关的五十六韵加以辨析，而分别四声，此与陆氏《切韵》分为一百九十余韵的一类韵书恐有不同。

　　南北朝期间，韵书很多，而分韵颇不一致。基本的原因是由于所根据的方音有不同。《颜氏家训·音辞篇》说："各有土风，递相非笑，指马之喻，未知孰是。共以帝王都邑，参校方俗，考核古今，为之折衷。权而量之，独金陵与洛下耳。"颜之推，世居金陵，先仕于梁，梁末归齐，在邺为官二十余年，所以对南北的人物、语言和书籍都很熟悉。夏侯该是梁代博学知名之士，本为颜之推所知。阳休之、李季节、杜台卿等人都仕于北齐，颜之推与他们同朝共事，对于他们的书当然知道得很清楚。所以《音辞篇》所说最为可信。根据上面一段话，可知当时的韵书各有土风，作者以帝王都邑的语音又参酌自己的方音，加以折衷，而编定成书。语其大较，南北有殊。北人以洛阳音为主，南人以金陵音为主。所以《切韵序》也说："江东取韵，与河北复殊。"足见南北韵书因语音有异而颇有不同。可惜这些韵书都已亡佚无存了。

各家韵书分韵所以不同，不仅由于语音地有南北，时有古今，而且也与各家审音分韵的标准有关。例如《颜氏家训·音辞篇》说："《韵集》以成仍宏登合为两韵，为奇益石分作四章。""成""仍""宏""登"四字《切韵》分在"清""蒸""耕""登"四韵，而《韵集》则合为两韵。可能是"耕""清"合而为一，"蒸""登"合而为一（《家训》原文仍宏二字疑倒）。"耕""清"之合，犹如吕静兄吕忱所著《字林》"甍"音亡成反（见任大椿所辑《字林考逸》），《切韵》则音莫耕反（见"切三"），字在耕韵。"为""奇"二字《切韵》同在支韵，"益""石"二字《切韵》同在昔韵。《韵集》把"为""奇"分别开，可能由于二字韵母开合有不同。《韵集》把"益""石"分别开，可能由于二字韵母内的元音洪细有不同。"益""石"上古音是不同部的，"益"为支部之入，"石"为鱼部之入。晋代"石"为铎部字，"益"为锡部字，仍非一部（详《汉魏晋南北朝韵部演变研究》第二分册内）。"益"与"嗌"《切韵》为同音字，隋杜台卿《玉烛宝典》卷六引《字林》音"一鬲反"，"鬲"《切韵》属锡韵，推考《韵集》"益"字可能与"鬲"字为韵，不与"石"字为韵，与齐梁以后音不同。颜之推根据当时的语音来论《韵集》，所以以为不妥。颜之推是不了解古音的。由此可见所根据的语音不同，所持的审音分韵的标准不同，诸家韵书也就不能不各有乖互。持有不同见解的人，自然各有所是，各有所非。如阳休之的《韵略》，刘善经说："制作之士，咸取则焉。后生晚学，所赖多矣。"认为很切合实用。而颜之推在《家训·音辞篇》里说："阳休之造《切韵》，殊为疏野。"则认为失于粗俗，不够典切。足见制作不同与作者个人的要求和见解有关。

(3)《切韵》为辨析声韵而作,参校古今,折衷南北,目的在于正音,要求在于切合实际。

法言编韵,根据刘臻、颜之推等人所论,以为诸家音韵取舍不同,审音还不够精细。支与脂、鱼与虞固不以为一韵(阳、李、杜、夏侯四家并同),这是对的,而先与仙、尤与侯则混而不分(李、杜、夏侯同),未为切当。他们的主张是"欲广文路,自可清浊皆通,若赏知音,即须轻重有异。"因此辨音分韵,不能不细。这是《切韵》一书的基本精神。

要考校音韵,自然要涉及到南北古今之异同。所以《切韵序》言刘、颜诸人"因论南北是非,古今通塞"。而且"欲更捃选精切,除削疏缓,颜外史、萧国子多所决定。"由此可见诸人论难,斟酌古今,考究南北,取其精切,去其疏缓,显然有一个正音的观念在内。这都可以从《切韵序》中看出。

当时讨论音韵的八个人都是当世知名的学者和文人。刘臻、颜之推、萧该三人是南人,幼年可能都居于金陵(详见陈寅恪先生《从史实论〈切韵〉》一文),而且都曾仕于梁。刘臻是刘显子,显最精于《汉书》,萧该是梁武帝的从孙,精于《文选》和《汉书》,著有《文选音义》和《汉书音义》。其他五人则为北人。五人之中,只有卢思道生于范阳(今河北省涿县),其余大都生长于邺城(今河北省临漳县,旧属河南省),不过卢思道在十五岁时就到了邺下(以卒年推考,当为武定五年,公元547),他在《孤鸿赋序》说:"余志学之岁,自乡里游京师,便见识知音。"(见《北史》卷三十)邺下是东魏的都城,后来高齐也建都于此。魏彦渊(即魏澹),史称钜鹿下曲阳人(今河北省石家庄东晋深县),魏季景子。季景父鸾,仕魏,卒于洛阳。季景少孤,博学有文才,弱冠有名京师(洛阳),与族侄魏收相亚。魏天平初(公元534)迁居邺下,历大司农卿、魏郡尹卒。时澹年十五(见《北史》卷五十六)。由此可知魏澹不生于洛阳,即生于邺城,钜鹿不过是他的郡望。李若,史称顿丘人(今河南省内黄东清丰县,旧属河北省),李平孙,李谐子。世居于邺(见《北史》卷四十三)。辛德源,辛术族子,史称陇西狄道人(今甘肃省兰州南临洮县),但他的族人都仕于北齐(见《北史》卷五十),他很可能也生长于邺,陇西仅仅是他的郡望罢了。薛道衡,史称河东临汾人(今山西省万荣西荣河镇),薛孝通子。孝通仕于魏,兴和二年(公元540)卒于邺,时薛道衡年仅六岁(见《北史》卷三十六),是道衡当亦生于邺城。这五个人居于邺下都有三四十年之久。由此可见当时论韵的人,三人代表金陵,五人代表邺下。(陆法言是陆爽子,也是生于邺城的。爽为鲜卑步陆孤族之后,史云魏郡临漳人,天保以后即仕于北齐,直至齐亡,入关。见《隋书》卷五十八。临漳即邺城。)如果我们认为他们是代表八个不同地点方言的人,那就错了。这一点很重要。因为大家引史书,引来引去,只谈他们的郡望,而不注意他们生长的地点,就不能明白陆序所说"因论南北是非"的"南北"主要指的是哪些地方,或者还会由此产生很多错误的见解。陆序所谓"南北"实际指的就是"江东"与"河北"(上文已明言"江东取韵与河北复殊"),而江东以金陵为主,河北以邺下为主,从诸人的生长的地方可以断定。

这些人论韵在隋开皇之初(公元581)。八人之中,除刘臻、萧该入关较早以外,其余都是在周武帝平齐(公元577)之后才到长安的(见《北齐书》卷四十二《阳休之传》),入关不过二三年,所以因其素习,扬榷南北,自然会以江东、河北为主。当时诸人讨论,往复论难,最后陆法言把他们所决定的要旨撮记下来,这就是后来仁寿元年(公元601)法言撰集《切韵》时所根据的准则。这在《切韵序》里说得很明白。

在开皇初年,刘、颜等人在讨论"南北是非"、"古今通塞"时所持的见解和取舍的标准在《切韵序》中都没有说明,可是我们还可以从《颜氏家训·音辞篇》里看到颜之推的见解。《音辞篇》说:

> 南方水土和柔,其音清举而切诣,失在浮浅,其辞多鄙俗。北方山川深厚,其音沈浊而鈋钝,得其质值,其辞多古语。然冠冕君子,南方为优,闾里小人,北方为愈。易服而与之谈,南方士庶,数言可辩;隔垣而听其语,北方朝野,终日难分。而南染吴越,北杂夷虏,皆有深弊,不可具论。

这是就"音"与"辞"合起来说的。南人语音清切,北人语音浊钝,南人语多俚俗,北人语多典正。所谓"多鄙俗"者,指多方言俚语而言,所谓"多古语"者,指多为书记相承应用的语词而言。这是就一般情况来说的。从士庶两个阶级来说,北方是一致的,南方则区别很大。南方庶族所操为吴音,士族所操多为北语(详见陈寅恪先生《东晋南朝之吴语》一文)。如果就南北士族的音辞而论,则南优于北。颜之推所以这样说,当与言辞是否"清雅"、语音是否"切正"有关系。《梁书》卷四十八《卢广传》说:"广少明经有儒术,天监中归国,时北来人儒学者,有崔灵恩、孙详、蒋显,并聚徒讲说,而音辞鄙拙,唯广言论清雅,不类北人。"之推《音辞篇》说:"至邺已来,唯见崔子约崔赡叔侄、李祖仁李蔚兄弟颇事言词,少为切正。"可见北人多半杂有乡音,不如南方士族之注意声韵。颜之推在《音辞篇》里也指出了南北音的异同。他说:

> 其谬失轻微者,则南人以钱为涎,以石为射,以贱为羡,以是为舐。北人以庶为戍,以如为儒,以紫为姊,以洽为狎。如此之例,两失甚多。

这里明白指出在声母方面,南人从与邪、乘与禅不分;在韵母方面,北人鱼与虞、支与脂、洽与狎不分。颜之推认为各有所失。法言作《切韵》在分声析韵方面都与颜之推的主张是一致的,从邪、乘禅不混,支脂、鱼虞、洽狎有分。足见《切韵》既不专主南,亦不专主北。陈寅恪先生说:"是此书之语音系统并非当时某一地行用之方言可知",这话是合乎当时的记载的。

其次再看关于"古今通塞"的问题。《家训·音辞篇》也有论述。《音辞篇》说:

> 古今言语,时俗不同,著述之人,楚夏各异。《苍颉训诂》反稗为逋卖,反娃为于乖。《战国策》音刎为免。《穆天子传》音谏为间。《说文》音戛为棘,读皿为猛。《字林》音看为口甘反,音伸为辛。《韵集》以成仍宏登合成两韵,为奇益石分作四章。李登《声类》以系音羿。刘昌宗《周官音》读乘若承。此例甚广,必须考校。

> 前世反语,又多不切:徐仙民《毛诗音》反骤为在遘(在疑当作仕),《左传音》切椽为徒缘,不可依信,亦为众矣。今之学士,语亦不正,古独何人,必应随其讹僻乎?《通俗文》曰入室求曰搜,反为兄侯,然则兄当音所荣反。今北俗通行此音,亦古语之

不可用者。

玙璠，鲁之宝玉，当音余烦，江南皆音藩屏之藩。岐山当音为奇，江南皆呼为神祇之祇，江陵陷没（案在梁承圣三年，公元554），此音被于关中，不知二者何所承案。以吾浅学，未之前闻也。

北人之音，多以举、莒为矩。唯李季节云："齐桓公与管仲于台上谋伐莒，东郭牙望桓公口开而不闭，故知所言者莒也。然则莒矩必不同呼。"此为知音矣。

河北反攻字为古琮，与工、公、功三字不同，殊为僻也。

从这些话我们可以了解颜之推对于古今音的看法。他认为古今时俗不同，书音作者有南有北，前代书中的音读反语，有讹僻而不切于今者，则不宜用。"古独何人，必应随其讹僻乎？"正是说明这种精神。他并没有尚古的思想。其次语词有两读的，以相沿的读法为正，不论南北。例如"玙璠"当音余烦，"岐山"当音为奇，"攻"当与工、公、功等字音同，虽江南音"璠"为"藩"，音"岐"为"祇"，河北反"攻"为"古琮"，以无所承案，皆所不取。这与陆德明的《经典释文》所载的读音也是一致的。陆德明在《经典释文·叙录》中说："文字音训，今古不同，前儒作音，多不依注，注者自读，亦未兼通。今之所撰，微加斟酌。若典籍常用，会理合时，便即遵承，标之于首。其音堪互用，义可并行，或字有多音，众家别读，苟有所取，靡不毕书，各题氏姓，以相甄识。……其或音、一音者，盖出于浅近，示传闻见，览者察其衷焉。"在《释文》中，"璠音烦，又方烦反"，"岐音其宜反，或祁支反"，标之于首的音与《家训》所定完全相合(参看本书中《〈颜氏家训·音辞篇〉注〉补》)。《释文·叙录》中论及读音，又说："又以登升共为一韵，攻公分作两音，如此之俦，恐非为得。"这与颜之推不以"攻"音"古琮"为然也是一致的。

由此看来，颜之推是重今而不重古的，他所重视的是在当时行用的相承的读书音和实际存在于语言中的语音分类，而不是晋宋以上的古音。就前代的书音而论，古通而今不通的，从今；(如"稗"不音"逋卖"，"娃"不音"于乖"，"谏"不音"间"，"乘"不音"承"。)今音南北读音不同的,则以相承的读书音为定。(如"玛璠"当音"余烦","攻"当音"工"之类。)在《音辞篇》里,他曾说:"吾家儿女,虽在孩稚,便渐督正之,一言讹替,以为己罪矣。云为品物,未考书记者,不敢辄名,汝曹所知也。"足见他是重视书音的。重视书音,并不等于事必依古。他的宗旨与陆德明所要求的"会理合时"是相似的。他在《家训·书证篇》里论到文字的书写时曾说:

> 世间小学者,不通古今,必依小篆,是正书记。凡《尔雅》、《三苍》、《说文》岂能悉得苍颉本指哉?亦是随代损益,各有同异。西晋已往字书,何可全非?但令体例成就不为专辄耳。考校是非,特须消息。
>
> 吾昔初看《说文》,蚩薄世字。从正,则惧人不识,随俗,则意嫌其非,略是不得下笔也。所见渐广,更知通变,救前之执,将欲半焉。若文章著述,犹择微相影响者行之,官曹文书,世间尺牍,幸不违俗也。

深知通变,不为专辄,这与他论音的态度也是一致的。因此,如果认为陆法言序文所说"因论南北是非、古今通塞"就是在以古正今,或有意识地要保存古音,或者有的地方舍今从古,有的地方又舍古从今,漫无标准,这恐怕都是不对的。据颜之推在《音辞篇》中所说可知他们是以当时的语音为准。前代音书分声析韵不合于今者,固然不取(如《韵集》),就是反切用字所表现的声韵类别有不切当的,也在摈弃之列。如徐邈反骤为仕遘,切缘为徒缘之类,必须考校。《切韵序》所说"欲更捃选精切,除削舒缓,颜外史、萧国子多所决定",这正是要求切合实际的表现。《切韵》的分韵注音无不与颜之推所论相合,足见颜之推的见解已在《切韵》中完全表现出来了。要了解《切韵》的性质,自不能不注意颜之推所说的话。至于萧该的见解,可能与颜之推相同。他的《汉书音义》亡佚已久,清人虽有辑本,所存无多,可以不论。

根据上文所论,关于《切韵》的性质,我们可以认识得比较清楚了。总起来说,《切韵》是根据刘臻、颜之推等八人论难的决定,并参考前代诸家音韵、古今字书编写而成的一部有正音意义的韵书,它的语音系统是就金陵、邺下的雅言,参酌行用的读书音而定的。既不专主南,亦不专主北,所以并不能认为就是一个地点的方音的记录。以前有人认为《切韵》的语音系统代表隋代的长安音,那是错误的。这一点在陈寅恪先生的文章里已经分辨得很清楚。

二

不过,《切韵》对于南北音的取舍和对于序中所说五家韵书斟酌损益的情形还需要探索。

我们可以先从五家韵书来研究起。五家韵书固然早已亡佚,但是我们还可以从王仁昫《刊谬补缺切韵》四声韵目小注中约略了解这些书一些分韵的情况。在我们所见到的几十种唐五代写本刻本韵书中只有王仁昫《切韵》韵目下有这种小注(详拙著《唐五代韵书集存》),陆法言书的传本,长孙讷言和孙愐书的传本都没有。因此有人以为这种小注是王仁昫加的,不是陆法言原书所有。但也有人认为这本是陆法言原有的东西。如王仁昫书说陆云"冬无上声",即见王书小注中。关于这个问题,还不易确定。因为若说非陆书原有,在陆书久已盛行,而五家书逐渐凌替之际,王仁昫于唐中宗时(公元 705—709)刊正陆书,有什么需要一定要补加这些小注呢?若说原为陆书所有,何以陆书、长孙书的传本中都丝毫不见呢?当然,我们也可以说这些传本书写的时间一般都比较晚,间有书写时间比较早的又阙韵目,无由得见。不过既难确断,不妨阙疑。我们只看材料是否重要,其价值并不因人而异。肯定地说,这些韵目下的小注是非常有用的(黄淬伯先生《关于切韵音系基础的问题》已指出)。它不仅可以帮助我们了解《切韵》与以前诸家韵书的关系,而且可以使我们略知晋以后齐梁时代南北语音的情况,当然,这是更重要的一面。

现在所见唐本王仁昫《切韵》韵目下有小注的有三种写本(书写时间有早晚):

(1) 明项元汴跋唐本王仁昫撰定《刊谬补缺切韵》,题长孙讷言笺注，裴务齐正字。

（2）敦煌出唐本王仁昫新撰定《刊谬补缺切韵》，见《敦煌掇琐》内。

（3）明宋濂跋唐本王仁昫新撰定《刊谬补缺切韵》。

第一种只有平声一部分韵目下有注，第二种缺平声注，惟第三种最完备。不过第三种书写略有脱误，可以据第二种校补。现在就三种写本参校，列表如下：

平声	上声	去声	入声
1 东	1 董吕与肿同，夏侯别，今依夏侯。	1 送	1 屋（韵目排列与原次不尽同）。
2 冬无上声。阳与钟江同韵，吕夏侯别，今依吕夏侯。		2 宋阳与用绛同，夏侯别，今依夏侯。	2 沃阳与烛同，吕夏侯别，今依吕夏侯。
		3 用	
3 钟	2 肿	4 绛	3 烛
4 江	3 讲	5 绛	4 觉
5 支	4 纸	6 至夏侯与志同，阳李杜别，今依阳李杜。	
6 脂吕夏侯与之微大乱杂，阳李杜别，今依阳李杜。	5 旨夏侯与止为疑，吕阳李杜别，今依吕阳李杜。		
7 之	6 止	7 志	
8 微	7 尾	8 未	
		9 御	
9 鱼	8 语吕与虞同，夏侯阳李杜别，今依夏侯阳李杜。		
		10 遇	
10 虞	9 麌	11 暮	
11 模	10 姥	12 泰无平上声。	
12 齐	11 荠	13 霁李杜与祭同，吕别，今依吕。	
		14 祭无平上声。	
		15 卦	

13 佳	12 蟹 李与骇同,夏侯别,今依夏侯。		
14 皆 吕阳与齐同,夏侯杜别,今依夏侯杜。	13 骇	16 怪(夏侯与泰同,杜别,今依杜。)	
		17 夬 无平上声,李与怪同,吕别与会同,夏侯别,今依夏侯。	
15 灰 夏侯阳杜与咍同,吕别,今依吕。	14 贿 李与海同,夏侯为疑,吕别,今依吕。	18 队 李与代同,夏侯为疑,吕别,今依吕。	
16 咍	15 海	19 代	
		20 废 无平上声。夏侯与队同,吕别,今依吕。	
17 真 吕与文同,夏侯阳杜别,今依夏侯阳杜。	16 轸	21 震	5 质
18 臻 无上声。吕阳杜与真同,夏侯别,今依夏侯。			7 栉 吕夏侯与质同,今别。
19 文	17 吻	22 问	6 物
20 殷 阳杜与文同,夏侯与臻同,今并别。	18 隐 吕与吻同,夏侯别,今依夏侯。	23 焮	8 迄 夏侯与质同,吕别,今依吕。
21 元 阳夏侯杜与魂同,吕别,今依吕。	19 阮 夏侯阳杜与混很同,吕别,今依吕。	24 愿 夏侯与恩别,与恨同,今并别。	9 月 夏侯与没同,吕别,今依吕。
22 魂 吕阳夏侯与痕同,今别。	20 混	25 恩 吕李与恨同,今并别。	10 没
23 痕	21 佷	26 恨	
24 寒	22 旱	27 翰	11 末
25 删 李与山同,吕夏侯阳别,今依吕夏侯阳。	23 产 吕与旱同。夏侯别,今依夏侯。	28 谏 李与祢同,夏侯别,今依夏侯。	12 黠
26 山 阳与先仙同,夏侯杜别,今依夏侯杜。	24 潸 阳与铣狝同,夏侯别,今依夏侯。	29 祢	13 鎋

27 先 夏侯阳杜与仙同,吕别,今依吕。	25 铣 夏侯阳杜与狝同,吕别,今依吕。	30 霰 夏侯阳杜与线同,吕别,今依吕。	14 屑 李夏侯与薛同,吕别,今依吕。
28 仙	26 狝	31 线	15 薛
29 萧	27 筱 李夏侯与小同,吕杜别,今依吕杜。	32 啸(阳李夏侯与笑同,夏侯(?)与效同,吕杜并别,今依吕杜。)	
30 宵	28 小	33 笑	
31 肴 阳与萧宵同,夏侯杜别,今依夏侯杜。	29 巧 吕与皓同,阳与筱小同,夏侯并别,今依夏侯。	34 效(阳与啸笑同,夏侯杜别,今依夏侯杜。)	
32 豪	30 皓	35 号	
33 歌	31 哿	36 个 吕与祃同,夏侯别,今依夏侯。	
34 麻	32 马	37 祃	
35 覃	33 感	38 勘	20 合
36 谈 吕与衔同,阳夏侯别,今依阳夏侯。	34 敢 吕与槛同,夏侯别,今依夏侯。	39 阚	21 盍(□□□同,夏侯□□□夏侯。)
37 阳 吕杜与唐同,夏侯别,今依夏侯。	35 养 夏侯在平声阳唐、入声药铎并别,上声养荡为疑,吕与荡同,今别。	40 漾 夏侯在平声阳唐、入声药铎并别,去声漾宕为疑,吕与宕同,今并别。	27 药(吕杜与铎同,夏侯别,今依夏侯。)
38 唐	36 荡	41 宕	28 铎
39 庚	37 梗 夏侯与靖同,吕别,今依吕。	42 敬 吕与诤劲径同,夏侯与劲同,与诤径别,今并别。	19 陌
40 耕	38 耿 李杜与梗迥同,吕与靖迥同,与梗别,夏侯与梗靖迥并别,今依夏侯。	43 诤	18 麦

41 清	39 静 吕与迥同，夏侯别，今依夏侯	44 劲	17 昔【注残损不可辨】
42 青	40 迥	45 径	16 锡 李与昔同，夏侯与陌同，吕与昔别，与麦同，今并别
43 尤 夏侯杜与侯同，吕别，今依吕。	41 有 李与厚同。夏侯为疑，吕别，今依吕。	46 宥 吕李与候同，夏侯为疑，今别。	
44 侯	42 厚	47 候	
45 幽	43 黝	48 幼 杜与宥同，吕夏侯别，今依吕夏侯。	
46 侵	44 寝	49 沁	26 缉
47 盐	45 琰 吕与忝范豏同，夏侯与范豏别，与忝同。今并别。	50 艳 吕与梵同，夏侯与㮇同，今并别。	24 叶 吕与怗洽同，今别。
48 添	46 忝	51 㮇	25 怗
49 蒸	47 拯 无韵，取蒸之上声。	52 证	29 职
50 登	48 等	53 嶝	30 德
51 咸 李与衔同，夏侯别，今依夏侯。	49 豏 李与槛同，夏侯别，今依夏侯。	54 陷 李与鉴同，夏侯别，今依夏侯。	22 洽 李与狎同，吕夏侯别，今依吕夏侯。
52 衔	50 槛	55 鉴	23 狎
53 严	51 广 陆无此韵目，失。	56 酽 陆无此韵目，失。	31 业
54 凡	52 范 陆无反，取凡之上声，失。	57 梵	32 乏 吕与业同，夏侯与合（?）同，今并别。

附注：(1) 韵目全依王仁昫书第二种、第三种写本。
(2) 入声韵目取其与平上去相应，排列次序与原来次序不尽相同，可参看韵目上数字。
(3) 注文加（）号的表示只见于第二种写本。

这些韵目下的小注当然还不是很精细完备的。因为每韵之下并非把各家一一论列，有些韵的分合还说得不够明确（如庚、耕、清、青的四声韵目），有些韵也没有提到（如豪、覃、蒸、登之类）。另外，前人韵书的韵目和收字的范围未必完全相同，小注但从《切韵》本身的分韵略与以前各家比较，恐怕也不尽密合。这个表只能作为一个粗疏的纲目来看待。

五家书中，《韵集》一书最难理解。从王韵小注中所说来看，吕书东冬钟江似乎有别，脂与之微又大乱杂，这都与宋齐以后的现象相近（详后），而颜之推所说"成仍宏登，合成两韵"并不见于王韵小注，小注所记与其兄吕忱《字林》音也相去较远，姜亮夫先生曾经怀疑陆韵所据《韵集》不似晋人之作（见《瀛涯敦煌韵辑》），这话不无道理。古人同名姓的固然常见，前代一部书经过后人增益改订仍题原作姓氏的也很多。所以王韵所注是否就是晋代的《韵集》，很可怀疑。不过，《颜氏家训》中《韵集》与《字林》常常并举，颜所引《韵集》如为晋吕静之书，则陆法言所称应当与颜之推所说为一书。时代辽远，殊难确定。如果王韵小注就指的是晋吕静之作，那么，韵目小注中所称吕某与某同、某与某别只能看做是借《切韵》所定的韵目来加以说明而已。因为吕静原书未必有韵目，即使有韵目，也未必与《切韵》完全相同。

根据上列韵目下的一些小注来比较《切韵》与五家书分韵的异同，可以看出：

（1）利用等韵学的名词来说，同摄之内，一等韵与三等韵的韵字在吕静书中一般是分为两韵的。惟阳唐不别，歌麻去声个祃同韵。在夏侯书中一三等韵也多分立，惟元与魂同，尤与侯同。阳、李、杜三家参差较多。《切韵》都从分不从合。

（2）同摄之内，三等韵与四等韵在吕静书中大都分为两韵。如齐韵去声霁与祭别，先与仙别，萧与宵别，尤幽去声宥与幼别，惟盐添上声琰与忝同韵，清青上声静与迥同韵，不完全一致。其他四家，则三四等韵大体都不分，惟有杜台卿书萧与宵不同韵。《切韵》并别。

（3）同摄之内，《切韵》所分的二等相重的韵，如蟹摄的佳与皆，山摄的删与山，咸摄的咸与衔，在夏侯书中都分立为两韵，别家严格独立分开的很少，惟有《韵集》删与山别，咸与衔别，阳休之《韵略》删与山别而已。杜台卿书不详。《切韵》皆从夏侯。

(4)《切韵》中的独立二等韵,如江、夬、臻、肴、耕等,在夏侯书中都独立为一韵,别家或分或否,《切韵》皆从夏侯。

(5)《切韵》的灰咍两韵、痕魂两韵都分立。《韵集》灰与咍别,魂与痕同。其余四家灰与咍、痕与魂都合而不分。《切韵》痕与魂分为两韵,似前无所承。

(6)《切韵》真、文、殷几韵,吕静真与文同,殷韵上声隐韵与文韵上声吻韵同,而殷韵入声迄韵又与真韵入声质韵有别。阳、杜两家真与文别,而殷同于文。夏侯真与文别,殷亦不同于文,而与臻同韵,入声则栉与迄并同于质。《切韵》则真、臻、文、殷、质、栉、迄、物都分立为部。

(7)《切韵》阳唐两韵,惟夏侯该分立,其余四家都合为一韵。《切韵》与夏侯该同。

(8)《切韵》去声泰韵,《韵集》与夬韵为一韵,夏侯泰怪同韵,杜台卿怪与泰别。又去声废韵,《韵集》不与别韵同,夏侯同队,其他三家不详。《切韵》都分别不混。

(9)《韵集》盐添咸凡上声琰、忝、豏、范同韵,夏侯琰与豏、范别,则平声盐、咸、凡不混。《韵集》谈与衔同,夏侯亦不混。《切韵》并别。

就以上所举可知《切韵》分韵以吕静等五家书为资据而又加以整齐,所以分韵多于以前各家。且四声相承,颇有伦序,大胜于前。五家之中,吕静与夏侯该两家分韵都比较细。夏侯书最大的特点在于二等韵都独立为部,吕静书最大的特点在于一摄之内三四等韵大半分立(惟清与青、盐与添合)。这是比阳、李、杜三家较细的地方。阳、李、杜三家脂、之、微三韵有别,而吕、夏侯两家则脂与之、微相乱。阳、李、杜三人都仕于北齐,而分韵所以不一致,当与分韵的原则和审音的精粗大有关系。三家之中,阳休之分韵最宽。如冬与钟江同,山与先仙同,肴与萧宵同,都与李、杜不同。所以颜之推讥其疏野。李、杜两家分合相近,如灰咍同韵,殷文同韵,先仙同韵,霁祭同韵之类都是。两家之中,杜分韵似比李稍细。如李萧与宵同,而杜有别。有些二等韵,阳休之与三四等同韵者,杜皆有分。如山不与先仙同,肴不与萧宵同,皆不与齐同,都类似夏侯。夏侯泰怪一韵,吕静会(泰)夬一韵,而杜泰韵独为一部,与吕、夏侯不同。足见阳、李、杜三家中,李、杜分韵又比阳略密。小注所举虽不甚全,但两家书分韵的大类与《切韵》并不远。另外,五家书分韵固然各有不同,而各家的类例也不一致。吕静、夏侯该一等与三等韵或分或合,不完全相同,四声韵目的分合也不完全相应。这是很显著的。阳、李两家分韵虽宽,但内部大体一致。《切韵》除采用吕静、夏侯两家以外,又参酌于阳、李、杜。凡各家立有成规,审音细密,开合洪细之间条理清楚的,《切韵》都一一承用。遇到诸家辨析不甚明晰的,又分别异同,并使四声都能相应(惟入声排列尚不够整齐)。如分痕魂为两韵,定真、臻、殷、文为四韵,其入声质、栉、迄、物四韵也分别与真、臻、殷、文相承。有因有革,系统分明,所以唐代长孙讷言《笺注序》说:"陆生此制,酌古沿今,无以加也。"

从《切韵》与五家书韵目的比较上,我们可以了解《切韵》分韵兼取诸家之长,而自有它的类例。其不同于诸家的主要有两点:

(1) 审音精密,重分而不重合。一摄之内,一三等有分,三四等有分,二等完全独立,体例严整,秩然不紊。以前诸家都不曾辨析如此精细。这就是序文所说"剖析毫厘,分别黍累"的具体事实。

(2) 分韵辨音,折衷南北,不单纯采用北方音。前代诸家韵书随南北方音而异,陆法言生于河北,而采用夏侯书的地方独多(见前),这与以前诸家仅以一方方音为准者大不相同。陆法言所熟悉的是北方音,而这样重视夏侯书,当与《切韵序》所说颜之推、萧该多所决定有关系。

这两点也可以说就是《切韵》的特点。这与前面所论《切韵》的性质完全相符。陆法言撰集《切韵》所以要审音精密,折衷南北,目的固在于正音,同时也便于南北通用。南北语音不同,或分或合,用的人完全可以根据自己的方音与韵书比合同异,按音检字,所以分韵不妨精密。

这种办法,当然不无缺点。主要缺点在于不是单纯一地语音的记录。但是从历史的条件来看,当时这些学者要想编定一部韵书,既要保持语音中细致的区别,又要使南北人都能应用,也不得不如此。当时南北韵书分辨声韵虽有疏密之分,而大类相去不远。在一大类之中,区别同异,取其分而不取其合,对整个语音系统不会有根本的改变,因此,这样做也完全是可以行得通的,并且也符合客观的情况和实际的需要。

在韵书的发展上具有一定的历史意义。

有人认为《切韵》的语音系统是颜之推、萧该、陆法言等人主观地、人为地随意拼凑而成的,这是由于缺乏深入研究、徒腾口说所产生的误解。首先,这种分辨音韵的做法并非杂拼杂凑,它本身原具有严整的辨类的系统性。"拼凑"一词根本用不上。其次,从颜之推所说南北语音的异同来看,《切韵》的分韵辨音是有实际语音的根据的,所以也不能说就是主观的、人为的拼合。我们要根据《切韵》编写的精神和体制与各方面的材料相比较才能获得正确的理解。

三

《切韵》与实际语音究竟有多少距离,它所凭借的语音基础究竟如何,是一个重要的问题。

要解决这个问题,我们应当先看一看隋以前齐梁陈之间诗文押韵的情况。这个时期一共一百一十年(公元479—589),南方是齐、梁、陈,北方就是北魏、北齐、北周。齐、梁、陈诗文押韵的部类前后大体是接近的。北朝的北魏近于刘宋,北齐、北周则近于梁,前后略有不同。仅就梁陈时期即六世纪而论,南北诗文押韵的部类是很接近的。现在将齐、梁、陈之间韵文押韵的部类依切韵韵目简单列表如下(详见《汉魏晋南北朝韵部演变研究》第三分册):

阳声韵	入声韵	阴声韵
(举平以赅上去)		(举平以赅上去)
1 东	1 屋	1 支
2 {冬, 钟}	2 {沃, 烛}	2 {脂, 之}
3 江	3 觉	3 微《切韵》脂韵追衰谁绥葰推等字大都与此部押韵

4 { 真 臻 殷	4 { 质 栉 迄	4 鱼
5 文	5 物	5 { 虞 模
6 { 元 魂 痕	6 { 月 没	6 { 泰(去) 废
7 寒	7 曷	7 齐(平上)
8 删	8 (辖)当承删	8 { 霁(去) 祭
9 (山)庾信分用	9 黠当承山	9 佳
10 { 先 仙	10 { 屑 薛	10 皆
11 覃	11 合	11 夬(去)
12 谈	12 (盍)	12 { 灰 咍
13 { 阳 唐	13 { 药 铎	13 { 萧 宵
14 { 庚 耕 清 青	14 { 陌 麦 昔 锡	14 肴
15 侵	15 缉	15 豪
16 { 盐 添	16 { 叶 怗	16 歌
17 蒸	17 职	17 麻
18 登	18 德	18 { 尤 侯 幽

19（咸）　　　　　19（洽）
20（衔）　　　　　20（狎）
21 { （严） 　　　　21 { 业
　　（凡） 　　　　　　乏

这个简单的韵部表是根据一般押韵的情况来定的。其中阳声韵与入声韵是相应的。《切韵》的分韵大部分与梁陈时期南北诗文押韵的部类相合。颜之推、卢思道等人的诗文用韵也大致与上表相同。举颜之推《观我生赋》韵字为例：

1 茫疆王亡祥囊荒翔章乡忘芳梁狼墙航张吭羊光康芒湘方伤漳艎阳（阳唐）

2 及立邑粒集袭入泣及（缉）

3 群军□云（文）

4 雪汭列说说（薛）

5 衡声名生城兵（庚清）

6 脑道扫草保昊老（豪上）

7 鸢天年旋廛悬烟焉弦连虔宣（先仙）

8 伐窣窟阙没忽月（月没）

9 让望谤唱量王壮畅帐抗炀丧状掠状葬恨上怆（阳唐去）

10 颜关搴还（删仙）

11 路度故慕（模去）

12 壤想曩网朗赏（阳唐上）

13 侵浔金临琴心林寻岑沈深阴吟（侵）

14 芑市已峙仕里齿已恃水止始祉起（之脂上）

15 速竹□覆木逐宿毂福谷哭（屋）

16 津邻宾亲臣人屯辛鳞身真仁申秦巡人身贫尘臻麟（真臻）

这些大体都与上列韵表相符。总的来说，韵文的押韵一般都比《切韵》的韵部稍宽。《切韵》把韵文经常相押的各韵比次在一起，如冬钟、脂之、虞模、灰咍、元魂痕、先仙、萧宵之类，与韵文押韵的大类是相合的。但韵文押韵在求音调协和，《切韵》分韵则旨在审音，所以分韵不得不细。不过不同的作家因方音不同或讲求音韵协和的精细程度不同，分韵也不完全一样。有人在作品中有时相近的两部通押,有人就分别得很严。在韵部表中一部包括《切韵》几韵的,固然多数人通押无别,但也有人辨析较精,不相通用。举例如下:

(1)《切韵》庚耕清青四韵在魏晋宋时期的作家一般都是通用的(通用当然不等于整个韵母完全相同),只有宋代的谢庄青韵独用,不与庚清两韵相混。齐、梁、陈之间,庚耕清青四韵大多数的作家通用不分,但是王俭、谢朓、江淹、沈约、陶弘景、萧洽、徐君倩、何逊、萧子云、刘孝威、徐陵、王褒、庾信等人青韵多独用。(王褒,梁王规子;庾信,庾肩吾子。二人原仕于梁,后入北周。)其中用韵最严的是刘孝威、徐陵、王褒三人。刘孝威《妾薄命篇》连用七个青韵字(庭、陉、屏、坰、亭、冥、形),王褒《从军行》连用十一个青韵字(经、亭、陉、泾、形、星、青、邢、铭、庭、屏),这绝不是偶然的现象。这正表明青韵和庚耕清三韵不同。

庚清两韵在齐、梁、陈之间同用的例子很多。耕韵字少,一般也都与庚清合在一起押韵,独用的仅见江总《梅花落》一诗(甍、莺相押)。但是耕韵相对的入声麦韵,梁王僧孺《何生姬人有怨》以隔、脉为韵,王筠《昭明太子哀策文》以赜、画、册、核为韵,都不与陌、昔两韵相押。这对于我们了解夏侯该《韵略》耕韵不与庚韵合为一韵不无帮助。

(2)《切韵》脂之两韵字在刘宋时期一般是分用的,从谢灵运起脂之两韵已经有通押的现象,到齐梁时期,在南方作品中便逐渐成为普遍的情形。可是谢朓、沈约二人绝不混用。如谢朓诗《在郡卧病》以兹、时、菑、辞、飔、持、丝、期、嗤九字为韵,《始之宣城郡》以理、史、子、祀、士、齿、耻、里、涘、市、里、趾、始十三字为韵,都是之韵字。沈约诗《和竟陵王抄书》以期、兹、诗、疑、滋、词、辎、芝、嗤九字为韵,《郊居赋》以怡、基、芝、枏、持、嬉、兹、时八字为韵,都是之韵字,不杂一个脂韵字。而沈约《弥勒赞》以二、地、嚣、器、位、坠、至、贰、媚、秘、邃、备、懿十三字为韵,又都是脂韵字,不杂一个之韵字。(沈约脂韵偶有与支韵字相押的。)足见分别之严。

(3)切韵鱼、虞、模三韵在齐、梁、陈时期大多数作家鱼韵独用,间或有鱼虞两韵通押的。至于虞模两韵,一般通用不分。不过也有分别很细的。例如沈约、吴均、何逊、张缵等人都分别得很清楚。其中沈约分别最为严格。现在举沈约、何逊两家为例：

沈约《贤首山》：徒孤都胡涂乌逋酺吴（模韵）

《宿东园》：路步五故露顾兔素暮度（模韵上声）

《少年新婚》：岖朱躯珠凫肤敷隅驹趋夫（虞韵）

《郊居赋》：区株娱朱隅衢跗（虞韵）

武主宇缕朒竖（虞韵上声）

何逊《宿南洲浦》：苦浦五鼓莽土（模韵上声）

《秋夕叹白发》：扶殊隅珠躯须庑隅愉枢株凫嵎（虞韵）

由此可见两家分别虞模，秩然不紊。

（4）《切韵》尤幽两韵齐、梁、陈时期同用。梁刘勰《文心雕龙·诸子篇赞》以秀、宙、授、囿为韵，四字都是尤韵去声字；《封禅篇赞》以休、彪、幽、虬为韵（休与烋音义同），四字都是幽韵字；尤幽不混。

以上几点表明切韵分韵虽密，但与实际语音确有联系。同时我们也看到文人用韵有宽有严，而谢朓、沈约都是用韵较严的，这正是从齐永明起文人精于审辨音韵的表现。《南史》卷四十八《陆厥传》说："时盛为文章，吴兴沈约、陈郡谢朓、琅邪王融以气类相推毂，汝南周颙善识音韵。约等文皆用宫商，……五字之中，轻重悉异，两句之内，角徵不同，不可增减，世呼为永明体。"梁钟嵘《诗品》下说："三贤咸贵公子孙，幼有文辨，于是士流景慕，务为精密。"足见用韵精细是当时的风尚。沈、谢所以能用韵细，也正是语音有别的表现。韵文押韵既然如此，那么，编韵书的人在分韵上也就不能不趋于精细了。

梁代正是沈约擅名文场的时期，流风所被，一时文士大都精辨音韵。《南史》卷二十二《王筠传》云：

> 沈约每见筠文咨嗟，尝谓曰："昔蔡伯喈见王仲宣，称曰：王公之孙，吾家书籍，悉当相与。仆虽不敏，请附斯言。自谢朓诸贤零落，平生意好殆绝，不谓疲暮，复逢于君。"……约制《郊居赋》，构思积时，犹未都毕，示筠草，筠读至雌霓（五的反）连蜷，约抚掌欣抃曰："仆常恐人呼为霓（五兮反）。"次至坠石碨䃁及冰悬瑢而带坻，筠皆击节称赞。约曰："知音者希，真赏殆绝，所以相要，政在此数句耳。"筠又尝为诗呈约，约即报书叹咏，以为后进擅美。筠又能用

强韵,每公宴并作,辞必妍靡。约尝启上,言晚来名家,无先筠者。王筠所以为沈约所称赏,文辞之外,与精于音韵不无关系。筠又能用"强韵",更是很好的证明。

另外,刘勰也是沈约所赏识的人。勰为东莞莒人,世居京口(今江苏镇江东)。所著《文心雕龙》列有《声律》一篇,与沈约所提倡的完全符合,如桴鼓之相应。《文心雕龙》五十篇,篇篇有赞,而且用韵很严格。其中尤以仄声韵为多。从刘勰的押韵可以使我们对《切韵》的分韵了解得更清楚。现在把五十篇赞的韵字摘记如下,并注出《切韵》韵目:

(1)《原道》:教孝貌效(肴去)　　(2)《征圣》:宰采海在(咍上)

(3)《宗经》:古五府祖(模虞上)　(4)《正纬》:纬贵沸蔚(微去)

(5)《辨骚》:骚高劳豪(豪)　　　(6)《明诗》:含南参耽(覃)

(7)《乐府》:体陛启礼(齐上)　　(8)《铨赋》:派画隘稗(佳去)

(9)《颂赞》:赞烂旦玩(寒去)　　(10)《祝盟》:谈甘蓝惭(谈)

(11)《铭箴》:轨水履美(脂上)　(12)《诔碑》:立集泣戢(缉)

(13)《哀吊》:弄恸控送(东去)　(14)《杂文》:饱巧昴搅(肴上)

(15)《谐讔》:愈剬诫坏(皆去)　(16)《史传》:孔总动董(东上)

(17)《诸子》:秀宙授囿(尤去)　(18)《论说》:论寸遁劝(元魂去)

(19)《诏策》:诰好蹈号(豪去)　(20)《檄移》:话败蛮迈(夬)

(21)《封禅》:休彪幽虬(幽)　　(22)《章表》:扆伟尾斐(微上)

(23)《奏启》:禁酖浸任(侵去)　(24)《议对》:课懦和播(歌去)
　　　　酖字疑误

(25)《书记》:札讷拔察(黠)　　(26)《神思》:孕应兴胜(蒸去)

(27)《体性》:诡髓紫靡(支上)　(28)《风骨》:并骋鲠炳(庚清青上)

(29)《通变》:业乏怯法(业乏)　(30)《定势》:承绳凝陵(蒸)

(31)《情采》:验赡艳厌(盐去)　(32)《镕裁》:瞰滥淡担(谈去)

(33)《声律》:近吻槿隐(殷文上)(34)《章句》:恒朋腾能(登)

(35)《丽辞》:配载态佩(灰咍去)(36)《比兴》:览胆敢奂(谈寒上)

(37)《夸饰》:检渐琰玷(盐上)　(38)《事类》:亘邓赠幐(登去)

(39)《练字》:训分运奋(文去)　(40)《隐秀》:包爻交匏(肴)

(41)《指瑕》:驾谢化亚(麻去)　(42)《养气》:想养朗爽(阳唐上)

(43)《附会》：叠叶接协(叶怗)　　(44)《总术》：门源繁存(元魂)
(45)《时序》：变倦选面(仙去)　　(46)《物色》：合纳飒答(合)
(47)《才略》：禀锦甚品(侵上)　　(48)《知音》：定订听径(青去)
(49)《程器》：德北则国(德)　　　(50)《序志》：智易义寄(支去)

这些例子虽然不多，但很重要。其中支、脂、微分用，齐佳分用，夬怪分用，歌麻分用，豪肴分用，尤幽分用，蒸登分用，侵、覃、谈分用，东韵、寒韵、德韵、黠韵、缉韵、合韵独用，都与《切韵》分韵相同。特别是二等韵佳、皆、夬、肴、黠等分别很清，夏侯该《韵略》也正是如此，足见夏侯书所代表的是江东语音。(我们不能说刘臻是按照夏侯书押韵，因为上列五十例中尚有与夏侯书不符合的。)夏侯书佳与皆、删与山有别，在梁代诗文押韵中也同样可以找到例证。(北周庾信佳与皆、删与山也很少同用。)《切韵》因承夏侯，二等韵一一分立，由此可以证明《切韵》分韵绝不是主观的、人为的，其中所分多与齐、梁、陈之间江东音相合。

四

以上是就隋以前齐梁陈之间诗文押韵的情况来看的。不过，诗文的押韵，问题很复杂，有些韵一般通用不分的，如冬钟、先仙、阳唐、尤侯之类，也难以定其区别。因此，我们最好能利用具有反切的字书来与《切韵》相比较。

现存与《切韵》时代最接近而且收字最多、反切最完备的字书是梁代顾野王所著的《玉篇》。顾野王生于梁天监十八年(公元519)，卒于陈太建十三年(公元581)，吴郡吴人(今江苏苏州)。他在梁大同年间为太学博士，奉诏编撰《玉篇》。全书共收一万六千九百一十七字(见《封氏闻见记·文字篇》)。现在原书虽然只存八分之一强(日本所存残卷约二千一百余字)，可是日本空海的《万象名义》还保存了原书的全部反切。根据《万象名义》和现存的《原本玉篇》残卷来考查，我们知道《玉篇》的韵类与《切韵》非常接近。主要的差别是《切韵》的脂与之、灰与咍、真与臻、尤与幽、严与凡诸韵从《玉篇》的反切来看都是一部。殷与真、庚与清部分相乱。《切韵》其他各韵如东、冬、钟、江、支、微、鱼、虞、模、齐、佳、皆、泰、祭、夬、废、文、元、魂、痕、寒、删、山、先、仙、萧、宵、肴、豪、歌、麻、覃、谈、阳、唐、耕、青、侯、侵、盐、添、蒸、登、咸、衔等(包括上、去、入)，《玉篇》都分别不混(详见拙著《万象名义中之原本玉篇音系》)。由此可见《切韵》分韵不仅与齐、梁、陈之间(包括北齐、北周)诗文押韵的情况基本一致，而且与梁代吴郡顾野王《玉篇》的韵类几乎全部相同。特别值得注意的是一摄之内三等韵与四等韵之分与《玉篇》完全吻合。

这种事实更清楚地表明了《切韵》在韵的方面所采用的分类大都本之于南方的韵书(夏侯该《韵略》)与字书(顾野王《玉篇》)。回到前面所说，《切韵》的分韵主要是颜之推、萧该二人所决定的。颜之推论南北语言曾说："冠冕君子，南方为优；闾里小人，北方为愈。"他既然认为士大夫阶级通用的语言南优于北，而他本人又原是南方士大夫阶级中的人物，他所推重的自然是南方士大夫的语音。《切韵》分韵既合于南朝夏侯该、顾野王之作，而二人都是梁朝士流，夏侯该曾读数千卷书，顾野王又为梁太学博士，他们所根据的必然是当时承用的书音和官于金陵的士大夫通用的语音。这与颜之推所提倡的也正相符合。然则《切韵》的语音系统也就是这种雅言和书音的系统无疑。

《切韵》完全采用北方音的地方究竟有多少，因为材料缺乏，不易考索。从《颜氏家训·音辞篇》我们知道在声母方面北人从邪、乘禅是有分别的，而南人相混，《玉篇》和《经典释文》都是如此。《切韵》从邪、乘禅有别，那一定是根据北方语音来定的。在韵类方面，北人与南人也颇有不同。颜之推曾指出北人支与脂、鱼与虞、洽与狎多不分，但北人脂与之有别，脂亦不与微相乱。如北齐陆卬、魏收、祖珽等人的诗文中之、微都是独用的，不杂一个脂韵字。《切韵》分脂、之、微为三韵，与北音一致。阳休之、李季节、杜台卿三家韵书这三韵也是有分别的。但就现存的材料从总的方面来看，《切韵》分韵还是从南者多。唐代人多指称陆韵为吴音，那未必就是无根之谈。(另详拙著《切韵与吴音》一文。至于唐代有人误以为法言为吴郡陆氏，那又是另外一回事。)

根据以上所说的一些材料来推断，《切韵》音系的基础，应当是公元六世纪南北士人通用的雅言。至于审音方面细微的分别，主要根据的是南方承用的书音，除此之外，过多的推度，就未必妥当了。

五

　　王显同志认为陆法言《切韵》是以洛阳音为基础,而兼采古音、方音的(见《切韵的命名和切韵的性质》,《中国语文》1961年4月号)。以事理而论,陆为北人,编制韵书,固应以河洛语音为准,不过法言定韵,"乃述群贤(颜、萧诸人)遗意",语其大别,从阳、李、杜三家韵书和北人诗文押韵情形来看,与洛阳、邺下之音当相去不远;言其细别,则与颜之推所举的南音、顾野王《玉篇》的分韵、梁代文人的押韵大半相同。(与陆德明《经典释文》的反切也多相合,因《玉篇》成书在前,故本文不再举《释文》为例。)所谓"洛阳音",由于文献不足,我们知道得很少,空谈无益。即以北齐的民间歌谣和文人的诗文押韵而论,与《切韵》的分韵还有很多不同。北齐的邢劭和魏收都是幼年生长于洛阳的,卢思道和薛道衡同与颜、萧等人论韵,是久居于邺下的,他们的诗文用韵就与《切韵》不尽相合。邢劭元或与先押韵,咍或与皆押韵;魏收宵与豪同押;卢思道删或与山为韵;薛道衡支或与脂同用。这固然与文人用韵所要求的精密程度如何有关(南朝齐梁人的诗文用韵也同样有这种现象),但是我们要说《切韵》音系的基础是洛阳音,那只能是就分韵的大类来说,《切韵》韵类的细微区别实际上是依据南方士大夫承用的读书音而定的。至于北齐邺下或洛阳的读书音与南方相去多少,还无法说明。就颜之推所说而论,除崔子约、李祖仁等少数人以外,语音切正者不多,足见辨音分韵不如南方精切。

　　陈寅恪先生曾说东晋以后南朝士族所说都是洛阳旧音(见《东晋南朝之吴语》),又说《切韵》的语音系统不是当时某一地行用的方言,《切韵》所悬之标准音是东晋南渡以前洛阳京畿旧音之系统(见《从史实论切韵》)。这里面包括两方面的事情。从南朝与东晋南渡以前北方文化的关系来说,东晋南渡以后,士族仍保持有北方旧日的读书音,南方士族也浸染而操北语,这是历史事实。《切韵》音系与东晋南渡以前洛阳音有联系,这也与语言发展的事实相合。洛阳在东汉、魏、晋是全国政治文化的中心,东晋南渡以后的金陵在学术文化方面承接洛阳之旧,来南的高门大姓,风范、语言累世相传,不坠故常,这也是完全可能的。这是一方面的事情。另一方面的事情是《切韵》的语音系统是不是就是东晋南渡以前的洛阳音,这要看《切韵》中声韵两方面实际的类别与西晋洛都音是否完全一致而定。但根据各方面的材料,我们看到西晋时代的语音并不与《切韵》相同。例如东中(冬)不同部,邦降(江)不同部,奚娄(齐)不同部,梅回(灰)不同部,木六(屋)不同部,石易(昔)不同部,并与《切韵》有异。如果说《切韵》音就是东晋南渡以前的洛阳旧音,与历史事实不合。南朝士族仍操北音,未必就是西晋洛京之旧,其中必然有同有异;颜之推所重的音,是会理合时、相承应用的书音,古今之间,有通有变,而不是空悬鹄的,追摹前代。因此,我们不能单从文化历史一方面来看,就认为《切韵》所悬的标准音就是东晋以前的洛阳音。具体的事物要从具体的情况出发来进行探讨,时间、地域种种条件不同,顶好不勉强牵合。

总之,《切韵》是一部极有系统而且审音从严的韵书,它的音系不是单纯以某一地行用的方言为准,而是根据南方士大夫如颜、萧等人所承用的雅言、书音,折衷南北的异同而定的。雅言与书音总是合乎传统读音的居多,《切韵》分韵定音既然从严,此一类字与彼一类字就不会相混,其中自然也就保存了前代古音中所有的一部分的分别,并非颜、萧等人有意这里取方音,那里取古音。《切韵》的音系是严整的,是有实际的雅言和字书的音读做依据的。颜之推、萧该二人必然都能分辨,其他诸人也一定都同意这些类别。《切韵序》说:"魏著作谓法言曰:向来论难,疑处悉尽,何为不随口记之?我辈数人,定则定矣。"足见当时诸贤反复论难,剖别同异,而最后定出这样一个系统出来。这个系统既然是由南北儒学文艺之士共同讨论而得,必定与南北的语言都能相应。这个音系可以说就是六世纪文学语言的语音系统。所以研究汉语语音的发展,以《切韵》作为六世纪音的代表,是完全可以的。

(选自《周祖谟语言学论文集》,商务印书馆,2001年)

关于唐代方言中的四声读法

《切韵》一系的韵书都是按照平上去入四声来编排的。汉字的读音有平上去入四声的分别是从很古就有的，四声的名称和四声类别的确定则从宋齐时代开始。从文献上我们知道宋洛阳人王斌曾著有《五格四声论》，到梁代吴兴沈约又著有《四声谱》，从来编纂韵书的人就以四声来分韵了①。如梁夏侯该《四声韵略》、北齐阳休之《韵略》都是如此。到了隋初陆法言编纂《切韵》也就采用了这种办法。

《切韵》里在字的声调的分别上跟晋宋以迄隋初许多韵文的押韵本上是相合的，足见《切韵》在这一点上是有根据的。但是古四声究竟是怎样读的始终是难以确定的一个问题。

从现代汉语的方言来看，各处方言的调类跟《切韵》一系韵书中四声的分合有很大的不同。现代的方言平声都分为两类，一类是阴平，一类是阳平，阴平都是古清声母字，阳平都是古浊声母字。上去两声有些方言也随着声母的清浊各分为两类，即阴上、阳上、阴去、阳去。但大多数的方言上声全浊声母字都读为去声（次浊声母字不如此）。入声有些方言保留，有些方言读为平声或去声；保留入声的又有的跟平声一样分为阴入、阳入两类，有的则不分。因为调类的分合不同，各处方言调类的数目也就不同了。少的有四个调、五个调，多的有六个调、七个调，更多的有八个调、九个调。例如北方话系统内很多方言只有四个调，南京话有五个调，客家话有六个调，福州话、厦门话有七个调，吴语系统的方言一般都有八个调，广州话有九个调。古今调类的分合如此不同，要考研古四声的读法就更加困难了。

但是从现代方言的调类分别和古四声的类别比较来看，同属于古四声的一类而现代方言分为两类都与声母的清浊有关，这是一件很明

---

① 详见日本空海《文镜秘府论》所引刘善经《四声论》。

显的事实。就平声来看就很清楚。那么,古四声在陆法言的时候是否同一类之中已经就有了这种区别了呢?我们还没有材料能够说明这一点。但因声母清浊不同而声调的读音有异,从唐代的一些文献里已经可以看出一些端绪来。

首先我们看到唐代有些方言的上声全浊声母字已经不读上声而读去声。

白居易《琵琶行》:"自言本是京城女,家在蛤蟆陵下住。十三学得琵琶成,名属教坊第一部。曲罢曾教善才伏,妆成每被秋娘妒。五陵年少争缠头,一曲红绡不知数。钿头银篦击节碎,血色罗裙翻酒污。今年欢笑复明年,秋月春风等闲度。弟走从军阿姨死,暮去朝来颜色故。门前冷落鞍马稀,老大嫁作商人妇。"这里面"部""妇"两个字都是上声全浊声母字,其他的几个韵脚如"住、妒、数、污、度、故"等都是去声字,足见在白居易的口里"部、妇"两个字已经读同去声①。白居易生长于河南,后迁居陕西渭南县。这首《琵琶行》是在唐宪宗元和十一年(公元816)作的。

昭宗时李涪《刊误》中曾经批评《切韵》说:"吴音乖舛,不亦甚乎?上声为去,去声为上。……恨怨之恨则在去声,很戾之很则在上声。又言辩之辩则在上声,冠弁之弁则在去声。又舅甥之舅则在上声,故旧之旧则在去声。又皓白之皓则在上声,号令之号则去声。又以恐字恨字俱去声。今士君子于上声呼恨,去声呼恐,得不为有识之所笑乎?"这里所举的"很、辩、舅、皓"等字都是上声全浊声母字,"恨、弁、旧、号"等字都是去声全浊声母字。李氏又说:"凡中华音切莫过东都,盖居天下之中,禀气特正。予尝以其音证之,必大哂而異焉。"李氏既然不同意《切韵》的分法,可知当时洛阳音上声全浊与去声全浊已经读得一样。

这些事实可以初步说明声调的分化从唐代已经开始,而且声调的分化与声母的清浊有关系。

至于四声一类之中而分别为两个不同的声调,我们也看到了一些资料。日本《大正新修大藏经》内沙门安然的悉昙藏卷五中"定异音"条有这样一段话:

---

① 在《广韵》里"部"是厚韵字,"妇"是有韵字,从《琵琶行》的押韵来看,部、妇的韵母也有了改变。

诸翻音中所注平上去入,据检古今,难可以为轨模。何者?如陆法言《切韵序》云:古今声调既自有别,诸家取舍亦复不同。吴楚则时伤轻浅,燕赵则多涉重浊,秦陇则平声为入,梁益则平声似去。若尔风音难定,孰为楷式?我日本国元传二音:表则平声直低,有轻有重,去声稍引,无轻无重,入声径止,无内无外。平中怒声与重无别①,上中重音与去不分。金则声势低昂与表不殊,但以上声之重稍以相合,平声轻重,始重终轻,呼之为异。唇舌之间亦有差异。

承和之末,正法师来,初习洛阳,中听太原,终学长安,声势大奇。四声之中,各有轻重。平有轻重,轻亦轻重,轻之重者,金怒声也。上有轻重,轻似相合金声平轻,上轻始平终上呼之,重似金声上重,不突呼之。去有轻重,重长轻短。入有轻重,重低轻昂。元庆之初,聪法师来,久住长安,委搜进士,亦游南北,熟知风音。四声皆有轻重。著力平入轻重同正和上。上声之轻似正和上上声之重,上声之重似正和上平轻之重。平轻之重,金怒声也,但呼著力为今别也。去之轻重,似自上重,但以角引为去声也。音响之终,妙有轻重,直止为轻,稍昂为重。此中著力,亦努声也②。

这一段话里内容很丰富。虽然有些话我们还不能完全理解,但对于我们了解古四声的读法有很大的帮助。

安然悉昙藏作于日本元庆四年(公元880),相当唐代僖宗广明元年。承和之末就是唐宣宗大中元年(公元847,白居易就是这一年死的)。安然这一段话里所说的事实都是公元九世纪以前的事情。

文中所说的表金两家,指的是表信公和金礼信。日本净严《悉昙三密抄》卷上说:"我日本国元传吴汉二音。初金礼信来留对马国,传于吴音,举国举之,因名曰对马音。次表信公来筑博多,传于汉音,是曰唐音③。"

---

① "怒声"即指浊声母。
② 见《大正新修大藏经》卷八四,四一四页。
③ 《悉昙三密抄》作于日本贞享年间(公元1684—1687),当清康熙间。此段引文见《大藏经》卷八四,七三一页。"表信公"本居宣长以为"表"是"袁"字之误。见《汉字三音考》(公元1784)。

表信公传到日本的汉字读音是"汉音",金礼信所传的是"吴音"。依安然所说表金两家所传汉字读音的声调略有不同。

安然说:"表则平声直低,有轻有重;上声直昂,有轻无重;去声稍引,无轻无重;入声径止,无内无外。"又说:"平中怒声与重无别,上中重音与去不分。"所谓轻重,就是两种不同的声调。根据其他的材料,我们可以知道轻重的分别跟声母的清浊是有联系的。例如日本空海的《文镜秘府论》里以"庄"字为全轻,以"床"字为全重就是一个例子①。"庄"是照母字,清浊不同,所以说"庄"为轻,"床"为重。又如日本古写本《汉书·扬雄传》残卷"夔"字旁引《切韵》"葵癸反"下称"上声重"。"夔"是群母字,也是浊声母,所以称为重。由此来看,平声有轻有重,就是平声清声母字和浊声母字声调不同。这跟后世四声同一类中又分为阴阳两类是一样的。

依安然所说,表信公所传汉字的读音,平声分为两种声调,上去入三声都是一种声调,而上声全浊读入去声。所谓"平声直低","上声直昂","去声稍引","入声径止"就是文中所说的声势低昂。这种四声高低的情况跟唐代的《元和韵谱》所说:"平声者哀而安,上声者厉而举,去声者清而远,入声者直而促"非常相近②。至于平声之中又分轻重,轻重的高低如何,安然没有说。

安然还提到承和末(公元847)正法师和元庆初(公元877)聪法师传到日本的汉字读音。这两家跟表金两家不同,四声各有轻重。这是值得注意的。

四声各有轻重,那就成为八个声调了。这跟现代吴语系统一些方言中四声各有阴阳两类很相似。这两家所传都是9世纪唐代北方的读音,可是四声轻重的读法并不一致。安然所说有些我们还不能完全理解。安然讲到正法师的读音,四声各有轻重,平声上声的轻重是怎样的分别,安然说的还不够明显。至于去声入声,安然说:"去有轻重,重长轻短,入有轻重,重低轻昂",这就比较容易懂了。

---

① 见《文镜秘府论》卷一调声下。
② 见元刻本《玉篇》前"神珙四声五音九弄反纽图序"引。

关于四声轻重的读法,在日本沙门了尊的《悉昙轮略抄》里有一段记载。他说:"私颂云:平声重初后俱低,平声轻初昂后低,上声重初低后昂,上声轻初后俱昂,去声重初低后偃,去声轻初后俱偃,入声重初后俱低,入声轻初后俱昂①。"了尊的《悉昙轮略抄》作于日本弘安十年(1287),当元世祖至元二十四年。从他记载的一段话来看,所谓轻重就是低昂的分别,重低轻昂。了尊的时代要比安然晚得多了,他对于四声轻重的解释跟安然所说9世纪正法师所传的汉字读音未必完全相合,但一定也是一种相传的旧说。

姑不论了尊所记跟安然的话是否相合,根据安然的一些话我们可以知道至少在唐代的时候方言中的四声读音已经有了因声母清浊之不同而读法也不相同的现象。他所说的轻重跟元代周德清的《中原音韵》所说的阴阳应当是相近的。

从以上所举的材料来看尽管我们对于陆法言时代的四声读法还不够了解,可是对于唐代方言中的读法可以知道一些。概括来说,有以下几点:

(1) 平上去入四声在唐代已经因为声母清浊之不同而有了不同的读法,调类的数目也有增加。

(2) 唐代大多数的方言中平声已经分为两个调类。安然说表金两家和正法师聪法师两家平声都分别轻重就是一个证明。

(3) 唐代有些方言中的声调因声母清浊之不同有了分化。可能比较普通的是上声全浊字与去声全浊字读成一调。白居易和李涪的音就是如此。

(4) 唐代有些方言四声各有轻重,跟现代吴语粤语四声各分阴阳相似。

1958 年

(选自《周祖谟学术论著自选集》,北京师范学院出版社,1993 年)

---

① 见《大正新修大藏经》卷八四,六五七页,八声事一条。这一段话在罗常培先生《汉语音韵学导论》八〇页也引到。

论裴务齐正字本《刊谬补缺切韵》

一

裴务齐正字本《刊谬补缺切韵》旧有唐兰（立庵）先生写印本和延光室据原物影照本。原书为册叶装，共三十八叶，末有明万历壬午（十年，公元1582）项元汴题记一纸。旧藏故宫博物院。全书五卷，平上声缺佚颇多，去入二声完整无缺损。关于这部书，前人曾经有过一些论述，可是对这部书的性质并没有认识清楚，因此有必要再进行研究。

现在先录出全书的韵目，以便讨论：

平声	上声	去声	入声
1 东	1 董	1 冻	1 屋
2 冬		2 宋	2 沃
3 钟	2 肿	3 种	3 烛
4 江	3 讲	4 绛	4 觉
5 阳	4 养	5 样	5 药
6 唐	5 荡	6 宕	6 铎
7 支	6 纸	7 寘	
8 脂	7 旨	8 至	
9 之	8 止	9 志	
10 微	9 尾	10 未	
11 鱼	10 语	11 御	
12 虞	11 麌	12 遇	
13 模	12 姥	13 暮	
14 齐	13 荠	14 霁	

		15 祭	
		16 泰	
15 皆	14 骇	17 界	
		18 夬	
		19 废	
16 灰	15 贿	20 海	
17 台	16 待	21 代	
18 真	17 轸	22 震	7 质
19 臻			8 栉
20 文	18 吻	23 问	9 物
21 斤	19 谨	24 靳	10 讫
22 登	20 等	25 磴	11 德
23 寒	21 旱	26 翰	12 褐
			13 黠
24 魂	22 混	27 慁	14 纥
25 痕	23 佷	28 恨	
26 先 （以下八韵目据上去声补）	24 铣	29 霰	15 屑
27 仙	25 狝	30 线	16 薛
28 删	26 潸	31 讪	(13 黠)
29 山	27 产	32 裥	17 鎋
30 元	28 阮	33 愿	18 月
31 萧	29 篠	34 啸	
32 宵	30 小	35 笑	
33 交	31 绞	36 教	
34 豪	32 皓	37 号	
35 庚	33 梗	38 更	(29 格)
36 耕	34 耿	39 诤	19 隔
37 清	35 请	40 清	(30 昔)
38 冥	36 茗	41 瞑	20 觅

39 歌	37 哿	42 个	
40 佳	38 解	43 懈	
41 麻	39 马	44 祃	
42 侵	40 寝	45 沁	21 缉
43 蒸	41 拯	64 证	22 职
44 尤	42 有	47 宥	
45 侯	43 厚	48 候	
46 幽	44 黝	49 幼	
47 盐	45 琰	50 艳	23 叶
48 添	46 忝	51 㮇	24 怗
49 覃	47 禫	52 醰	25 沓
50 谈	48 淡	53 阚	26 蹋
51 咸	49 减	54 陷	27 洽
52 衔	50 槛	55 览	28 狎
			29 格
			30 昔
53 严	51 广	56 严	31 业
54 凡	52 范	57 梵	32 乏

从这个简单的韵目表上可以看出此书与陆法言《切韵》的韵目排列次第不同,有些韵部的名称也不一样。这是在唐五代韵书中别具一格的书。就字迹来看,书写的时代不会早于中唐,"旦"字或缺笔作"口",或写作"므"。全书字画端正秀丽,颇有法度,惟脱误甚多,跟敦煌本王仁昫《刊谬补缺切韵》一比,就看得很清楚。

本书卷首书名之下题"朝议郎行衢州信安县尉王仁昫撰"。次行题"前德州司户参军长孙讷言注","承奉郎行江夏县主簿裴务齐正字"。后有王仁昫序和长孙序,序文后又别出字样(偏旁字形变异)一段,再下为平声韵。王国维《观堂集林》卷入《书内府所藏王仁昫切韵后》认为此书"盖王仁昫用长孙氏、裴氏二家所注陆法言《切韵》重修者,故兼题二人之名"。因此一般都称之为"王仁昫切韵"。可是从内容来看,并不能这样说,只要注意以下几方面的问题,自然可以明白:

（1）王仁昫书卷首只载自序和陆法言序（见宋濂跋本），不载长孙讷言序。本书没有陆序而有王序和长孙序，由此可见本书并非王仁昫原书。

（2）全书韵目的编次与王仁昫书不同，仅严韵有上去二声与王韵相合。

（3）本书各卷体例不一致。平声东冬钟江支脂之七韵中每一纽头一个字的注文大都先出反切，后出字数，然后是本字的训释（有少数字的训解列在反切之前），而平声其他各韵以及上去入三声都是反切之后先出本字的训解，然后注明字数，体例不同。案训解置于反切与字数之间，这是王仁昫书的体例，训释殿于反切与字数之后是从长孙笺注本的格式而来（见王国维《写本切韵》第二种），两者各有所承。另外，平声前面七韵字的反切下注明字数的方法是"几加几"，其他则只有一个数目，不言"几加几"。前者是长孙书的办法，后者是王仁昫书的办法。据此，也可以证明本书不是纯粹的一家之书。

（4）全书平上去入五卷各韵小纽收字数目与王韵相比，情况不尽一致。平声东冬等七韵收字特多，平声其他各韵也比敦煌本和宋跋本王韵有增加，而去入两卷收字反倒少许多，惟有上声一卷几乎都合于王韵。这种差异的现象是很特殊的。书中字的归韵也有不同于陆法言和王仁昫的地方。如上声尾韵"岂展虮"三纽入止韵，有韵"妇缶"二纽归厚韵都是。

（5）全书反切，上声与王韵比较接近。偶有不同，或为抄写者临书改易。但平去入三声则往往有不同。

（6）在注释方面，平声东冬等七韵最为详细，而且案语极多，且都标明"案"字，与《切二》相近。所引字书和训诂书有《尔雅》《方言》《博雅》《说文》《字林》《字书》《汉书音义》等。平声其他各韵注释比较简略，既无案语，又很少引用各种字书，只有几处注明出《说文》或《方言》。去声一卷注释详细，并有案语。所引字书和训诂书，除《尔雅》《方言》《说文》《字林》外，又有《释名》、王逸《证俗文》（见祃韵）、杜延业《字样》（见教韵）。至于入声，类似去声，注中虽不出"案"字，但也引《尔雅》《说文》等书。惟独上声一卷的注解与王仁昫书大都相同，详于字形字音，而略于训释。宋跋本王韵上声纸韵有"倚""輢"两纽同音"于绮反"，"輢"纽下注云:"于绮反,车輢。陆于绮韵作于绮反之,于此輢韵又(作)于绮反之,音既同反,不合两处出韵,失何伤甚。"本书则并"輢"字于"倚"纽下,注云:"车輢。陆本别出。"略有修改。又敦煌本《王韵》去声遇韵"足"下,入声屑韵"凸"下,洽韵"凹"下都对陆法言书有批评,而本书全然不载,也可以证明上声与去入两声的底本不同。

综合以上所说来看,本书只有上声是与现在所看到的王仁昫书最相近。至于其他几卷,平声东冬等七韵是属于长孙书一类最繁富的本子,平声其他各韵又另为一种。去入两卷接近于《切二》,又是一种。那么,本书至少是由四种本子汇纂而成的。除平声东冬七韵注文的体例特殊外,其他都用王仁昫的体例。所以本书既有王仁昫序,又有长孙序;既题王仁昫撰,又兼题长孙笺注。从全书的编制和内容各方面来看,其中有长孙笺注传本的东西在内,又有王仁昫书传本的东西在内,似乎是某家用长孙书和王仁昫书增补改编过的,而不是王仁昫用长孙和裴务齐两家书来重修的。王国维因为没有能够看到敦煌本和宋跋本《王韵》,所以推论有误。然而这一家究竟是谁,也很难说。卷首虽然有裴务齐的名字,但未必就是裴务齐所编。因为日本源顺的《倭名类聚钞》曾引到裴务齐《切韵》两条都与本书不合,那也就难以确定了。不过本书有关字的写法和注中解说字形的话一定有裴务齐的东西,这是无疑问的。这部书,我们最好称为裴务齐正字本《刊谬补缺切韵》,或简称《裴本切韵》,不宜再称"王二"了。

这部书既然是一个汇合的本子,它的时代一定在长孙书和王仁昫书盛行之后。上声部分同王韵最为接近,但训释并不完全相合。其平入二声与王国维所写长孙注本《切韵》第二种、第三种也很有不同。至于去声部分则与另一种长孙注本(伯希和编号三六九四)比较接近①。例如:

	伯三八九四	本书	敦煌本《王韵》	宋跋本《王韵》
祭韵	劂 义例反	同上	牛例反	同上
	跇 丑世反	同上	丑势反	同上

---

① 伯三六九四切韵残卷为长孙注的一种传本,别有考证。

震韵	榇	楚觐反	同上	初遴反	
	韵	永娎反	永烬反	为据反	同上
	刃	而进反	同上	（ ）	而晋反
	舜	舒闰反	同上	施闰反	同上
愿韵	贩	方愿反	同上	方愿反	方怨反
证韵	称	蚩证反	同上	齿证反	尺证反

这些反切都不同于王韵，而同于长孙注。另外每纽收字的数目也大体与伯三六九四相近。字下的注解与伯三六九四字下的训释也极相似。例如：

		伯三六九四	本书
送韵	凤	《说文》从凡鸟声	从凡鸟
	詷	謰詷《说文》共也周书曰在夏后之詷一曰讌	謰詷又共也一曰讌也
	梦	（注引《说文》）	（同）
祭韵	沥	渡水《说文》又作砅	渡水又作砅
夬韵	话	会合善	语话也一云会合也又善
震韵	浚	在卫《说文》又抒	水名在卫又抒
愿韵	献	《说文》作獻宗庙大名	贡也一曰宗庙大名
恩韵	恩	冈心乱《说文》忧也一曰扰	冈乱又忧亦扰

从这些注文来看，本书是参照了伯三六九四长孙注本无疑。

又本书在效韵"挍"字下注云："捡挍。杜延《字样》二并从木。""杜延"下脱"业"字。伯三六九三（与三六九四为一书）上声琰"捡"下注云"书捡。又按《说文》、杜廷业《字样》为捡"，"廷"又为"延"字之误。这两条恰恰相应。由此可见本书承接长孙书的东西一定比较多。本书凡有引《说文》的部分可能都与长孙书有联系。平声东冬等七韵和去入各韵固然如此，就是平声和上声后一部分引到《说文》的恐怕也是如此。还有，本书字下有注明"一本作某"的，这可能也是出自长孙笺注一类的传本，因为王韵中是没有这类注语的。经过以上的考校，我们对于这部书的性质就有了比较清楚的认识了。下面我们可以进一步来考察这部书的一些特点。

二

前面已经指出这部书在唐五代韵书中别具一格，其特点表现在好几方面。

首先从韵部的名称看，很多韵目与陆法言、王仁昫等书不同。本书特别注意到一个韵部的四声韵目在声母上和韵母的开合上是否一致。凡是不一致的，都参酌《切韵》原来的韵目而尽量改换同纽的字和开合相同的字。例如：

灰	贿	诲(队)	
台(咍)	待(海)	代	
斤(殷)	谨(隐)	靳(焮)	讫(迄)
寒	旱	翰	褐(末)
魂	混	恩	纥(没)
删	潸	讪(谏)	黠
交(肴)	绞(巧)	教(效)	
庚	梗	更(敬)	格(陌)
耕	耿	诤	隔(麦)
清	请(静)	清(劲)	昔
冥(青)	茗(迥)	暝(径)	觅(锡)
佳	解(蟹)	懈(卦)	
覃	禫(感)	醰(勘)	沓(合)
谈	淡(敢)	阚	蹋(盍)
衔	槛	鉴(鉴)	狎

这些都表明本书的编定者特别注意四声韵目在声韵系统上的一致性。除非没有同纽的字，或没有比较常用的字可取，才因仍旧贯，不加改变。

在韵次方面，我们所看到的唐本韵书一般都没有脱离陆法言《切韵》的规格，惟有本书改变很多。如平声江韵后列阳唐两韵，佳韵次于歌麻之间，斤韵（殷韵）之后出登韵，魂痕之前列寒韵，删山元三韵列于先仙之后，庚耕清冥（青韵）列于萧宵交豪与歌佳麻之间，尤侯幽之前出侵蒸，盐添与咸衔之间列覃谈，所有这些都与陆法书《切韵》一系韵书不同。上去两声也与平声一致。去声王仁昫以"泰霁祭怪夬队代废"为次，而本书则以"霁祭界夬废诲代"为次。入声韵目，陆法言的编次稍嫌杂乱，而本书惟有"黠格昔"三韵与平上去不相应，其他各韵都与平上去相应，条理秩如。足见本书的编定者对四声韵目相配也是比较注意的。

本书韵次的一些改变正反映出当时编定者本人的语音实际情况。书中阳唐与江相次，是江读近阳唐；寒与魂痕音近，而不与先仙删山相近；佳列于歌麻之间，是佳不与皆音近，而转与麻相近；泰不列于霁祭之前，废不列于队代之后，是泰与界（怪）夬音近，废与队音近。这些都与当时语音的转变有关。书中登与斤（殷）相次，蒸与侵相次，但在《切韵》音系里登收-ng，斤（殷）收-n，蒸收-ng，侵收-m。据此，登与斤、蒸与侵似乎不应当排在一起。本书编者所以这样安排，不是韵母元音相近，就是韵尾读同一类。登或收-n，侵或收-ng。这些现象对了解唐代语音有很大的帮助。

关于唐代语音的改变，我们从本书的反切中还可以看到一些现象。例如唇音分化为重唇、轻唇两类，从唐代已经开始。《王韵》里有些类隔切本书已改为音和切。如

   支韵 卑 府移反改为必移反 神 符支反改为频移反
   耕韵 绷 甫萌反改为逋萌反
   幽韵 彪 甫休反改为补休反
   讲韵 倣 武项反改为莫项反
   笑韵 裱 方庿反改为必庿反
   质韵 弼 房律反改为旁律反

另外，本书夬韵"话"音下快反，又胡跨反，隔韵"画音胡麦反，又胡卦反"。两字的又音正是当时口语中通行的音。

总起来看，这部书对研究唐代语音自有它的价值。书的体例和内容虽然不属于一家之作，但是编者在采掇编定时考案音义，也颇具匠

心。既改变韵部次第以求符合实际语音,又改变韵部名称以使四声韵目同属于一纽,而且又把部分唇音类隔切改为音和切。个别韵字归韵的移动,如果不是抄者的忽略,那也是编定者根据语音而改并。由此可见编者既善于审音,又富有革新精神。这是极大的特点。在现在所能见到的唐本韵书中是独具一格的。上声一卷虽然接近于《王韵》,而注文并非完全照录,其中改变的地方仍然很多。

在训释方面,本书特别加详也是一大特点。例如钟韵"鸫"字,《切韵》、《王韵》仅注"鸟名";本书注云:"鸟名。案鸫鸟似鹜而黑,尖口鸡足。颜师古[云]今之水鸟也。"又脂韵"夷"字,《切韵》无注释,《王韵》训平;本书注云:"平也,伤也,说(yuē)也,灭也。又东方人名。字从弓从大。"举此可见一斑。这在韵书的发展上代表一种新的转变,目的在于使韵书兼备字书之用。因此,我们不能简单地认为这就是一部杂纂抄撮而成的书。可惜的是我们难以推断本书编定的确切年代,而裴务齐的事迹也无可考。检本书去声泰韵"桧"字下注云:"苦会反,秦音苦活反。"这是记载当时秦地方音的一条。"苦活反"音"阔",为入声。陆法言《切韵序》曾说"秦陇则去声为入",此与之正合。案唐代慧琳《一切经音义》多引《韵英》一书。《韵英》每言秦音。《韵英》为天宝末陈王友元廷坚所著,不知本书是否采自《韵英》。果尔,则本书编者当在天宝以后,也许就在肃宗时代。不过,这只是一种推测而已。要确切地指明,还需要有其他材料。

自从王仁昫书有了敦煌本和宋跋本以后,这部书已经不大为学者所重视,所以有必要加以申论。长孙笺注已经看不到完本,本书的平声东冬等七韵和去入两卷既然都取自长孙注,那么,同今日所见到的长孙书合而观之也就近于是一部长孙书了。

1958年8月

(选自《周祖谟语言文史论集》,浙江古籍出版社,1988年)

宋代汴洛音与《广韵》

汴梁即今之开封,与洛阳居天下之中区。自东汉、曹魏、西晋,下至后魏都以洛阳为国都,唐代则定为东都,车轨交错,达于四方,人士往来,言谈之间,大都以洛阳音为正。宋代都于汴梁,汴梁东离洛阳约600里,语音当去洛阳不远。

宋代礼部悬科取士,诗赋押韵,要以《礼部韵略》为准程,不得违例。宋修《广韵》韵目下所注独用同用例即本于《韵略》。但诗家如非应制之作,遣兴吟咏,多据实际语音押韵,不局限于功令,所以根据诗家诗歌的用韵材料可以考证当时的语音分韵的情况。

现在就以北宋洛阳人邵雍(公元 1011—1077)、程颢(公元 1032—1085)、程颐(公元 1033—1107)、尹洙(公元 1001—1046)、陈与义(公元 1090—1138)等人和开封雍丘(今河南杞县)人韩维(公元 1017—1098)、宋庠(公元 996—1066)、宋祁(公元 998—1061)等人的诗为资料来考察他们的诗歌的押韵与《广韵》韵部的异同。邵雍有《击壤集》(《四部丛刊》本),程颢有《明道文集》(见《二程文集》),程颐有《伊川文集》,尹洙有《尹河南文集》,陈与义有《简斋集》(《四部丛刊》本),韩维有《南阳集》(《宋诗钞》本),宋庠有《宋元宪集》(《聚珍版丛书》本),宋祁有《宋景文集》。宋庠、宋祁兄弟二人史称为安州安陆人(即今之湖北安陆),但宋氏先世久居雍丘,他二人虽生于安陆,但20岁以后就移居汴梁,所以与韩维同列为雍丘人。

为考察洛阳和汴梁的语音分韵便于叙述其与《广韵》的异同起见,下面按《四声等子》十六摄的名目依类加以说明。

(1) 果摄歌戈两韵,《广韵》注同用;假摄麻韵则为独用。但在邵雍诗里歌戈麻通用,而且蟹摄的佳韵牙音字也与麻韵字相押。如《击壤集》十四《小车吟》:

仁义场圃,闻见无涯(佳),里巷相切,亲朋相过(戈),人疑日驭,我谓星查(麻)。或游金谷,或泛月波(戈),或经履道,或过铜驼(歌),进退云水,舒卷烟霞(麻)……

陈与义诗歌戈两韵没有与麻韵相协例,但佳韵牙音字也与麻韵同用。例如《简斋集》一《决韵周教授秋怀》诗:

> 一官不办作生涯(佳),几见秋风卷岸沙(麻)。宋玉有文悲落木,陶潜无酒对黄花(麻)。天机兖兖山新瘦,世事悠悠日自斜(麻)。误矣载书三十乘,东门何地不宜瓜(麻)!

其他如程颐、韩维、宋庠都如此。

(2) 止摄《广韵》支脂之三韵通用,微韵独用。唐代已有支脂之微通用的例,如洛阳元稹的《有鸟》诗以"鸱衰飞枝儿"相押(见《元氏长庆集》二十五),元结《寄源休》诗以"事累吏易帅贰智畏"相押。宋代邵雍、程颐、陈与义、韩维等人支脂之微几韵也一样通用,而且与蟹摄齐韵平上去三声字和去声祭韵、废韵合用不分。例如:

> 《击壤集》三《秋怀》:晴窗日初曛,幽庭雨乍洗(荠),红兰静自披,绿竹闲相倚(纸),荣利若浮,情怀淡如水(旨),见非天外人,意从天外起(止)。

> 又,《安乐吟》:安乐先生,不显姓氏(纸),垂三十年,居洛之涘(止)。风月情怀,江湖性气(未),色斯其举,翔而后至(至)。无贱无贫,无富无贵(未)。无将无迎,无拘无忌(志),窘未尝忧,饮不至醉(至),收天下春,归之肝肺(废)。盆池资吟,瓮牖荐睡(寘)。小车赏心,大笔快志(志)。或戴接䍦,或着半臂(寘)。或坐林间,末行水际(祭)。……

> 《简斋集》二十七《题像》:两眉轩然,意像无寄(寘),而服如此,又不离世(祭),镱中壁上,处处皆是(纸),简斋虽传,文殊无二(至)。

> 陈与义《无住词》《清平乐木犀》:黄衫相倚(纸),翠葆层层底(荠)。八月江南风日美(旨),弄影山腰水尾(尾)。

(3) 蟹摄包括《广韵》齐佳皆灰咍和祭泰夬废几韵。齐韵独用,佳皆同用,灰咍同用,祭霁(齐去)同用,泰独用,废独用,夬与佳皆去声卦怪两韵同用。惟宋邵雍等人除齐祭废与止摄字合为一类外,其余诸韵都通用不分,只有佳韵的佳崖涯和夬韵的话字读入假摄而已。如:

《击壤集》三《秋怀》:山横暮霭中,鸟逝孤烟外(泰),残菊忧霜催,幽兰惧风败(夬),患难人不喜,富贵人所爱(代),我心日不有,爱憎岂能卖(卦)。

《简斋集》十五《邓州西轩书事》:千里空携一影来(咍),白头更着乱蝉催(咍),书生身世今如此,倚遍周家十二槐(皆)。

《南阳集》《舟中夜坐》:晴霜落波底,斗柄插堤外(泰)。扁舟灯火明,樽酒夜相对(队)。临欢意暂遣,念离心已痗(队)。篙师喜冰坼,理楫事晨迈(夬)。

(4) 遇摄包括鱼虞模三韵,《广韵》鱼独用,虞模同用。宋邵雍、陈与义、韩维等三韵通用不分,尤侯韵唇音字也与鱼虞模韵字相押。如:

《击壤集》七《寄长安幕张文通》:无学又无谋(尤),胸中一向虚(鱼),枯肠忺饮酒,病眼怕看书(鱼)。洛浦轻风里,天津小雨余(鱼),故人千里隔,相望意何如(鱼)?

《简斋集》八《钱东之惠泽州吕道人砚》:君不见铜雀台边多事土(姥);走上觚稜荫歌舞(虞),余香分尽垢不除,却寄书林汙缣楮(语)

(5) 流摄包括《广韵》尤侯幽三韵,《广韵》注为同用。邵雍等人诗与《广韵》同。如

《击壤集》一《高竹》:高竹临清沟(侯),轩小亦且幽(幽),光阴虽属夏,风露已惊秋(尤)。月色林间出,泉声砌下流(尤),谁知此夜情,邈矣不能收(尤)。

程颢《明道文集》三十八《秋日偶成》:寥寥天气已高秋(尤),更倚凌虚百尺楼(侯),世上利名群蚁蜂,古来兴废几浮沤(侯)。退居

陋巷颜回乐,不见长安李白愁(尤)。两事到头须有得,我心处处自优游(尤)。

(6) 效摄包括《广韵》萧宵肴豪四韵。《广韵》萧宵同用,肴独用,豪独用。宋代邵雍、韩维四韵通用,陈与义、宋庠诗中萧宵相押,而陈与义豪韵独用,宋庠肴韵独用,与《广韵》相同。如:

《击壤集》十五《属事吟》:鹡鸰分寄一枝巢(肴),不信甘言便易骄(宵)。当力尚难超北海,去威何足动鸿毛(豪)。……

《南阳集》《对雨思苏子美》:五月阴盛暑不效(效),飞云日夕起蒿少(笑)。回风飒飒吹暮寒,翠竹黄蕉雨声闹(效)。北轩孤坐默有念,人生会合那可料(啸)。昔与子美比里间,是月秋近足霖潦(号)。……

(7) 宕摄、江摄唐人诗中已有通用例,宕摄包括阳唐两韵,江摄只有江韵一韵。邵雍诗阳唐与江韵通押,与阳唐相承的入声药铎两韵也与江韵入声觉韵相押。如:

《击壤集》四《答人见寄》:髻毛不患渐成霜(阳),有托琴书子一双(江)。……

《击壤集》十四《谢王胜之惠文房四宝》:铜雀或常闻,未尝闻金雀(药),始愧林下人,识物不甚博(铎)。金雀出何所?必出自灵岳(觉)。……

《南阳集》《又和子华兄(韩绛)》:济济高燕会,众宾且喜乐(铎),方冬气常温,是日寒始若(药),愁云际平林,垂见雪花落(铎),四座喜相顾,有引必虚爵(药),中堂岂非佳,东圃罗帘幄(觉)。……

(8) 梗摄包括《广韵》庚耕清青四韵,《广韵》庚耕清三韵同用,青独用。邵雍、程颐、尹洙、陈与义、韩维、宋庠等人庚耕清青四韵通用。又曾摄包括《广韵》蒸登两韵。入声为职德两韵。邵雍等人也与庚清青等韵通押。如:

《击壤集》四《不寐》:闲坐更已深,就寝夜尚永(梗),展转不成寐,却把前事省(静)。莫枕时昏昏,拥衾还耿耿(耿),西窗明月中,数叶芭蕉影(梗)。

《明道文集》三十八《游鄠山诗象戏》:大都博奕皆戏剧,象戏翻能学用兵(庚)。车马尚存周战法,偏裨兼备汉官名(庚),中军八面将军重,河外尖斜步卒轻(清)。却凭纹揪聊自笑,雄如刘项亦闲争(耕)。

《宋元宪集》十五《新岁雪霁到西湖作》:水华烟态压回汀(青),客至无情亦有情(清),芳草不须缘短梦,一番新绿满塘生(庚)。

《简斋集》十《夏自集葆真池赋诗》:清池不受暑,幽讨起予病(映),长安车辙边,有此荷万柄(映),是身虽可懒,共寄无尽兴(证)。鱼游水底凉,鸟宿林间静(静),谈余日亭午,树影一时正(证),清风不负客,意重百金赠(证)。……

(9) 通摄包括《广韵》东冬钟三韵,《广韵》东独用,冬钟同用。按唐代洛阳东冬已读同一韵(见李涪《刊误》),宋代东冬钟三韵通押,入声屋沃烛三韵亦然。如:

《击壤集》六《落花长吟》:花秾酒更浓(钟),花能十日尽,酒未百壶空(东)。……

《明道文集》三十八《秋日偶成》:闲来无事不从容(钟),睡觉东窗日已红(东)。万物静观皆自得,四时佳兴与人同(东),道通天地存形外,思入风云变态中(东),富贵不淫贫贱乐,男儿到此是豪雄(东)。

《简斋集》二十《晚登燕公楼》:栏干纳清晓,拄杖追黄鹄(沃),燕公不相待,使我立于独(屋),雾收天落川,日动春浮木(屋),举手谢时人,微风吹野服(屋)。

(10) 山摄包括《广韵》寒桓删山先仙元几韵。《广韵》寒桓同用,删山同用,先仙同用,而元与魂痕同用。宋代邵雍等人寒桓删山先仙都合用无碍,惟略分洪细而已。诸韵入声曷末黠鎋屑薛也都通用不分。至于元韵,多与先仙合用,与魂痕通押的较少。元韵的入声月韵也与屑薛等韵通押。此自唐代洛阳元稹和独孤及已肇其端。下举宋人诗为证：

《击壤集》三《宿延秋庄》：驱车入洛周，下马弄飞泉（仙），乍有云山乐，殊无朝市喧（元），非唯快心志，自可忘形言（元）。借问尘中有，谁为得手先（先）。

又《秋怀》：万里晴天外，一片霜上月（月），长松挺青葱，群卉入消歇（月）。有齿日益衰，有发日益脱（末），获罪固已多，此公难屑屑（屑）。

《明道文集》三十八《晚春》：人生百年永，光景我逾半（换），中间几悲欢，况复多聚散（翰）。青阳变晚春，弱柳成老干（翰），不为时节惊，把酒欲谁劝（愿）？

《景文集》五《省舍晚景》：日稷城阴生，尘露稍云歇（月），密树抱烟沈，高禽映天没（没），外物既不扰，清机亦徐发（月），何意羲皇风，吹我襟袖末（末），少驻北堂睡，娟娟待明月（月）。（没韵为魂韵入声，诗中能押。）

（11）臻摄包括《广韵》真臻谆文欣魂痕诸韵，《广韵》真臻谆同用，文欣同用，魂痕同用。宋代邵雍等人都通用不分。相对的入声质栉术物迄物也一致相押。唐代洛阳人元结、独孤及已如此（如《元次山文集》三《忝官引》，独孤及《毗陵集》一《壬辰岁过旧居》）。但宋人诗臻摄入声且每与梗曾两摄入声字相押，与唐人不同。如：

《击壤集》四《与人话旧》：耳目所闻见，且言三十春（谆），才更十次闰，已换一番人（真）。圮族绮纨故，朱门车马新（真）。从来皆偶尔，何者谓功勋（文）。

《击壤集》十九《费力吟》：事无巨细，人有得失（质），得之小心，失之费力（职）。（职，蒸韵入声字。）

《简斋集》十八《出山》：阴岩不知晴，路转见朝日（质）。独行修竹尽，石崖千丈碧（昔）。（昔为清韵入声字。）

《南阳集》《利涉塔院》：许公读书地，尘像一来拂（物），门掩僧不归，檐低燕飞出（术），高人不可见，石塔镇寒骨（没）。

（12）咸摄包括《广韵》覃谈盐添咸衔严凡八韵。《广韵》覃谈同用，

盐添同用,咸衔同用,严凡同用。邵雍等八韵都通协不分。相对的入声合盍叶帖洽狎业乏亦然。如:

《击壤集》一《高竹》:高竹逾冬青,四月方易叶,抽萌如止戈,解箨若脱甲(狎)。修静信可爱,绕行不知匝(合),嗟哉凡草木,徒自费钼锸(叶)。

《简斋集》二《蜡梅》:世间真伪非两法(乏),映日细看真是蜡(盍)。

《南阳集》《孔先生见约同游》:群峰罗立青巉巉(衔),中有佛庙名香严(严),飞泉汹涌出峰后,四时激射喧苍崖(衔),跳珠喷雪几百丈,下注坎险钟为三(谈)。援萝颓瞰石底净,明镜光溢青瑶函(覃)。……

(13) 深摄包括《广韵》侵韵。《广韵》侵韵独用。宋代诸家也都独用,不与咸摄字相混。入声缉韵也不与咸摄的入声字通押。

《击壤集》三《晨起》:山高水复深,无计奈而今(侵),地尽一时事,天开万古心(侵)。轻烟笼晓阁,微雨散青林(侵),此景虽平淡,人间何处寻(侵)。

《南阳集》《晚过象之葆光亭》:浮沉闾里间,放志谢维絷(缉),行贪月色静,归犯露华湿(缉)。寒鼓出城重,飞星过楼急(缉),却想竹庭下,主人犹独立(缉)。

根据以上以北宋时期汴洛诗家的押韵与《广韵》韵部的比较来看,宋代韵部通押的情况跟《广韵》的同用、独用例已大不相同,而跟唐代大北方的语音的分韵极为接近,①主要的发展是:"齐"韵字与支脂之微相押;"蒸""登"两韵字与庚耕清青相押,入声亦同;"元"韵字与先仙相押,入声亦同。元代周德清作《中原音韵》,分韵类为 19 部,有好几部跟北宋汴洛音是相同的。如上面所说的"齐"韵归在"齐微"部,梗曾两摄字合为"庚青"部,"元"韵归入"先天"部。这些都可以说明

---

① 见《唐五代的北方语音》一文,《语言学论丛》第十五辑,商务印书馆,1988年。

由唐到宋,到元,韵部的分合在北方语音里已经跟《切韵》一系的韵书迥乎不同了。《中原音韵》作于元泰定元年(公元 1324),晚于邵雍、程颐、宋庠、韩维等人二百四五十年,北音又有了新的演变。假摄又分出"车遮",止摄又分出"支思",入声又派入三声,就一步一步跟现代的普通话语音系统接近了。

(选自《周祖谟学术论著自选集》,北京师范学院出版社,1993 年)

许慎及其《说文解字》

汉代是中国文化史上一个光辉灿烂的时代。从公元前二世纪到公元后二世纪四百年之间出了很多杰出的文学家、史学家、哲学家、经籍文献学家、科学家。文学家有枚乘、司马相如、扬雄、张衡、蔡邕；史学家有司马迁、班固、荀悦；哲学家有桓谭、王充；经籍文献学家有刘向、刘歆、贾逵、马融、郑玄；科学家有张苍（数学家）、张衡（文学家，又是天文学家）、张机（即张仲景，医学家）、华佗（医学家）。这些都是著名的人物。他们不仅继承了春秋战国以来的文化遗产，而且更发扬光大，给中国的文学、史学以及其他方面奠立了一个富厚的基础。对于中国文化的发展贡献极大。他们的著作包容的方面极广，是我们研究中国文化史极其宝贵的资料。

这里所要提出来说的一个人是许慎，他是汉代最著名的一个文字学家、词汇学家。他是中国文字学的开山祖师，在中国语言学史上所占的地位非常重要。他的著作《说文解字》从东汉一直到现在一千八百多年始终为人所重视，是一部不朽的著作。我们要研究汉以前的古典著作，或研究汉语史和古文字，对于《说文解字》不能一无所知。就这种意义来说，不知道许慎的《说文解字》跟研究文学和史学的人不知道司马迁的《史记》同样是一种缺点。

许慎，字叔重，生于东汉，是汝南郡召陵（Shàolíng）人。召陵，在现在河南的郾城县东边四十五里的地方。郾城县许村还有许慎的墓。

关于许慎的生平事迹，在范晔《后汉书》卷一○九下《儒林传》里有简单的叙述。如果参照许慎自己写的《说文解字·后叙》和他的儿子许冲的《上说文解字表》，我们可以知道得更详细一些。

根据史传所记，许慎是一个性情笃实而纯厚的人，他在年少的时候就博通五经，所以当时的人就用"五经无双许叔重"一句韵语来称赞他，马融对他也非常推崇。

汉代传习的经书,有今文经和古文经的分别。今文经是秦汉之间博士弟子口耳相传下来的,在汉代都是用通行的隶书来写的,所以称为今文经。古文经大部分都是汉武帝时鲁恭王拆毁孔子住宅,从墙壁中取出来的,这种书都是用战国时通行的古文字来写的,所以称为古文经。古文经跟今文经不仅文字的写法不同,就是内容也不尽相同。西汉时代古文经没有发现之前,传习的都是今文经,等到古文经发现以后,才有人研究古文经。到了东汉时代,古文经开始盛行起来。当时传授古文经的第一个大师就是贾逵(公元30—101)。

贾逵既通今文经,又精于古文经。许慎就是他的学生。[①] 贾逵在章帝建初四年(公元79)曾与班固、傅颜、博士议郎及诸生诸儒在北宫白虎观讲论五经同异,建初八年(公元83)又奉诏在黄门署为弟子门生讲授《春秋左氏传》、《穀梁传》、《古文尚书》和《毛诗》。许慎最初在汝南郡做"功曹",后来被推举为"孝廉",到洛阳之后就做了太尉府的"祭酒"。"祭酒"是太尉府曹属之中的主要人物,他住在京师,所以能够从贾逵问业。贾逵到和帝永元十三年(公元101)才死,而许慎也一直在太尉府。他作《说文解字》,跟从贾逵受古文经有很大的关系。[②]

《说文解字》的《后叙》作于永元十二年(公元100),[③]就是贾逵死的前一年。许慎在安帝永初四年(公元114)又曾与马融、刘珍及博士议郎五十余人在东观校五经、诸子和史传。到建光元年(公元121),病居于家,才叫他的儿子许冲上《说文》。距离写《后叙》的时候已经有二十二年。

许慎的生年和卒年已无可考。清人根据贾逵的生年——光武帝建武六年(公元30)来推断,认为许慎可能生于明帝永平之初(永平元年,公元58)。至于卒年,则又根据《后汉书·西南夷夜郎传》所说"桓帝时郡人尹珍自以生于荒裔,未知礼义,乃从汝南许慎、应奉受经书图谶"的

---

① 许冲上表称:"臣父故太尉南阁祭酒慎本从逵受古学。"
② 许冲上表里说:"慎博问通人,考之于逵,作《说文解字》。"
③ 许慎《说文解字·后叙》说:"粤在永元,困顿之年,孟陬之月,朔日甲申。"根据这一句话定为永元十二年。

话,推断许慎可能卒于桓帝初年(桓帝建和元年,公元147)。这样说起来,许慎的岁数总在八十以上了。

许慎的著作除了《说文解字》以外,还有《五经异义》和《淮南子注》,不过都已亡逸不存,只有清人的辑本。许慎著《说文解字》的时候,正是古文经盛行的时代。古文经是用战国时代的古文字来写的,跟当时通行的隶书很不相同。自从古文经出现以后,今文经家就大相非毁,排斥古文,称秦时隶书是古帝先王之书,父子相传,不得改易。并且随意解说文字,牵强附会,毫无条理。许慎既博通经籍,而又从贾逵学习古文经,对于今文经家的这种向壁虚造的巧说邪辞深恶痛绝,所以搜罗篆文和古文及籀文①编成一部字书。一方面把经传群书的训诂写下来,一方面还说明字体的结构和字的读音,使人们知道相传的古文字是怎样写的,每一个字从字形上和语义上应当如何讲解。这部书把汉代能够看到的古文字尽量记载下来,实在是中国古代文献中极其重要的著作。

许慎对于文字在文化发展上的作用看得很清楚。他曾经说:"文字者,经艺之本,王政之始,前人所以垂后,后人所以识古。"②我们要读古代的书籍,要了解古代的文化,不懂得古代的文字是不行的。许慎这部书是极可宝贵的遗产。我们有了他这一部书才能认识秦汉时代的许多篆书的石刻和器物的铭文,才能认识商代的甲骨文字和商周两代的铜器文字以及战国时代的古文。没有《说文解字》,我们就很难通晓秦汉以前的古文字,商周文物上所记载的事实也就很难索解了。

许慎这部书的伟大的贡献不仅在保存了上古时代的古文字,更重要的是他创通文字构造的条例,用了多少年的功夫创造性地编出一部具有系统的字书,给后世编纂字典的人立下一个规范。因此我们更应重视这部书,了解它在中国语言学史上的地位,了解怎样运用这部书去进行汉语史的研究工作。

这部书题名为《说文解字》,"文"指的是独体的象形表意的字,"字"指的是合体的表意字和形声字,因此题称《说文解字》,后世一般简称为

---

① "籀文"是出自《史籀篇》的大篆。

② 见许慎《说文解字·叙》。

《说文》。

中国古代的字书,主要有三类:一类是通俗的教童蒙识字的"杂字"书,一类是按部首来编排的有系统的字书,一类是按声韵来编排的韵书。《说文》就属于第二类,而且是其中最早的一部书。

在《说文》以前从秦代起就有了"杂字"书。最知名的是《仓颉篇》,①相传为李斯所作。另外还有赵高的《爱历》和胡毋敬的《博学》。这都是以开头两个字来题篇名的。到了汉代,把三个书合在一起,称为《仓颉篇》,以六十字为一章,一共有五十五章。后来扬雄又续《仓颉》作《训纂篇》,东汉郎中贾鲂又作《滂喜篇》。后人合称为《三仓》。这种书都是四字一句,而且是韵语。② 西汉时司马相如又曾作《凡将篇》,是七言韵语,东汉元帝时史游作《急就篇》则有七言、三言和四言。《急就篇》在魏晋六朝的时候很流行,所以现在我们还能够看到全书,其他都亡逸无存了。③

这种"杂字"书即便都保存下来,除了可以考见汉代的词汇以外,在文字学史上并没有什么价值。许慎的《说文》则不然了。他看出这样的字书是没有什么用处的,他根据当时对于文字的构造和意义声音的关系的理解,即"六书"的分类④来分析篆文,把所有的字按照形体的构造来加以区分,凡形旁相同的就类聚在一起,以共同有的形旁作部首,其他同从一个形旁所构成的字都系属其下。许多部首又按照篆书形体的相近与否来编排先后的次序。这样就把极其纷繁的成千上万的汉字都编排在一起了。这种办法是前所未有的,是许慎的创见。他看到了汉字的特点,不如此,很难编出一部便于应用而又有系统的字典来。这在过去语音很分歧,汉字写法还没有完全打乱的时候,的确是一种极其宝贵的经验。所以段玉裁称赞这部书说:"此前古未有之书,许君之所独

---

① 文字本来是劳动人民所创造的,古人传说是黄帝史官仓颉所造。《仓颉篇》开头一句话是"仓颉作书",所以称为《仓颉篇》。
② 罗振玉、王国维所编的《流沙坠简》和劳干的《居延汉简考释》中都有这一类书的逸文。
③ 清代马国翰《玉函山房辑佚书》和近代人龙璋的《小学搜佚》中都有《三仓》辑本。
④ "六书"按照许慎所说即指事、象形、形声、会意、转注、假借。

创,若网在纲,如裘挈领,讨原以纳流,执要以说详,与《史籀篇》《仓颉篇》《凡将篇》乱杂无章之体例,不可以道里计。"①

《说文》一共十五卷,一至十四是本书,最后一卷是叙目。全书一共有五百四十部。根据许慎原《叙》所说,全书收字九千三百五十三文,重文一千一百六十三,解说的字数是十三万三千四百四十一字。②

五百四十部的次序是始"一"终"亥"。始"一"终"亥"是有意义的,因为汉代阴阳五行家言万物生于一,毕终于"亥"。其他部首则主要是据形系联。凡部首绝大多数都是形旁,只有少数几部的部首是声旁(如丩部、句部)。一部之内的字一般都是把意义相近的放在一起。例如言部"诗""谶""讽""诵"列在一起,"讪""讥""诬""诽""谤"列在一起,肉部"肓""肾""肺""脾""肝""胆""胃""脬""肠"列在一起,"胯""股""脚""胫""腓""腨"列在一起,这都是意义相近或事物相类的,所以以类相从,不相杂越。

至于每一个字的写法则一以篆文为主,如古文、籀文跟篆文有不同,则先列篆文,而列古文或籀文于篆文解说之下,一一加以说明。有时一字兼有"或体",也同样列于正文解说之下。

每一字的解说,一定是先解说字义,然后说明形体的构造。说明形体的构造时,凡象形字,则言"象某某之形",凡指事字,则曰"指事",凡会意字,则曰"从某从某",或曰"从某某",凡形声字则曰"从某、某声"。如果是会意而又是形声字的,则曰"从某从某、某亦声"。例如:

气　云气也,象形。
齿　口齗骨也。象口齿之形,止声。
毛　眉发之属及兽毛也。象形。
一　高也。此古文上,指事也。
多　重也。从重夕,夕者相绎也,故为多。
男　丈夫也。从田从力,言男用力于田也。

---

① 见许慎《说文解字·叙》段注。
② 现在的大徐本字数增多将近二百,解说则少于原书一万七千多字,可见现在的传本经过传写已有增损,跟许氏原书所记字数不合。

> 放　逐也。从攴，方声。
> 奢　张也。从大，者声。
> 舒　伸也。从舍从予，予亦声。

由此可见《说文》对于字形的结构和造字的含义特别重视。有时在解说中也指出读音，则曰"读若某"。例如"珝读若眉"，"逝读若誓"，"悆读若涂"，"觓读若刨"。"读若某"之中，有的是注音，有的兼明通用。但注音是主要的。

许氏在解说中，有时引用经传来说明字义或字音。除少数用今文经外（如《仪礼》用今文经，《诗》间用《韩诗》），一般都用古文经。在解说中也常常引到其他人的说法，全书有一百一十余条，这就是《叙》中所说"博采通人，至于小大信而有证"的实例。解说中涉及训诂的，有的出于《尔雅》，有的出于扬雄的《方言》，有的出于前人的经传训释、《仓颉解诂》。由此可见许慎著《说文解字》不仅从贾逵问业，而且囊括了许多前人的经说和字说，可以说是集两汉字学之大成了。

《说文》既然是这样一部书，所以在东汉末年就为人所重视。郑玄注《仪礼》、《周礼》、《礼记》都曾经引用《说文》的解说。由魏晋以至隋唐一直有人传习。虽然《说文》并没有把两汉时代应用的文字都搜罗无遗，①有些解说也偏于株守字形，不免牵强附会之嫌，可是这样编排文字的体例，已经成为后来编纂字书所共同遵守的方法了。

首先我们要提到的是晋吕忱的《字林》。② 吕忱事迹无可考，《魏晋·江式传》所载江式《上古今文字表》里称吕忱为任城人（今山东济宁），作晋义阳王典祠令。《隋书·经籍志》则题为"弦令"。唐张怀瓘《书断》又称吕忱字伯雍。关于他的事迹我们只知道这么多。

吕忱的《字林》是根据《说文》来作的。在唐以前《说文》和《字林》总是相提并论。《字林》收字比《说文》多。唐《封氏闻见记》说：

---

① 《说文》解说中的字就有没有收入正文的。大徐校定本增补四百多字，列在每部之后，称为"新附"。事实经传里面还有很多的字不见于《说文》的。

② 《字林》卷数前字所说多寡不同，有五卷、六卷、七卷三种说法。

"晋有吕忱，更按群典，搜求异字，复撰《字林》七卷，亦五百四十部，凡一万二千八百二十四字。诸部皆依《说文》，《说文》所无者皆吕忱所益。"①

吕忱《字林》自南宋以后失传，清任大椿有辑本，名《字林考逸》。

　　《字林》之外，按照《说文》来编的字书，还有梁顾野王的《玉篇》。顾野王，《陈书》有传，他是吴郡吴人，陈宣帝太建十三年（公元519—581）卒。《玉篇》是在梁武帝大同九年（公元543）编纂成的。这部书共有三十卷，体例跟《说文》相同。所不同者在于《说文》是五百四十部，而《玉篇》删并"哭""延""教""眉""自""皀""㱃""后""六""弦"十部，别增"父""云""喿""尢""处""兆""磬""索""床""弋""单""丈"十二部，一共是五百四十二部。又"书"字《说文》在"聿"部，《玉篇》则改为部首，把《说文》的"画"部归并在一起。② 其次是部次的安排也与《说文》不尽相同。《说文》的部次是据形系联的，即便有时把意义相近的排列在一起，也还是形体相近的。《玉篇》虽然大部分跟《说文》相合，可是有时就专取其意义相近的比次在一起。例如"人""儿""父""臣""男""民""夫""予""我""身""兄""弟""女"相连，次序就跟《说文》完全不同。③

　　《玉篇》原书收字一万六千九百一十七，④比《字林》又多四千余字。每字之下，先出反切，后引经传和群书训诂，注文非常详细。现在我们所看到的《玉篇》注文比较简单，已不是顾氏《玉篇》原来的面貌了。⑤

　　从《字林》和《玉篇》的编制都可以看出《说文》对后世字书影响之大。《隋书·经籍志》有《古今字书》十卷，北魏杨承庆《字统》二十一卷，书虽亡逸，根据佚文，还可以知道也都是按照《说文》的体制来分部的。以部首编排字书可以说是从《说文》以后一直沿用的办法。宋人编纂的《类篇》，明张自烈的《正字通》，以及清人所编的《康熙字典》都是按照偏

---

① 见《封氏闻见记》卷二文字。
② 见清钱大昕《十驾斋养新录》卷十三《玉篇》一条。
③ 《说文》的字体是篆文，《玉篇》的字体是隶书，不必强同。
④ 见《封氏闻见记》卷二文字。
⑤ 顾野王《原本玉篇》有唐写本，见罗振玉影印《原本玉篇残卷》及黎庶昌《古逸丛书》。

旁部首来编排的,只是分部有不同而已。

《说文》这部书在中国语言学史上的地位很高。清人非常重视这部书不无道理。许慎看到形声字是汉字里最多的一部分,所以特别注重形声字的分析。书中指出某字从某某声,一方面是分析字形,一方面也就是指出字的声音。凡从某声得声的字,它的读音必然跟某声切近。因此清人从《说文》中悟出根据谐声字可以参照《诗经》的韵脚考定古韵的分部。同时《说文》中引经与现在的经文往往不同,因而清人又体会到古人以文字记录语言,时有假借。清人了解了古韵的分部,又了解了古人用字有假借,所以有很多古书中向来难解的句子,他们都能从声音训诂和文字通假上理解到它的原意。

许慎著《说文》,在解释字义上还特别注重造字的"本义"。说法不一定都对,可是清人从这一点认识到字义有"本义",有"引申义",有"假借义",①在语义学上有了新的发展。

这些都是《说文》对于后来研究汉语声音、训诂所起的一些影响。

在今天来看,《说文》仍然有它的价值。我们要研究古文字,要知道汉字的发展和变迁固然离不开这部书,就是要研究汉语词汇发展的历史和词义的演变以及古音的系统,也需要应用这部书。我们应当从中吸取各种有用的东西。

现在我们所看到的《说文》的本子,时代比较早的是唐写本和宋刻本。唐写本有两个本子,一个是木部残本,存一百八十八字,将近全书五十分之一;一个是口部残简,存十二字。前一种是中唐人写本,原为清人莫友芝所藏,现为日本人所有,后一种是唐宋间日本的摹本,为日本人所藏。

唐本跟六朝所传《说文》是比较接近的。但可惜只有残本。今天我们能看到的全本,是南唐徐锴的《说文解字系传》和宋徐铉的校定本《说文解字》。徐锴是徐铉的弟弟,前人称徐铉为"大徐",徐锴为"小徐"。小徐本有注释,大徐本则主要是校定原书,没有注释。小徐本有影抄宋本,大徐本有北宋刻本。清人翻刻的本子都很多。小徐书以祁寯藻刻

---

① 见段玉裁《经韵楼集》卷十一《言飨二字释例》。

本为最好,大徐书以孙星衍《平津馆丛书》本为最好。

小徐书著述的目的在于注释原书,其中许氏原文跟唐写本相同的地方较多(只就木部而言)。大徐书是用许多本子来校定的,很多地方跟唐写本不同。所以清代段玉裁注《说文》,很重视小徐本。

《说文》原本是没有反切注音的。现在我们所看到的唐写本已有注音。唐写本的注音跟隋唐间流行的韵书不同,而跟相传的《字林》音相合。① 现在我们所看到的二徐本又跟唐写本不同。大徐本的反切是根据唐代的孙愐《唐韵》加上去的,小徐本的反切是南唐朱翱所加的。读音也不完全相同。现在我们一般应用的本子都是大徐本《说文》。

《说文》是很不容易读的一部书,因为古字古义很多,必须有注解才能理解得透彻。谈到《说文》的注本,徐锴的《系传》是最早的一种注本了。徐锴对于《说文》用力很勤,徐铉称他弟弟作《系传》的意义在于"考先贤之微言,畅许氏之玄旨,正阳冰之新义,②折流俗之异端"。③ 徐锴作《系传》参考的古书不下一百多种。他一方面疏证许说,一方面又进一步从声音上来讲解字义,创见很多。不过有时征引古书过于繁冗,解说字义不很精当,所以还不是最好的注本。

清代《说文》之学盛行,注《说文》的有好几家。最重要的一部书就是段玉裁的《说文解字注》。段玉裁是戴震的学生,他作《说文解字注》用了三十多年的功夫,先写为长编,然后简括成书,是一部体大思精的著作。他首先根据许慎原书的体例和《玉篇》、《集韵》的训释以及宋代以前的古书引到《说文》的字句来校订二徐本的是非,其次再根据经传子史和其他古书来解说许书的训解。除此之外,并说明一个字的多方面的意义以及意义的引伸和变化。他的最大的贡献在于创通条例,以许书证许书,以声音为关键,说明训诂。清人研究《说文》的莫不受其影响。不过他好谈本字本义,有时流于武断。他改动篆文九十字,增加篆文二十四字,删去篆文二十一字,有些地方未免过于鲁莽。

---

① 详见《唐本说文与说文旧音》一文。
② 唐大历中李阳冰曾刊定《说文》,臆说颇多。
③ 见徐铉所作《说文韵谱序》。

同时注《说文》的，还有桂馥、王筠。桂馥有《说文解字义证》，王筠有《说文句读》。桂氏《义证》，目的在于征引古书，找出许慎解说的根源，故不掺杂己见；王氏《句读》则采掇段、桂两家之书，删繁举要，以便初学。桂、王两家都尽量根据二徐原本而不轻易乱改，态度非常审慎，段氏在这一点上是远不如桂、王两家了。三家之书，各有所长，都是研究《说文》的必备的参考书。

清人研究《说文》的书有一百多种，1928年丁福保按类汇编在一起，名为《说文解字诂林》。我们要检查一个字，各家的原注都依次分别列出，这当然是最便于参考寻检的一部书了。

1956年8月

（选自《周祖谟语言学论文集》，商务印书馆，2001年）

论段玉裁《说文解字注》

清代注解《说文》的有段玉裁、桂馥、王筠、朱骏声几家,而传习广、影响大的是段氏《说文解字注》。段书创始于乾隆四十一年(公元1776),先为长编,名《说文解字读》,后来因为文字过繁,简练成注,到嘉庆十二年(公元1807)才次第完成,前后用了31年的精力,可以说是一部体大思精的著作了。

《说文》是研究古代文字训诂的必读之书,旧日除南唐徐锴所作《说文解字系传》以外,没有其他注本,而徐锴书传抄也有残缺。清代乾嘉之间,正是汉学昌盛的时期。《说文》一书尤其为人所重视。段氏受学于戴震,既长于经学,又长于音韵、训诂和校勘,而且熟悉先秦两汉的古书和前代的字书、韵书,他用其所长来注解《说文》,不仅能淹贯全书,发其义蕴,而又能疏通古今音训,深知体要,所以大为学者所推重。

不过,事情总是创始者难。段氏凭借他那超卓的学力和才识来整理许书,固然有不少精辟的见解,但是由于一人的精力有限,平时哀集贯串用的时日多,考求研讨用的时日少,方面既广,自然不免有疏漏。甚至有时又自信太过,反而流于武断。所以,段书刊行以后,专门著书评订段氏之误的就有好几家。如钮树玉有《段氏说文注订》八卷,王绍兰有《说文段注订补》十四卷,徐承庆有《说文解字注匡谬》八卷。其他单篇散记驳正段注之误的也还不少。足见段注并非完全正确。要读段注,首先要了解其中得失所在,才不致迷惘而不知所从。

段氏认为"向来治《说文》者多不能通其条贯,考其文理",所以悉心校其讹字,而为之注。(见卷十五下许慎叙注)段书包容甚广,总起来看,段氏的主要工作有下列几方面:

一、校订《说文》传本的讹误。《说文》大徐本和小徐本不同,汲古阁所刻大徐本又与宋刻本不同,因此,段氏在作注之前,不能不先从事校勘。段氏是擅长校书的,他曾用几种宋刻大徐本互校,又用元人

《韵会举要》校订小徐本,然后又以大徐本和小徐本对校。此外并据陆德明《经典释文》、唐人《五经正义》、《史记》、《两汉书》注、李善《文选注》、玄应《一切经音义》、唐宋类书以及《玉篇》、《广韵》、《集韵》等书所引以刊正二徐本之误;同时又斟酌《说文》通例,以本书证本书,决定今本之是非。误者正之,缺者补之,复者、衍者删之,字失其次者改之,并在注中说明。其中固然有得有失,但这种旁搜远绍、力求其是的做法是前所未有的。

二、发明许书通例。 段氏以前解说许书的人一般总是侧重于"六书",而对许书的主旨和全书的大例并不甚理解。徐错作《系传通释》也很少发明。段氏以为"自有《说文》以来,世世不废,而不融会其全书者,仅同耳食,强为注解者,往往睐目而道白黑"(见许慎说文叙注),所以,他特别注重《说文》体例的阐发。有注于一字一句之下的,有注于一部之末的。例如:

(1)《尔雅》、《文言》所以发明转注、假借,《仓颉》、《训纂》、《滂熹》及《凡将》、《急就》、《元尚》、《飞龙》、《圣皇》诸篇仅以四言七言成文,皆不言字形原委,以字形为书,俾学者因形以考音与义,实始于许,功莫大焉。(见一部一字下)

(2)此书法后王,尊汉制,以小篆为质,而兼录古文、籀文,所谓"今叙篆文,合以古籀也"。小篆之于古籀,或仍之,或省改之,仍者十之八九,省改者十之一二而已。仍则小篆皆古籀也,故不更出古籀;省改则古籀非小篆也,故更出之。(见一部弌字下)

(3)凡篆一字,先训其义,若"始也""颠也"是(见元字和天字下);次释其形,若从某某声是;次释其音,若某声及读若某是;合三者以完一篆,故曰形书也。(见一部元字下)

(4)凡部之先后,以形之相近者为次,凡每部中字之先后,以义之相引为次。(见一部部末。关于部中字次,段氏在玉部末又有具体说明。)

(5)凡许全书之例皆以难晓之篆先于易知之篆。如辇下云:车舆也,而后出舆篆,辄下云:车两輢也,而后出輢篆是也。(见车部辄字下)

(6) 凡言亦声者,会意兼形声也。(见一部吏字下)

(7) 凡言读若者,皆拟其音也。凡传注言读为者,皆易其字也。注经必兼兹二者,故有读为,有读若。读为亦言读曰,读若亦言读如。字书但言其本字本音,故有读若,无读为也。(见示部祡字下)

(8) 凡字从某为某之属,许君必言其故。(见玉部瑱字下。此谓许慎必就字的形旁为训。)

(9) 凡合二字为文,如瑾瑜、玫瑰之类,其义即举于上字,则下字例不复举,俗本多乱之。(见玉部瑜字下)

(10) 许君原书篆文之下以隶复写其字,后人删之,时有未尽。(见玉部灵字下)

(11) 《说文》言一曰者有二例:一是兼采别说,一是同物二名。(见艸部蘿字下)

(12) 《说文》凡草名篆文之下皆复举篆文某字,曰某草也。如葵篆下必云:葵菜也,荌篆下必云荌草也。篆文者其形,说解者其义,以义释形,故《说文》为小学家言形之书也。浅人不知,则尽以为赘而删之,不知葵菜也、荌草也、河水也、江水也皆三字句,首字不逗。今虽未复其旧,为举其例如此。(见艸部荕字下)

(13) 凡言某与某同意者,皆谓其制字之意同也。(见羊部芈下)

(14) 按许引左氏,则言《春秋传》曰,引公羊则言《春秋公羊传》曰,以别于左氏。(见邑部鄰字下)

(15) 凡许云礼者,谓礼经也。今之所谓《仪礼》也。(见糸部缥字下)

(16) 许重复古,而其体例不先古文、籀文者,欲人由近古以考古也。小篆因古籀而不变者多,故先篆文,正所以说古籀也。隶书则去古籀远,难以推寻,故必先小篆也。其有小篆已改古籀,古籀异于小篆者,则以古籀附小篆之后曰古文作某、籀文作某。此全书之通例也。其变例,则先古籀,后小篆。如一篇二下云古文上,丅下云篆文二。先古文而后篆文者,以旁帝字从二,必立二部,使其属有所从。凡全书有先古籀、后小篆者,皆由部首之故也。(见许慎叙"今叙篆文,合以古籀"下。)

诸如此类有关许书体例的说明在段注中总有五六十处之多。王筠《说文释例》序说:"段氏书体大思精,所谓通例,又前人所未知",对段书释例的一部分极为推重。读者可以由此入手理解许书。

三、根据古代群书训诂解释许说。段氏《说文注》是段氏在经学、小学两方面成就的集中表现。许书训释大都根据经籍训诂而来,要疏证许说,必须对古书有根柢。段氏注《说文》所采用的方法是首先融会全书,以许解许。许书中同义词往往互训,段氏必随文举证,申明其义。其次则援引经传子史,推求许说所本。间或引用今方言与许说相证。许书训释简单,凡属于草本、鸟兽、山川、地理、名物、制度一类的词,段氏必博考群书,摘要说明。许说有可疑或传写有问题的,段氏也随例诠发。如许云:哭从狱省声,家从豭省声,段以为皆不可信。二下告部告下云:"牛触人,角著横木所以告人也",段氏谓许因"童牛之告"而曲为之说,非字意。八上人部仞下云:"伸臂一寻八尺。"段氏据"尺"字下解说,并详考古代群书注释定仞下当云七尺。这都是很对的。许慎训解也有不可知的,则阙而不释。如一上玉部"琥",许云:"发兵瑞玉"。段云:"许所云未闻。"三下殳部"殿",许云:"击声也"。段云:"此字本义未见。"七下宀部"宋",许云:"居也"。段云:"此义未见。"八上衣部"袲",许云:"衣带以上。"段云:"此古义也,少得其证。"足见段氏在各方面都交代得很清楚。

段氏引用的材料极广,自先秦下至唐宋,很多重要的古书都涉猎到了。有时为了解释一个词的用法往往翻遍好几种书,反过来也运用《说文》训释解释了不少古书的文句。例如:

(1) 若,许云:择菜也。(一下艸部) 段云:《晋语》:"秦穆公曰:'夫晋国之乱,吾谁使先若夫二公子而立之,以为朝夕之急?'"此谓使谁先择二公子而立之,若正训择。择菜,引申之义也。

(2) 选,许云:遣也。(二下辵部) 段云:选遣叠韵。《左传》"秦后子有宠于桓,如二君于景。其母曰:弗去惧选。针适晋,其车千乘。"按此选字正训遣。后子惧遣,故适晋,实非出奔也。

(3) 窕,许云:深肆极也。(七下穴部) 段云:窕与窱为反对之辞。《尔雅·释言》曰:"窕,肆也。"《大戴礼·王言》"七者布诸天下而不窕,内诸寻常之室而不塞",《淮南·俶真训》"处小隘而不塞,横局天地之间而不窕",……《齐俗训》"大则塞而不入,小则窕而不周,"《兵略训》"入小而不偪,处大而不窕",《墨子·尚贤中》"此道也,大用之天下,则不窕,小用之,则不困",……《荀卿子》曰:"充盈大宇而不窕,入卻穴而不偪",《管子·宙合》曰:"失成轴之多也,其处大也,不窕,其入小也,不塞",《司马法》曰:"凡战之道,位欲严,政欲栗,力欲窕,气欲闲",又曰:"击其劳倦,避其闲窕。"凡此皆可训窕为宽肆。凡言在小不塞,在大不窕者,谓置之小处,而小处不见充塞无余地;置之大处,而大处不见空旷多余地。高诱曰:"不窕,在大能大也。"今本《管子》、《墨子》窕误作究,非是。……郭注《尔雅》云:"轻窕者,多放肆。"真愦愦之说也。《左传》曰:"楚师轻窕。"此窕义之引申,宽然无患谓之轻窕。

(4) 骄,许云:马高六尺为骄。《诗》曰:我马维骄。(十上马部) 段云:《汉广》:"言秣其马","言秣其驹",传曰:"六尺以上为马,五尺以上为驹。"此驹字《释文》不为音。《陈风》:"乘我乘驹",传曰:"大夫乘驹",笺云:"马六尺以下曰驹。"此驹字《释文》作骄,引沈重云:或作驹,后人改之。《皇皇者华》篇内同。《小雅》,"我马维驹",《释文》云:"本亦作骄。"据《陈风》、《小雅》,则知《周南》本亦作骄也。盖六尺以下五尺以上谓之骄,与驹义迥别。三诗义皆当作骄,而俗人多改作驹者,以驹与蒌、株、濡、诹为韵,骄则非韵,抑知骄其本字音在二部(即宵部),于四部(即侯部)合韵,不必易字就韵而乖义乎?陆氏于三诗无定说,彼此互异,由不知古义也。

这些都是以许书与古书文句互相证发的例子。书中连带校释古书的地方很多,似乎支离,实际也是在证明许义。

许慎《五经异义》与《说文》有同有异,段氏以为《异义》先成,《说文》晚定,当以《说文》为主(见一上示部社下)。汉人《诗》《礼》传注也有和许慎训解不同的,大都属于名物制度一类的词,段氏也一并采录,加以比较,考其源流,辨其得失(见玉部璹下)。

四、阐发音与义之间的关系。《说文》是很古的一部字书,其中保留了很多古字、古音、古义。段氏为许书作注,在字的形音义三方面都用了很大的功力。他认为文字的形音义三方面是互相关联的,要研究《说文》,必三者互求。而三者之中,最重要的关键在于了解声音,他在王念孙《广雅疏证》序里曾说:

> 小学有形、有音、有义,三者互相求,取其一可得其二。有古形,有今形;有古音,有今音;有古义,有今义,六者互相求,举其一可得其五。古今者,不定之名也。三代为古,则汉为今;汉魏晋为古,则唐宋以下为今。圣人之制字,有义而后有音,有音而后有形。学者之考字,因形以得其音,因音以得其义。治经莫重于得义,得义莫切于得音。

他有这种卓见,所以在《说文》注里特别注意音与形义的关系。每字之下,除举出徐铉本《说文》反切以外,并标出他所考定的古韵十七部的部类,使学者不仅可以由此略知古今音的异同,还可以借此理解音与形义之间的种种关系。以音为纲,就音以说明文字的孳乳通假和词义的相近相通,这是段注的特点之一。钮树玉在《段氏说文注订叙》中反以"创十七部以绳九千余文"为病,那完全是不理解段注的话。

《说文》九千多字,形声字最多。形声字的声旁,有的只是表音,有的可以由声中见义。而声旁相同的字,意义也有时相通。段氏在一上示部禛字下说:"声与义同原,故谐声之偏旁多与字义相近,此会意形声两兼之字致多也。说文或称其会意,略其形声,或称其形声,略其会意,虽则省文,实欲互见。不知此,则声与义隔。又或如宋人《字说》,只有会意,别无形声,其失均诬矣。"在十四上金部鏓字下说:"悤者多孔,葱者空中,聪者耳顺,义皆相类。凡字之义必得诸字之声者如此。"书中类似这种阐发声义关系的例子很多。例如:

(1) 芋,许云:"大叶,实根骇人,故谓之芋也"(一下艸部)。段云:"口部曰:吁,惊也。《毛传》曰:讦大也。凡于声字多训大。"

(2) 苶,许云:"华盛"。(一下艸部)段云:"此于形声见会意。

苶为华盛,沵为水盛貌。"

（3）㹊,许云:"白牛也"。（二上牛部）段云:"白部曰:雗,鸟之白也。此同声同义。"

（4）诐,许云:"辩论也。"（三上言部）段云:"皮,剥取兽革也。披,析也。凡从皮之字皆有分析之义,故诐为辩论也。"

（5）誓,许云:"悲声也。"（三上言部）段云:"斯,析也。澌,水索也,凡同声多同义。"

（6）鼛,许云:"大鼓谓之鼛。"（五上鼓部）段云:"凡贲声字多训大。"如《毛传》云:"坟,大防也;颁,大首貌;汾,大也;皆是。"

（7）袗,许云:"禅衣也。一曰盛服。"（八上衣部）段云:"㐱本训稠发。凡㐱声字多训为浓重。"

（8）襛,许云:"衣厚貌。"（八上衣部）段云:"凡农声之字皆训厚。醲,酒厚也;浓,露多也;襛,衣厚貌也。"

（9）锽,许云:"钟声也。"（十四上金部）段云:"按皇,大也,故声之大字多从皇。"

（10）陉,许云:"山绝坎也。"（十四下阜部）段云:"陉者,领也。《孟子》作径,云:山径之蹊。赵注:山径,山领也。《杨子法言》作山岯之蹊,皆即陉字。凡巠声之字皆训直而长者。"

这些就是"因形以得其音,因音以得其义"的例子。但是,并非所有的形声字都如此。有的声旁只是表音,有的字声旁虽然相同而意义相去很远,不能执一以概全（后来刘师培在《正名隅论》里说凡从某一声的字都有某义,丝毫不加分辨,那是错误的）。不过,段氏就其中可考的加以阐发,使学者知道怎样从散漫中去寻求条理,认识语音语义与文字之间的关系,仍然很重要。

在解释联绵词的时候,段氏也同样用声音来贯串。例如:

（1）齼,许云:"齼齬齿也。"（注连篆文为句,二下齿部）段云:"《广韵》曰:龃龉,不相当也。或作鉏铻。上床吕切,下鱼巨切。按金部铻下云:"鉏铻也。铻或作锘。《周礼注》作鉏牙。《左传》西鉏吾,以鉏吾为名,牙鱼古音皆在九鱼。……"

（2）𣊬，许云："埃𣊬日无光也。"（七上日部，𣊬，奴代切）段云："埃𣊬犹瞹䁈也。《通俗文》：云覆日谓之瞹䁈。"

（3）旖，许云："旖施旗貌。"（七上㫃部）段云："旖施叠韵字，在十七部（案即古韵歌部）。许于旗曰旖施，于木曰橢㮼，于禾曰倚移，皆读如阿那。《桧风》'猗傩其枝'，传云：倚傩，柔顺也。《楚辞》《九辩》《九叹》则皆作旖旎，《上林赋》'旖旎从风'，张揖曰：旖旎犹阿那也。《文选》作猗狔，《汉书》作椅柅。《考工记注》则作倚移，与许书禾部合。知以音为用，制字日多。《广韵》《集韵》曰婀娜，曰旖旎……皆其俗体耳。"

（4）佝，许云："佝瞀也。"（八上人部）段云："佝音寇，瞀音茂，叠韵字。二字多有或体。子部瞉下作瞉瞀，《荀卿·儒效》作沟瞀，《汉书·五行志》作区霿，《楚辞·九辩》作怐愁，《玉篇》引作怐愗，应劭注《汉书》作䚏霿，郭景纯注《山海经》作穀霿，其音同，其义皆谓愚蒙也。"

以上所举都是一些联绵词。联绵词的写法有时虽然不相同，但是从声音和意义两方面来看，往往可以确定就是一个词。段氏能用古韵部类来判断（如钽牙为鱼部字，旖施为歌部字，佝瞀为侯部字），更有很多是前人所没有说明过的。段氏也有时注意到联绵词中声母的关系（如言部"谆"，下说"谆谆，盖犹钝迟"，水部"泷"下说"泷涷即泷涿"），可是还没有能充分去推寻。如上所举旖施与倚移是一类，倚傩与旖旎又是一类，段氏混而为一，还不够恰当。

五、说明古今字和假借字和字义的引申与变迁。　古书所用的字互有不同，或字同而义异，或字异而义同，与《说文》比较，又有同有异。段氏认为《说文》所出大都为本字本义，而古书则字有假借，义有引申，所以与《说文》不同。要了解古书的文字训诂，必须先了解《说文》。他说：

许以形为主，因形以说音与义。其所说义与他书绝不同者，他书多假借，则字多非本义，许惟就字说其本义。知何者为本义，乃知何者为假借，则本义乃假借之权衡也。故《说文》《尔雅》相为表里。治《说文》,而后《尔雅》及传注明,《说文》《尔雅》及传注明,而后谓之通小学,而后可通经之大义。(见许慎叙"庶有达者,理而董之"下)

这表明段氏治《说文》,正是要从《说文》入手以通经传的文字训诂。这是段氏注《说文》的积极目的。陈焕在段注跋语中说:

> 焕闻诸先生曰:"昔东原师之言:仆之学不外以字考经,以经考字。余之注《说文解字》也,盖窃取此二语而已。经与字未有不相合者,经与字有不相谋者,则转注假借为之枢也。"(按段氏言:"异字同义为转注,异义同字则为假借"。见许慎叙"厥谊不昭,爰明以谕"下)

根据这些话来看段氏注,也确是如此。段氏书能不以解释许氏原文为限,进一步说明经传中文字的假借,意义的引申,把研究《说文》和理解古书的词义结合起来,这是段注的另一个特点。段氏在严元照《尔雅匡名》序中说:"吾见读《说文解字》而于经传《尔雅》愈不能通,鉏铻不合,触处皆是,浅人遂谓小学与治经为二事。然则从事小学,将以何为也?"正是说明要"以字考经,以经考字"的道理。段注给人的表面印象似乎是在解经,不易捉摸,但是如果了解其主旨所在,也就容易知所取裁了。

段氏书中详考经传用字之例,说明古今字和假借字的例子很多。例如:

> (1)余,许云:"语之舒也"(二上八部)段云:"《释诂》云:余,我也;余,身也……《诗》《书》用予,不用余;《左传》用余,不用予。《曲礼》下篇'朝诸侯分职授政任功,曰予一人'。注云:《觐礼》曰伯父实来,余一人嘉之。余予古今字。凡言古今字者,主谓同音,古用彼,今用此异字。"(段氏《经韵楼集》卷四解释《曲礼》郑注云:"凡郑言古今字者,非如《说文解字》谓古文籀篆之别,谓古今所用字不同。如古人作衡,后代作横;古人作乡,后代作向是也。周初盖用余,故礼经古文用余,左丘明述《春秋》亦用余。《诗》《书》则荟萃众篇而成,多用予,《论语》《孟子》用予。《春秋》时名予字子我,知《春秋》时用予,而左氏特为好古。郑意余为古字,予为今字,非可以互

易之也。"这段话对古今字说得很清楚,足与此相发。考甲骨文金文中有余无予,亦可证余为古字,予为后起字。)

（2）于,许云:"於也。"（五上于部）段云:"《释诂》、《毛传》皆曰于於也。凡《诗》《书》用于字,凡《论语》用於字。盖于於二字在周时为古今字,故《释诂》《毛传》以今字释古字也。"（考甲骨文金文亦有于无於）

（3）亯,许云:"献也。"（五下亯部）段云:"下进上之词也。按《周礼》用字之例,凡祭亯用亯字,凡飨燕用飨字。如《大宗伯·吉礼》下六言亯先生,《嘉礼》下言以飨燕之礼亲四方宾客。尤其明证也。《礼经》十七篇用字之例,《聘礼》内臣亯君字作亯,《士虞礼》、《少牢馈食礼》尚飨字作飨。《小戴记》用字之例,凡祭亯、飨燕字皆作飨,无作亯者。《左传》则皆作亯,无作飨者。《毛诗》之例,则献于神作亯,神食其所亯曰飨。如《楚茨》以亯以祀,下云神保是飨,《周颂》我将我亯,下云既右飨之;《鲁颂》亯之不忒,亯以骍牺,下云是飨是宜;《商颂》以假以亯,下云来假来飨;皆其明证也。鬼神来食曰飨,即礼经尚飨之例也;献于神曰亯,即《周礼》祭亯作亯之例也。各经用字自各有例,《周礼》之飨燕,《左传》皆作亯宴,此等盖本书固尔,非由后人改窜。"

（4）唫,许云:"咽也。"（二上口部）段云:"《小雅》唫唫其正,笺云:唫唫犹快快也。谓同音假借。卢氏文弨云:《淮南·精神训》唫然得卧,《宋书·乐志》吴鼓吹曲我皇多唫事,皆与快同。"

（5）齗,许云:"齿本也"（段于本上增肉字,二下齿部）段云:"《曲礼》笑不至矧,郑云:齿本曰矧,大笑则见矧。正齗之近部假借字也。"

（6）龈,许云:"齧也。"（二下齿部）段云:"此与豕部豤音义同,疑古只作豤,龈者后出分别之字也。今人又用为齗字矣。"

（7）讼,许云:"争也,一曰歌讼。"（三上言部）段云:"讼颂古今字。古作讼,后人假颂貌字为之。"

（8）离,许云:"离黄,仓庚也。"（四上隹部）段云:"今用鹂为鹂黄,借离为离别也。"

（9）宵，许云："夜也。"（七下宀部）段云："《释言》、《毛传》皆曰宵夜也。……有假宵为小者，《学记》之宵雅是也。有假宵为肖者，《汉志》人宵天地之貌是也。"

（10）抵，许云："侧击也。"（十二上手部）段云："《战国策》抵掌而谈，《东京赋》抵璧于谷，《解嘲》介泾阳抵穰侯。按抵字今多讹为抵，其音义皆殊。《国策》夏无且以药囊提荆轲，《史记》薄太后以冒絮提文帝，提皆抵之假借字也。"

（11）畜，许云："田畜也。"（十三下田部）段云："田畜谓力田之蓄积也。……俗用畜为六畜字。古假为好字。如《说苑》尹逸对成王曰：民善之，则畜也；不善，则雠也。晏子对景公曰：畜君何尤，畜君者，好君也。谓畜即好之同音假借也。"

另外，经传中一个字可能有几种用法，而在《说文》中往往可以找到几个相应的不同的字。段氏对这一类也特别留意。例如：

（1）厉，许云："旱石也。"（九下厂部）段云："旱石者，刚于柔石者也。《禹贡》厉砥砮丹，《大雅》取厉取锻。引申之义为作也。见《释诂》；又危也，见《大雅·民劳》传，虞注《周易》；又烈也，见《招魂》王注。俗以义异异其形。凡砥厉字作砺，凡劝勉字作励，惟严厉字作厉，而古引申假借之法隐矣。凡经传中有训为恶、训为病，训为鬼者，谓厉即疠之假借也。训为遮列者，谓厉即迾之假借也。《周礼》之厉禁是也。有训为涉水者，谓厉即砅之假借。如《诗》深则厉是也。有训为带之垂者，如《都人士》垂带而厉，《传》谓厉即烈之假借也。烈，余也。"

（2）夷，许云："平也，从大从弓，东方之人也。"（段据《韵会》改为东方之人也，从大从弓。十下大部）段云："《出车》、《节南山》、《桑柔》、《召旻》传皆曰：夷平也，此与"君子如夷"、"有夷之行"、"降福孔夷"传夷易也同意。夷即易之假借也。易亦训平，故假夷为易也。《节南山》一诗中平、易分释者，各依其义所近也。《风雨》传曰夷悦也者，平之意也。《皇矣》传曰夷常也者，谓夷即彝之假借也。凡注家云夷伤也者，谓夷即痍之假借也。《周礼》注夷之言尸也者，谓夷即尸之假借也。尸陈也。其他训释，皆可以类求之。"

这些就是段氏在《尔雅匡名序》中所说"经传《尔雅》所假借有不知本字为何字者，求之许书而往往在焉"的例证。

明白古书中文字有假借和了解古代声韵的部类，这是清人所以能读通古书、超轶前代的主要凭藉。假借就是音同或音近的字互相替代，所以言假借，亦必以音为纲领。（段氏曾指出"假借取诸同部者多，取诸异部者少"，见《六书音均表》卷三"古异部假借转注说"。）上面所举正是就音来加以推寻的。厉烈古韵同部，夷彝尸古韵同部（尸夷本为古今字）。经传用字之所以假借，与古人字少和书写时仓卒不得其字有关系。古人字少，一字可以兼数用，所代表的不一定就是一个语词。后来文字日繁，就有不少后起的本字。这种后起的字是为更好地适应需要而产生的。段氏把经传的字和《说文》所收的字从音义上加以比较，说明其间的关系，不仅使人能够对《说文》有更多的理解，而且解释了不少经传中文字训诂的问题。不过，《说文》所载不完全是本字本义，《说文》所收也有不少是后起的本字，段氏不察，完全相信《说文》，也往往陷于错误。

段氏虽然注重《说文》的训释，但对于字的其他经常见到的训解仍然不放过。《经韵楼集》卷一"济盈不濡轨，传曰由辀以下曰轨"一条曾指出："凡字有本义，有引申假借之余义焉。守其本义，而弃其余义者，其失也固；习其余义，而忘其本义者，其失也蔽。蔽与固皆不可以治经。"这是很重要的见解。关于引申义和假借义，他在《经韵楼集》卷五"亯飨二字释例"一条又具体举例说：

> 凡字有本义，有引申之义，有假借之义。《说文解字》曰亯者献也，从高省，曰象进熟物之形。引《孝经》祭则鬼亯之。是则祭祀曰亯，其本义也。故经典祭亯用此字。引申之，凡下献其上亦用此字；而燕飨用此字者，则同音假借也。《说文解字》又曰飨者乡人饮酒也。从食，从乡，乡亦声。是则乡饮酒之礼曰飨。引申之，凡饮宾客亦曰飨，凡鬼神来食亦曰飨；而祭亯用此字者，则同音假借也。

此下又详举《易》、《周礼》、《仪礼》等书为证，足与《说文》亯飨二字注互相发明。《说文》所说"亯,献也",从古文字来看并不是字的本义。飨,古文字作乡,像二人相向共进饮食,飨为后起字。《说文》训飨为"乡人饮酒",也是后起的意义。但是在经传中亯飨二字各有引申义和假借义是很清楚的。段氏能从字义的发展上看问题,说明字有本义,又有引申假借之余义,这在传统的训诂学上无疑是一大发展。

段氏对于字义既然有这样的认识,他在《说文》注中说明字义引申的就有七百八十余条。例如:

(1) 荟,许云:"草多貌"(一下艸部)段云:"引申为凡物会萃之义。"

(2) 牢,许云:"闲也,(段补也字)养牛圈也。"(二上牛部)段云:"引申为牢不可破。"

(3) 过,许云:"度也。"(二下辵部)段云:"引申为有过之过。"

(4) 循,许云:"行顺也。"(段改为行也。二下彳部)段云:"引申为抚循,为循循有序。"

(5) 世,许云:"三十年为一世。"(三上卅部)段云:"按父子相继曰世,其引申之义也。"

(6) 目,许云:"人眼也。"(四上目部)段云:"目之引申为指目、条目之目。"

(7) 倍,许云:"反也。"(八上人部)段云:"此倍之本义。《中庸》为下不倍,《缁衣》信以结之,则民不倍,《论语》斯远鄙倍皆是也。引申之为倍文之倍。《大司乐》注曰:倍文曰讽。不面其文而读之也。又引申之为加倍之倍,以反者覆也,覆之则有二面,故二之曰倍。俗人锓析,乃谓此专为加倍字,而倍上、倍文则皆用背,余义行,而本义废矣。"

段氏关于引申义是什么,还缺乏明确的解释。书中所举字义的引申,性质也很复杂,甚至于有很多不属于意义引申的一类也称之为引申,未免失之笼统。例如托意于此而寄形于彼的,不能算作引申;无字可写,只是借音的,也不能算作引申。可惜段氏没有能够细加区别。这需要另加评述。

段氏言字有古今,同时也注意到义有古今。例如:

(1) 曾,许云:"词之舒也。"(二上八部)段云:"日部曰曾曾也,《诗》'曾不畏明'、'胡曾莫惩',毛郑皆曰:'曾,乃也'。按曾之言乃也。《诗》'曾是不意'、'曾是在位'、'曾是在服'、'曾是莫听',《论语》'曾是以为孝乎'、'曾谓泰山不如林放乎',《孟子》'尔何曾比予于管仲',皆训为乃,则合语气。赵注《孟子》曰:'何曾犹何乃也',是也。是以曾训为曾。'曾不畏明'者,乃不畏明也。皇侃《论语疏》曰:'曾犹尝也'。尝是以为孝乎,绝非语气。盖曾字古训乃,子登切,后世用为曾经之义,读才登切,此今义今音,非古义古音也。"

(2) 瞻,许云:"临视也。"(四上目部)段云:"《释诂》、《毛传》皆曰:瞻视也,许别之云临视。今人谓仰视曰瞻,此古今义不同也。"

(3) 伴,许云:"大也。"(八上人部)段云:"《大学》注胖犹大也,胖不训大,谓胖即伴之假借也。《方言》、《广雅》、《孟子》注皆曰般大也,亦谓般即伴。《广韵》云:侣也、依也,今义也。"

(4) 仅,许云:"材能也。"(八上人部)段云:"材,今俗用之才字也。……材能言仅能也。……唐人文字仅多训庶几之几。如杜诗'山城仅百层',韩文'初守睢阳时,士卒仅万人',又'家累仅三十口',柳文'自古贤人才士被谤不能自明者仅以百数',元微之文'封章谏草繁委箱笥,仅逾百轴'。此等皆李涪所谓以仅为近远者。于多见少,于仅之本义未隔也。今人文字皆训仅为但。"

(5) 骤,许云:"马疾步也。"(十上马部)段云:《小雅》曰载骤骎骎。按今字骤为暴疾之词,古则为屡然之词。凡《左传》、《国语》言骤者皆与屡同义。如'宣子骤谏公子'、'商人骤施国',是也。《左传》言骤,《诗》《书》言屡,《论语》言亟亦言屡,其意一也。亟之本义敏疾也,读去吏切,为数数然,数数然即是敏疾,骤之用同此矣。"

据此可知段氏不仅善于发明古训,而又能区别古义与今义,这是合乎历史发展观点的。

除此之外,段注中有关古今语音、文字、词义变移的说明极多。如四上鸟部"鹖"字下论鹦鹉之鹉本作䳇,音茂后反,鹉字为后起。六上木部"枼"字下说明古音缉盍两部字与脂祭两部字谐声相通。八上人部"俦"下辨俦字有徒到、直由二切,意义不同,俦侣字唐宋前皆作畴,不作俦。又"佻"字下论愉字本音他侯切,训薄,后世音羊朱切,训为愉悦,非古音、古义。这种博举而详说的例子,对学者的启发很大。

段氏研究词义是从多方面来入手的,比较前代书传训诂的异同,形与音与义三者互求,这都是最主要的方法。特别需要提出的是段氏取材很广,而推考词义,是从古书原文文句出发,而不是单纯依靠前人的注解。他把字书和训诂书的训解和书传文句中实际表现的词义联系起来考察,所以往往有独到的见解。一字多义的,段注在许训之外,兼举别义;数字义近义通的,则比类加以说明。义有歧异的,又详加辨析。(如二上八部"尔"字下和十二上"耳"下说明尔耳两字不能相混,八下欠部"欸"下指出欸嘆(叹)二字今人通用,而《说文》义训不同。)使学者可以闻一知二,繁复之中,自有条理。当时阮元等人编纂《经籍籑诂》,搜罗古书的训解极为详备,但是缺乏条贯。段氏与刘台拱书曾说:"《经籍籑诂》一书甚善,乃学者之邓林也。但如一屋散钱,未上串。拙著《说文注》成,正此书之钱串也。"(见刘盼遂《段王学五种》经韵楼文集补编下与刘端临第二十四书)由此可见段氏抱负之大。

以上所论都是段氏所作的几方面重要的工作。总起来说,段氏《说文解字注》的成就是很多的。一方面,把许慎作《说文》的意旨和《说文》这部书在考订文字声音训诂方面的真实价值阐发无遗,而且贯串全书,详加注释,使《说文》成为可读之书;另一方面,段氏参考群书字训,就形音义三方面互相考校,探讨三者之间的关系,并说明古书中文字的假借、意义的引申、古今语的异同,创通许多探讨词义的方法,继承了前代训诂学的优点,而又加以发扬,这样就使训诂的理论和方法都有了新的内容和新的发展。段氏对文字形音义的探讨已经带有历史研究的性质,而且能从以往训诂学只作一字一义的孤立的说明转向注意全面系统知识的探索,这尤其值得重视。文字、音韵、训诂之学以前只是经学的附庸,从清代乾嘉以来,才逐渐发展为专门独立的语言文字之学。段氏在这方面的贡献是绝对不能忽略的。

段氏在注文中连带解决和说明的问题还很多。例如有关汉人训诂词例的解释（一上示部"祇"下释"当为"、"读为"、"读如"，"祼"下释"之言"，三上言部"䜴"下释"犹"），有关一些古书体例的说明（如六下邑部"郞"下指出《汉书·地理志》的地名"皆随其地语言为音"，十下心部"愿"下指出凡《释文》云"本又作"之下往往出古字），对学者都有极大的帮助。段氏书中除了写出自己的见解以外，别家有说可采的也一并录出。如惠栋、戴震、钱大昕、程瑶田、卢文弨、焦循、刘台拱、江声、姚鼐、王念孙、汪龙、陈鳣、江沅、陈奂等人有关名物训诂的解释都有择录，这更使读者能够开拓眼界，获得更多的知识。

段氏对自己的书也是颇为自负的。一则说浼长或许为知己（见《说文叙》注），一则说孰谓今人不可以胜古人（见十四上车部"轵"下评程瑶田说），足见胸中自有高低。但是，一个人的才力究竟是有限度的，这样一部大书，不能没有罅漏和缺点。何况成书的时候，已年近七十，精力就衰，校订自不能周密。书中主要的缺点有以下几方面：

一、校订许书，有时自信太过，流于武断。段氏《说文注》的长处在于征引广，有发明，有独到的见解。但有时过于自信，失之于武断。以校订许书而论，许书久经传写，讹误自多，段氏校改篆文九十二，删篆文十九，增篆文二十二。原来的训释和字次也颇有改订。其中有些是比较可靠的，或者是符合许书体制的，但有些就缺乏足够的证据，那就应当以不改为是。

段氏对周代铜器文字既很少研究，（仅注意到薛尚功《钟鼎彝器款识法帖》，一下"蕲"字下曾提到钟鼎文。）对秦汉篆书石刻和汉人隶书也不重视，因此，在刊正篆文上就有时失之卤莽。例如齿部"齔"字，各本皆从齿从七，许云："毁齿也。"段云："今按其字从齿匕，匕，变也。毁与化义同。玄应书卷五齔旧音差贵切，卷十一旧音羌贵切，然则古读如未韵之毇，盖本从匕，匕亦声，转入寘至韵也。古音盖在十七部。"案段据玄应所称旧音改齔字从匕，不可从，汉人隶书字皆从七，不从匕，许慎所录篆文一定也是从七。又如木部"本"字，许云："木下曰本。从木，一在其下。"段氏依《六书故》所引唐本改作"木下曰本。从木，从丅。"篆文也改作从木丅。"末"字，许云："木上曰末。从木，一在其上。"段氏改篆文作从木从上。案《六书故》所引唐本不可信。本末都是属于指事字一类,不是会意字。秦泰山刻石,"本"字与《说文》相同。段氏不察,误据戴侗书改变相传的写法,未免武断。又如《说文》有"镏"无"刘",段氏改"镏"作"鍚",《说文》"瘸"字篆文"疒"下从萬,许云:"从疒蠆省声",段氏则改篆文作瘬,这些都是师心自用,一无是处。至于删增篆文,增改注文,问题更多。例如齿部删去"齹"字,足部删去"踞"字、"跛"字,木部删去"樛"字,水部删去"洓"字,日部"昧"字、"睹"字、"昕"字下注文"旦明也"都改作"且明也",这些都极不妥当。不如只在注中说明,留待读者思考。

二、解释转注假借与许慎原意不合。 《说文叙》所说六书转注一类,历来解说纷纭。许慎说:"转注者,建类一首,同意相受,考老是也。"戴震根据《说文》考老互训以解释转注,而段氏又用戴震说把"建类一首"的"类"解为义类,"首"解为五百四十部部首(见《说文叙》注),认为数字展转互相为训的都是转注,因而转注又有"类见于同部"和"分见于异部"之分。他又说:"转注者,所以用指事、象形、形声、会意四种文字者也。数字同义,则用此字可,用彼字亦可。"这不仅与许慎原来举"考""老"二字为例的情况不合,而且也自相矛盾。许慎既然说"建类一首",依理只能限于同部之内,异部的互训字就不能算为转注。段氏所说合于"同意相受",而不合于"建类一首",无怪钮树玉《段氏说文注订》批评段说与许书不合。但是最根本的问题还在于转注一类是否不属于文字孳生繁衍的一类。依照戴段两家所说就只是同义字的互相替代了。这与许说也不相符。刘台拱《转注假借说》曾经指出:"以一义生数字,谓之转注;以一字摄数义,谓之假借。随音立字,谓之转注;依音托字,谓之假借。"(见《刘端临遗书》卷八)这种解释就比段氏所说要恰当得多了。不过,对于许慎所说"建类一首"的意思不谈,仍然与许说不完全相合。另外,许说假借为"本无其字,依声托事,令长是也。"这显然是专就最初本无其字而说的,而段氏偏偏又把古书中本有其字的同音假借与许说纠缠在一起,使汉人所指在文字发展过程中有借用已有文字不造新字的一种方式的含义变得模糊不清了。这都与许氏原意不符。

三、解释许书训释颇有错误，有时甚至穿凿附会，强为曲解。许慎《说文》解说中的错误是很多的，但是在段注中也有原书不错而把它解错的。例如：

（1）嚏，许云："悟解气也。"（二上口部）段云："悟解气者，欠字下云张口气悟是也。悟，觉也；解，散也……许意嚏与欠异音同义。玉裁按：许说嚏意非是，不必曲徇。嚏之见于《月令》、《内则》者各一。……《月令》民多鼽嚏之谓鼻塞而妨嚏。《说文》嚏一下曰鼓鼻，而释嚏为欠，直以其字从口不从鼻故耳。殊不思《内则》既云不敢嚏，又云不敢欠，其为二事憭然。……故嚏解当改云歕鼻也为安。口与鼻同时气出，此字之所以从口也。"今案嚏与欠虽为二事，但同是自内出气，许训嚏为悟解气，只能说不够明晰，而不能认为是错。任何人都能分辨嚏、欠，许慎不会如此无知。

（2）臑，许云："臂羊矢也。"（四下肉部）段改许注为："臂，羊豕曰臑。"段云："各本皆作臂羊矢也。《乡射礼》《音义》引《字林》：臂羊豕也。《礼记音义》引《说文》：臂羊犬也。皆不可通，今正。许书严人物之辨，人曰臂，羊豕曰臑，此其辨也。"案羊矢《礼记·少仪》释文、《史记·龟策列传》注徐广引并同。钱坫《说文斠诠》说："坫考《素问》，羊矢脉穴各，近臂臑，是矢字未尝误也。"然则段氏改羊矢为羊豕，是以不误为误。今考医书，人臂肘上一节外侧曰膊，内侧曰臑。《说文》臑字也正与臂肘二字相厕，则臑并非专指羊豕臂而言。段氏强为之说，徒使人迷惑。王筠《说文句读》不从段说，极是。

（3）即，许云："即食也。"（五下皀部）段云："即当作节，《周易》所谓节饮食也。节食者，检制之，使不过，故凡止于是之词谓之即。凡见于经史言即皆是也。《郑风》毛传曰：即，就也。"案古书中即没有训为节食的，段氏改即食为节食，可以说是向壁虚造。即字古书通训为就，许所说的即食就是就食的意思。至于虚词的即字与节食更没有关系，不能随意牵合。

段注中除了有误解许说的地方以外，还有不少牵强附会的说法。例如：

（1）禧，许云："礼吉也。"（一上示部）案"礼吉也"当依《广韵》作"福也，吉也。""福"误为"礼"，下又脱"也"字，所以错为"礼吉也"禧训福为古书通训，吉与福意义相近。段氏没有注意到今本文字有误，而解释为"行礼获吉也"，完全是望文生义，毫无根据。

（2）牛，许云："大牲也，牛，件也，件，事理也。"（二上牛部）此注件字严可均《说文校议》谓当作俤。段氏删大牲以下七字，改为"事也，理也"，与马下训怒也，武也同例。段云："事也者，谓能事其事也。牛任耕。理也者，谓其文理可分析也。庖丁解牛，依乎大理，批大郤，道大窾。"案牛以事与理为训，已不尽可解，段氏又以《庄子·养生主》语说明牛有文理，尤为荒谬。

（3）用，许云："可施行也。从上中，卫宏说。"（三下用部）案篆文用字不从上中，卫宏说不可从。段氏既不加辩驳，反而说："上中则可施行，故取以会意。"这完全是牵强附会的话。

（4）孚，许云："卵孚也。从爪子。一曰信也。"（三下爪部）段氏改"卵孚也"为"卵即孚也"。段于"一曰信也"下注云："此即卵即孚引申之义也。鸡卵之必为鸡，鹄卵之必为鹄，人言之信如是矣。"案孚信与卵孚并无意义上的联系，段说迂曲不可信。

段氏中误解曲解的例子还很多，不烦多举，读者当善于分辨。与其过而信之，不如多闻厥疑。

四、墨守许书，以为许书说解必用本字。《说文》所收的字有古字、有古今通用的字，又有不少异体字。其中有些字是现存古书中没有的。例如：

（1）《说文》：㒳，再也；两，二十四铢为一两。（七下㒳部）案㒳两本为一字。金文㒳字上或加一作两，小篆则写为两，犹如甲骨文 𠕒 字上或加一作 𠕒，小篆写为雨。许慎则㒳两分为两个字，训解不同。㒳原来的意义不明，或说象物平分。《说文》说二十四铢为两则是假借义。现存古书中只有两字，没有㒳字。

（2）《说文》：悉，惠也（十下心部），夌（爱）行貌也（五下夂部）。

案炁愛實為一字。炁從心從旡,旡作👤加心字則成愛。《說文》把夊字作為一個字,訓為行遲曳夊夊,因愛從夊,所以訓為行貌。古書慈愛字都作愛,不作愛。

(3)《說文》:跀,斷足也(二下足部);刖,絕也(四下刀部)案跀刖二字同從月聲,一從足,一從刀,但意義相同。

(4)《說文》:坿,益也(十三下土部)附,附婁小土山也(十四下阜部)。案坿附二字同從付聲,一從土,一從阜,從土從阜的字意義也有相通的,如《說文》阯或作址。坿附《說文》分收兩部,訓釋不同。現存古書中坿益字多作附。

(5)《說文》:屰,不順也,從干下屮,屰之也。(三上干部);逆,迎也,從辵屰聲(二下辵部)。案屰甲骨文作👤,為👤字倒文,象人從對面來。逆,甲骨文作👤,👤或作👤,表示道路,👤象人的足,此字從👤從👤,表示在路上與人相迎、相逢的意思。辵是後加的意符。《說文》屰字即由👤字變成,許慎說屰從干下屮,與甲骨文原意不合。現存古書中只有逆字,沒有屰字。

(6)《說文》:夅,服也,從夂干相承不敢並也(五下夂部);降,下也,從阜夅聲(十四下阜部)。案甲骨文降作👤,金文同,象兩足自阜上下降。另外沒有看到👤字。《說文》分夅降為二字,而夅字訓服,說從夂干相承不敢並。案降服當為降下的引申義。現存古書中只有降字,沒有夅字。

(7)《說文》:散,妙也(妙段改作眇),從人從步,豈省聲(八上人部)。微,隱行也。從彳散聲(二下彳部)。案金文有散字,從👤從步。《說文》訓妙,不是造字的本義。現存古書中只有微字,沒有散字。

(8)《說文》:叀,小謹也。從幺省,屮財見也,屮亦聲(四下叀部);专,六寸簿也,從寸叀聲,一曰專紡專(三下寸部);妵,壹也,從女專聲,一曰女妵妵(十二下女部)。案甲骨文有👤👤二字。後者从又。象纺锤形,可能就是《说文》专字下所说的一曰纺专的专。不过甲骨文专字读如惠,与惟字通(见唐兰《天壤阁甲骨文存考释》),音与专字不合。现古书中只有专字,没有叀妫二字。

从以上所举的例子来看,《说文》中确实保存了不少古字。这些字虽然不见于古书,但有一部分已在古文字中发现,足见许慎必有所本。不过说文的训释未必都是造字的本义。如网、夅、敳、叀都是。另外,《说文》中也有不少的字是晚周或秦汉时期所产生的,其中有些可能是异体字(如䩄),有些可能是后起本字或有意加以区别的字(如翌、恉、殍、迹之类),情形非常复杂。文字的产生有先后,而古书的时代又有不同,历久传写,也会发生不少的改变。所以《说文》中有些字不见于现存的古书,古书中所写的形体和字的意义也不能都与《说文》相同。

《说文》是一部注重分析文字形体的书,许慎解释字义自然倾向于就形说义。因此,叀训惠,夌训行貌,夅训服,降则训下,敳训妙,微则训隐行。就形以说义固然容易得字义之本,但有时也会失之于牵强,如说"彳",小步也;"攴",去竹之枝也;"叀",小谨也;"受",物落上下相付也;"勿",州里所建旗,象其柄,有三游,等等,都与古文字原来造字的意义不合。《说文》既主就形说义,有些字不止一个意义的,也就只取其与形体相应的写上,其他大都舍弃不录。这样,《说文》本身就有得有失。学者应当善于抉择,取其是而违其非,不能信守不替,认为许慎所说的完全都是对的。其实,许慎著书的目的在于遵修旧文,博采通人,使学者不为误说所蔽而已。

段氏理解到许慎因形说义的精神,但又为许书所囿,认为《说文》所载的形体义训都是本字本义,凡古书中的字与《说文》不相符的统称为假借,这就把文字的形义死守在《说文》上而不能通权达变了。本字本义在研究文字训诂的时候是要讲的,可是必须从具体的例子来确定,不能一切都以《说文》为准。因为《说文》只是代表后汉许慎一家之言,而《说文》中所收的字包括由汉以上多少世纪内所产生的字,不是平面的一个时期内所造的,许慎给每个字所加的训释只是就他当时所能知道的采用,而不能说这些训释都合乎造字的原意。段氏倡本字本义之说,对解释文字形义的发展是有用的,可是完全根据《说文》衡量一切古书,反而局隘,不符合古代使用文字的情况。

创制文字和使用文字都是在矛盾中不断发展的。从创制来说,字少则不敷应用,势必逐渐增多。有的就一个字增加偏旁而分化为两个字,以表示两个不同的意义;有的由于语转或其他原因,由同一个意义而产生两个不同的字。可是形体繁复,则不便于书写;文字数量过多,则又不便于使用。在这种矛盾情况下,字体必然要向简化方向发展,在用字方面,也必然要趋于以简驭繁。因此在形体方面,大篆变为小篆,而又转变为隶书、楷书。在用字方面,凡是不必要的,就废置不用,而取其应用比较广泛、意义相类的字来代表。如用懷、稱、卒、交,而不去用裏、爯、殚、迖。有些已经通行的假借字,即使后来又产生了本字,这种后起的本字也未必为群众所采用。所以在使用文字方面,既要固定,以防止写别字,同时又要在纷繁的文字系统中求其适用,避免繁杂。以简驭繁,就是用字的历史规律。

段氏不了解这种情形,胶执在《说文》的本字本义上,把具有不同文字层的《说文》看成是一个平面的总和,在《说文》注中每言"某当作某",或"某古作某"、"某行而某废",这都是就《说文》的训释来安排的。其实,有不少字是后起的,或是在某个时期所产生的异体字,一般书籍中未必广泛应用,甚至还有人很不熟悉,并非两者都处于同样的地位而抉择取舍、有意要废去哪一个。有些字很可能始终就不曾流行过。字书中虽然兼收并蓄,而用字的人还是要合乎约定俗成,还是要循着以简驭繁的规律,因此段注所说"某行而某废"的话是不正确的,如果说:某字古书罕用,通作某字,那就恰当多了。

段氏最大的误解在于认为《说文》注解必用本字。十四上金部铻字,许云:"温器也。"段氏改"温"为"昷",注云:"昷,各本作温,今正。许书温系水名,昷训仁也,故引申为昷暖字。暖下曰昷也,罷下曰安罷昷也。凡经史可借用温,而许书不宜自相矛盾。凡读许书者知此,则九千三百余文之说解,绝无不可通之处矣。盖非用其字之本义,即用其字之引申之义,断无有风马牛不相及者也。温训水名,此云温器也,是为风马牛不相及矣。昷器者,谓可用暖物之器也。"他在注许慎《说文叙》六书假借下又说:"如许书每字依形说其本义,其说解中必自用其本形本义之字,乃不至矛盾自陷。而今日有绝不可解者,如恩为愁,忧为行和,既画然矣,而愁下不云恩也,云忧也,……但为裼,袒为衣缝解,既画然矣,而裼下不云但也,云袒也,如此之类,在他书可以托言假借,在许书则必为转写讹字。盖许说义出于形,有形以范之,而字义有一定,有本字之说解可以定之,而他字说解中不容与本字相背,故全书讹字必一一谋正,而后许免于诬。许之为是书也,以汉人通借繁多,不可究诘,学者不识何者为本字,何义为本义……故为之因形以说音,而制字之本义昭然可知。本义既明,则用此字之声而不用此字之义者乃可定为假借。本义明,而假借亦无不明矣。"

这些话正如钮树玉所说是自立条例(见《说文段注订叙》),与实际不相符合。一则因为许慎生当后汉,当时通行的是隶书,许慎通习《五经》,《五经》都是习用之字,他绝不会应用经史古籍罕用之字;一则从本书来看,注文中不用本字本义的不可胜数,如"省声"的"省",不作"婿","人用己私"的"私"不作"厶","微"不作"散","专"不作"姑";由此足见段氏所说不足置信。段氏注许书遇两字则改为网,左右则改为ナ又,私改为厶,微则改为散,温则改为昷,居处字则改为凥,徒然自扰。有些字由于《说文》训释与古书通用的字义不同,段氏也就拘泥许说,论定用字的是非。例如:

(1) 迁,许云:"进也。"(二下辵部)段云:"干求字当作迁,干犯字当作奸。"(案《说文》:干,犯也;奸,犯淫也。)

(2) 龠,许云:"乐之竹管。"(二下龠部)段云:"此与竹部籥异义,今经传多用籥字,非也。"(案《说文》:籥,书僮竹笘也。)

(3) 敟,许云:"主也。"(三下支部)段云:"按凡典法、典守字皆当作敟,经传多作典。典行而敟废矣。"(案《说文》:典,五帝之书也。)

(4) 晐,许云:"兼晐也。"(七上日部)段云:"按此晐备正字,今字则作赅,赅行而晐废矣。《庄子》《淮南》作赅,今多作该。"(案《说文》:该,军中约也。无赅字。)

全书类此者极多。影响所及,下笔必从《说文》,反为局隘。如俞樾曾作《考定文字议》(见《宾萌集》),提倡用字要用正体,要用本字本义,一切都以《说文》为准,后来有些人著书也好用《说文》本字,表面上似乎尊崇汉学,则古称先,实际上与许氏精神不合,完全是一种复古思想的表现,缺乏历史发展的观点。

五、段注中所说意义的引申,类例不清,有些不是引申而列为引申义。段氏讲字义有本义,有引申义、有假借义,这对研究字义的发展和一词所以多义很有帮助。可是哪些算是引申义,哪些不是引申义,段氏并不曾划分清楚。例如:

(1) 薄,许云:"林薄也。"(一下艸部)段云:"按林木相迫不可入曰薄,引申凡相迫皆曰薄。如外薄四海、日月薄蚀皆是。"

(2) 盖,许云:"苫也。"(一下艸部)段云:"引申之为发端语词。"

(3) 莫,许云:"日且冥也。"(一下茻部)段云:"且冥者,将冥也。……引申之义为有无之无。"

(4) 羽,许云:"鸟长毛也。"(四上羽部)段云:"长毛别于毛之细缛者。引申为五音之羽。"

(5) 而,许云:"颊毛也。象形。"(九下而部,颊毛也段改为须也)段云:"引申假借之为语词,或在发端,或在句中,或在句末。或可解释为然,或可解释为如,或可解释为汝。……"

(6) 獨,许云:"犬相得而斗也。从犬蜀声。羊为群,犬为獨。"(十上犬部)段云:"犬好斗。好斗则獨而不群,引申假借之为专一之称。《小雅·正月》传曰:獨,单也。"

这里段氏所说的引申义都与字的本义无关,这只能说是假借。"羽"字本为鸟长毛,五音之"羽"更是假音,无所谓引申。"而""獨"二字下又用"引申假借"为说,把两者混在一起,足见他自己也把握不准了。

段氏谈意义的引申,主要是根据《说文》的训释。他认为《说文》的训释都是字的本义,因此把与本义有关的意义都称为引申义。但是《说文》的训释未必与古文字所表现的造字原意相合。例如许慎说:行,人之步趋也;孚,卵孚也,一曰信也;画,界也;既,小食也;有,不宜有也;这些都不是造字的原意。从篆文和古文字的写法来看,行为道路,孚即桴字,画即规画,既为食已,有象以手持肉。许慎的训释既然不是字的原意,段误据许训以推论意义的引申自然难得正确。许慎去古已远,有些字原意如何,许慎也无从知道,我们不宜责备许慎,可是段氏过信许书,则反生纰缪。

所谓引申义,必须是在原有意义的基础上引发出来的一种新的意义。例如"牢"为养牛马圈,引申为牢固;过为度过,引申为过失;世为三十年,引申为父子相继曰世;谢为辞谢,引申为凋谢;列为分解,引申为行列。但是有些字原来的意义并不清楚,有的意义与许慎所说又毫无关系,这样就无从称之为引申。有些可能是两个词。例如"甫"字,许云:"男子之美称也。"(三下用部)段氏云:"以男子始冠之称,引申为始也,又引申为大也。"案甫训始训大与男子之美称无关,不得谓之引申,段氏强为之说,不足取信。又如"方"字,许云:"并船也。象两舟省总头形。"(八下方部)段氏云:"《周南》'不可方思',《邶风》'方之舟之',《释言》及《毛传》皆曰:方泭也。……泭者,编木以为渡,与并船异事,何以毛公释方不曰并船,而曰泭也?曰并船编木其用略同,故俱得名'方'。方舟为大夫之礼,《诗》所言不必大夫,则释以泭可矣。若许说字,则见下从舟省,而上有并头之象,故知并船为本义,编木为引申之义,又引申之为比方,'子贡方人'是也。……又引申之为方圆,为方正,为方向。"案甲骨文方作ᛌ,不从两舟省,许说方为并船,不是本义。至于段氏所说比方与方舟或者有关系,而方圆的方与并船无关是可以肯定的。段氏笼统谓之引申,反而把引申义的含义弄模糊了。由此足见段氏对于意义的引申还缺乏精细的研究。

研究词义,联绵词跟一般单音词是要分别处理的,联绵词是否由其中的单字意义引申而来,更应当注意,不能随意解释。例如"訇"字,许云:"骇言声。从言,匀省声,读若玄。"(三上言部)段改骇为駴,注云:"駴,各本作骇,依《韵会》订。此本义也。引申为匉訇大声。"案段改骇为駴,所以说引申为匉訇大声。匉訇即軯訇,张衡《西京赋》云:"奋隼归凫,沸卉軯訇",沸卉、軯訇都是叠韵。李善注:"奋迅声也。軯,芳耕反,訇,火宏反。"此与许训骇音声不相关。又如"弟"字,许云:"韦束之次弟也。"(五下弟部)段云:"以韦束物,如辀五束,衡三束之类。束之不一,则有次弟也。引申之为凡次弟之弟,为兄弟之弟,为岂弟之弟。"案岂弟为叠韵。《诗》云:"孔燕岂弟","岂弟君子",都是乐易的意思,与次弟的意思无关。段氏把这一类联绵词与本字意义不相涉的也都视为引申,那是错误的。

以上都是段注的主要缺点。其他毛病,仍然不少。如引文有误,出处不详;重古轻今,好言正俗;前后异议,互相矛盾;论音昧于双声,有时与叠韵相混;注中有时夹叙一些封建的理学的迂腐之论,这些都不再详举。

总之,段氏这部书虽然是一部体大思精的著作。但不无瑕疵。他自己曾说:"剖析既繁,疵颣不免,召陵或许其知己,达者仍俟后人。"(见许慎后叙注末)他一方面自许有得,一方面也想到仍然免不了有缺点。我们读段氏的书也应当有一个正确的尺度衡量他的得失。从大的方面来看,段氏的学识是丰富,他的长处在于有见解,他能看到古今语言文字是有发展的;要研究语言文字,必须形音义三者相结合,不应当忽略三者之间的关系;他重视知识的实际运用,从反复考索材料而增加了不少理论知识,使传统的训诂学获得新的发展。这些都是他的优点。但是他在当时汉学盛行的空气下,由崇信许郑而墨守许书,不肯应用篆文以外的材料,来分辨许书的是非;而且对文字在使用上以简驭繁的道理缺乏认识,强分此疆彼界,而忽略许书本身的历史性和它的局限性,因此注中有些地方比较圆通,有些地方就非常沾滞。在某些方面他是有独到见解的,但是,有时又蔽于己见,改动许书,甚至说"凡此校正,私谓必符许意,知我罪我,所不计也。"(见十四上金部钚字下),足见自负之甚。不善于阙疑,强以为知,那就难免发生罅漏了。这些都是他的缺点。因此我们必须具有实事求是的精神去理解段注,先从总的方面认清它的得失,再看其中每个字的解释,也就容易知所去取了。

前人评论段注,每多似是而非之论。或如徐承庆之流,好为诋诃,专攻其短,而学识远不及段氏。古人说:"好学深思,心知其意。"必须深造自得，了解他的意旨所在，才能正确地评议他的得失，才不致见其小而遗其大。清同治间马寿龄作《说文段注撰要》，所注意的只是文字一方面，其他无所择录，还不能算为撰要。段注在过去的影响很大，所以不能不举例略段注的得失，使初学者不致为注文浩瀚所苦，迷惘而不知取舍。对段氏的缺点，我们必须认识清楚。至于段氏的成就，上文所说也仅是就书论书，想要变为具体可用的能发展我们语言学的东西，还需要经过分析改造才行。

1962 年

（选自《周祖谟语言学论文集》，商务印书馆，2001 年）

中国训诂学发展史

一 训诂的产生

汉语历史久远,有文字的记载已经有四千多年,而语言却随着社会的发展不断地有变化。春秋战国以前,一个字大都是一个词,春秋战国以后,构词法有了发展,双音词逐渐多起来,字的增加,字义也有引申和变迁。想要了解古书中的词义不能不有解释。因此在先秦书里就有不少解说字义的材料。其中有据字形说义的,如《左传》宣公十二年说:"夫文,止戈为武",宣公十五年说:"故文,反正为乏",昭公元年说:"于文,皿蟲为蠱。"有从字音推求字义的,如《孟子·滕文公上》说:"设为庠序学校以教之。庠者养也,校者教也,序者射也。夏有校,殷曰庠,周曰序。","庠"与"养"、"校"与"教"、"序"与"射"都音韵相近。在《易经》里,如《说卦》说:"乾,健也","坤,顺也","坎,陷也","离,丽也",都从音立训,也属同一类。又有用同义字来作讲解的,如《易经·杂卦》说:"恒,久也","节,止也","解,缓也","蹇,难也"。这些都是字的常用义。有些字所代表的概念比较难懂,或别有专指,就采用语句加以说明。如《易经·系辞下》说:"几者动之微,吉之先见也。"又《说卦》说:"神也者,妙万物而为言者也。"在《孟子·梁惠王下》说:"老而无妻曰鳏,老而无夫曰寡,老而无子曰独,幼而无父曰孤。"——分别说明,力求明确,免有疑惑。在战国时代,"名家"是一时的显学,辨析名实,尤为精密。如《墨子·经上》说:"平,同高也","中,同长也","圜,一中同长也","间,不及旁也","盈,莫不有也","信,言合于意也","梦,卧而以为然也"。这些可以说近似科学的定义了。

周朝自平王东迁雒邑以后,王室的势力日趋衰弱,诸侯争霸,战争频繁,人民转徙不定,语言也随之有了很大的变化。北方黄河流域有了区域共同语,凡是古语或方言为人所不能理解的就要用当时通行的语言即所谓"雅言"来解释。《论语·述而》说:"子所雅言,《诗》、《书》、执礼皆雅言也。""雅言"就是"中夏"之言。《孟子·梁惠王下》解释齐景公时命太师作乐,诗云"畜君何尤"("尤"是过错的意思)一句说:"畜君者,好君也。"又《滕文公下》解《书经·大禹谟》"洚水警余"句说:"洚水者,洪水也。"又《左传》宣公四年说:"楚人谓乳,穀,谓虎,於菟。"这些又是以通语解释方言的例子。由以上所说可以充分理解训诂之兴在春秋战国时代。

训诂所以在春秋战国时代兴起,约有四种原因:一是语言有发展,古今语有不同和方言有不同;二是书面语用词与当时口语用词有不同;三是社会不断发展,名物繁多,一词多义的现象比较普遍;四是对用词表达思想的作用的理解和认识有了提高,逻辑思维日趋严密,因为有了以上几种原因,所以训诂在春秋战国时代就有了很好的开端。

二 两汉的训诂书与经传的注释

汉代是训诂学蓬勃发展的时期,由于秦末社会的动荡,语言起了很大变化,先秦古籍多凭口耳传授,用隶书写出,世称为今文经。而从汉武帝以后前代的古文经出现日多,其中多古字古义,不尽为人所识,因此就有训诂学家为之注释。但在西汉时期,今文经盛行时,注释五经的人已经很多。以《诗经》而论,就有齐、鲁、韩三家,文字颇有不同。其他各经也有章句训释之类。汉代的训诂学就是依靠经学而发展起来的,而且汉代已有专门解释词语的训诂书。主要的训诂书有《尔雅》、《方言》、《说文》、《释名》四种。这四种书各有特点,是中国训诂学的基石。

《尔雅》是由古代流传下来的最早的一部训诂书,无作者主名,从内容看应当是战国至秦汉之间经学家和小说家迭相增益而成的。旧说是周公所作,或说是孔子门人所作,都不足信。《汉书·艺文志》著录为三卷,二十篇,今存十九篇。书中《释诂》、《释言》、《释训》三篇是解释名物以外的语词,其余十六篇是解释各种事物名称的,如亲属、宫室、器物、山川、草木、虫鱼、鸟兽之类。书中所释的词语主要是出自经传古籍。

"尔"是近的意思,"雅"是正的意思,"尔雅"就是言辞近于雅正的意思。书中有的以汉代的今语释古语,有的以雅言释方言,有的以俗语释雅言。《释诂》、《释言》、《释训》三篇主要是类聚一般意义相同或相近的词语用一个通用词作解释,如《释诂》:"初、哉、首、基、肇、祖、元、胎、俶落、权舆,始也。"其他各篇主要是类聚同类事物的名称分别解释。有古今称名不同的,有异名同实,有同名异实的,用单词不能解释的,就用一句两句话作解释。品物多方,训解的方法也有不同。这是汉代早期一部训诂的总汇,成为后代解词释义的重要根据。汉代的训诂学也就由此开始发展起来。

《尔雅》之后,西汉末扬雄作《方言》,东汉和帝时许慎作《说文解字》,东汉末刘熙作《释名》都是极为重要的著作。

《方言》的全称是《輶轩使者绝代语释别国方言》,其中有绝代语释和别国方言。《隋书·经籍志》题为《方言》。扬雄(公元前53—公元18)是蜀郡成都人。汉成帝时到长安为郎,他由从四方来到长安的孝廉、卫卒的口里调查殊方异语,条列排比,整理成书。原书为十五卷,今存13篇。这是专门解释方言语词的一部著作,所解释的语词有的是古代的方言,有的是当时不同区域的方言,把意义相近的列为一条,用当时通用的同义词作解释,并分别说明不同语词所通行的地区。这不仅是一部重要的训诂书,而且也是研究中国古代方言的一部重要著作,在中国语言学史上有很高的价值。

继《尔雅》、《方言》之后出现的《说文解字》为东汉和帝时汝南许慎(公元70?—147?)所作,这是中国最早的一部按照字形偏旁分部编排的字典,虽是一部字书,也是一部训诂书。许慎是贾逵(公元30—101)的学生,精通五经,既通今文经,也通古文经。他在《说文解字》里利用不同方式解说字义。有根据字形的构造说明造字的本义的:如"理",治玉也;"忘",不识也;"须",面毛也;"突",犬从穴中暂出也;"炙",炮肉也。有根据古训以说明常用的词义的:如"慈",爱也;"劲",彊也;"辟",法也。其中有许多是字的古义:如"沬",洒面也;"浴",洒身也;"澡",洒手也;"洗",洒足也;"颂",貌也(同容);"翁",颈毛也;"奭",盛也;"爰",行貌;"澒",丹砂所化为水银也(即"汞")。书中也有从声音上来作解释的:如"诗",志也;"尾",微也;"马",怒也,武也;"夜",舍也,无不休舍也;"晋",进也,日出万物进。还有从字的声旁说词义的:如"斐",分别文也;"贫",财分少也。又有根据方言为训的:如"夥",齐谓多为夥;"䀩",吴楚谓瞑目顾视曰䀩。《说文》解释一个字从形音义三方面上着想,立意精深,对后代的字书、训诂书影响极大。

《释名》又是另外一种训诂书,作者刘熙是后汉末青州人,他专从词的声音上推求事物所以得名的由来,用同音或声韵相近的语词作解释。这种方法训诂学上称之为"声训",或称之为"音训"。声训本起于战国末,西汉时今文经家多从声音上解说字义,刘熙是要从语言出发来研究事物命名所以之故,跟今文经家不同。他是有意识地要把语音和语义联系起来,就音以求义。例如《释名·释天》说:"天,豫司兖冀以舌腹言之,天显也,在上高显也;青徐以舌头言之,天坦也,坦然高而远也。"虽然不免有主观唯心成分,但是从声音上推求各种事物名称的取义,类似寻求语源,对训诂学的发展有一定的影响。

汉代的训诂书还有《小尔雅》、《通俗文》可不具论。总起来说,各种解释词义的方法在汉代已经具备。最著名的训诂学家大部分都是古文经家。东汉时期古文经盛行,如贾逵、马融(公元79—166)、服虔、郑玄都先后注解经传。郑玄,北海郡高密人,生当汉季(公元127—200),兼通今古文经,所注最多。他能"就其原文,字之声类,考训诂、捃秘逸",以发疑正读,成为"汉学"的正宗,与许慎并称为"许郑"。

三 魏晋南北朝训诂义疏之学

在魏晋时期,张揖和郭璞是最著名的训诂学家。张揖是三国时魏明帝太和年间(公元227—232)的博士,他搜罗汉代以前古书的词语和相传的古训集为《广雅》一书,体例完全依照《尔雅》,而补充《尔雅》所不备,所以名为《广雅》。张揖又作《古今字诂》和《难字》,见《隋书·经籍志》,今已失传。郭璞(公元276—324)是东晋河东人,为弘农太守著作郎,博学多识,精通训诂,所作古书注释最重要的有《尔雅注》和《方言注》。《尔雅》在汉代已有好几家注本,郭璞别为新注,超越前人所作,他既能以今语释古语,又能以方言释雅言,诠释品物的形貌,以及其功用等尤为明晰。他所作的《方言注》能贯通古今,以晋代方言解释古代方言,并且联系语音,提出音有通转,为训诂研究增添了新的方法。

魏晋南北朝时期社会动荡,人民播迁流转,语言起了很大变化,古书词义艰深,不易理解,于是注释古书的风气日盛。魏晋时期,不仅《易》、《书》、《诗》、《左传》、《穀梁》、《论语》等儒家经典有注,其他古书如《史记》、《汉书》、《老子》、《庄子》以及辞赋之类也有人注释,训诂之学得以不致废坠。其中精义颇多,不无可取。自宋齐以后,兼释经注的"义疏"体出现,如梁代国子助教皇侃著有《礼记子注疏义》、《论语义疏》。义疏的兴起可能是受了佛教经典有"讲疏"的影响。

魏晋以后除经传有注释外,字书和辞书都多起来。字书和辞书之增多与语言词汇的范围扩大,文字的增多和一词多义有直接的关系。晋代有任城吕忱作《字林》七卷,仿照《说文解字》而有所增益。宋代何承天有《纂文》三卷,北魏阳承庆有《字统》二十一卷。梁代阮孝绪有《文字集略》六卷,顾野王《玉篇》三十卷。现在所存只有唐人增字本宋修《大广益会玉篇》。顾野王原书只有五卷残卷。其他各书清人都有辑佚本。

四　隋唐时期的训诂学

隋唐时期承接魏晋南北朝注释古书的风气纂著更多。隋代陆善经有《昭明文选注》,唐代李善也有《文选注》。孔颖达(公元 574—648)奉诏作《五经正义》,包括《毛诗》、《尚书》、《周易》、《礼记》、《春秋左氏传》。同时又有贾公彦作《周礼注疏》,徐彦作《春秋公羊传注疏》,杨士勋作《春秋穀梁传注疏》。这些书都是参照前代已有的注释而有所抉择。李善书除解释文词字义外,并注明字首和字的通借,对文句的出典尤为注意,成为一种注释的体式。孔颖达的《五经正义》不仅解释经文,而且解释注文,对语言中的虚词和文法也有不少的解说,这是以前古书注释中少见的。

在经部集部以外,子部、史部书籍也有注释。如杨倞有《荀子注》,

成玄英有《南华真经义疏》，司马贞有《史记索隐》，张守节有《史记正义》，颜师古有《汉书注》，章怀太子李贤有《后汉书注》，这都代表了一时的风气。虽然是随文释义，但是也汇集了许多前代的训诂资料。

隋唐时期，韵书盛行，可是字书也不少。如隋代诸葛颖的《桂苑珠丛》一百卷，唐武则天的《字海》一百卷，唐玄宗的《开元文字音义》三十卷，卷帙都极繁富，应有可观。可惜久已亡佚无存。但就前代书中所引到的材料来看，解词释义已改变旧观，由笼统而趋向于清晰，同时也由只记书面常训进一步注出当时口语使用的意义。这确是一种新的改变。就解词的范围而论，既有专门解释双音词的书（如《兼名苑》），又有专门解释日常应用的口语词的书，现在还能见到的有出自敦煌石窟的《字宝碎金》和《俗务要名林》，都是极珍贵的材料。

唐代的字书、韵书以外还有一类音义书。音义书一类始自东晋，主要为经部书注音。到陈代陆德明（公元556—627）纂集前代各家所作书音（经书外，包括老子、庄子、孝经、论语、尔雅）为《经典释文》三十卷，注音之外，有时涉及字义。到北齐时曾有沙门为佛典作音义。后至唐代高宗时释玄应作《大唐众经音义》（通称《一切经音义》），唐宪宗时释慧琳又根据玄应书扩充，作《一切经音义》。这两部书都仿照《经典释文》的体例，就原本经文摘字为训，所采古代训诂资料极多，而且有所辨析，在传统小学书中独为一类，对研究前代训诂极为有益，所以随着藏经一直流传下来。清代学者从中辑录出许多训诂材料。

五　宋元明时代的字义研究

宋代承接五代时期研究古文奇字的风气，学者对大量出土的钟鼎彝器广事搜罗，扩大了眼界，学术思想也因之大为解放。在经学方面已不完全斤斤墨守古人的成说，而别创新义，如欧阳修的《诗本义》，王质的《诗总闻》都是如此。在解说文字方面则出现了王安石（公元1021—1086）的《字说》。王安石《字说》把形声字都说成是会意字。"六书"缺而为五，如谓与邑交为"郊"，同田为"富"，"讼者言冤于公"之类，完全出于主观臆断，虽行于一时，终不免为人所弃置不顾。

但同时有另一学者王子韶,他倡"右文说"(见沈括《梦溪笔谈》卷十四),认为形声字的声符不仅表音,而且表义。凡谐声声旁相同的字大都有一个共同的基本意义。如"戋"是小的意思。水之小者曰浅,金之小者曰钱,贝之小者曰贱。如此之类,都以戋为义。汉字的形声字一般是形旁在左,用以表义,声旁在右,用以表音,所以称声旁为右文。王子韶,字圣美,浙右人(见《宣和书谱》卷六),有《字解》二十卷,失传。他所创声旁有义的学说对后代的训诂学家提出因声求义的方法有很大的启发。

宋代研究《尔雅》的有邢昺(公元 932—1012)、郑樵(公元 1104—1162)两家。邢昺有《尔雅疏》,补郭璞注所未详;郑樵有《尔雅注》,引旧书以证郭;都各有发明。在南宋期间,朱熹(公元 1130—1200)是重视训诂的人,他著有《周易本义》、《诗集传》、《四书章句集注》、《楚辞集注》等书。既采用前代旧注的优点,而又参酌新解;解经说字能运用到钟鼎彝器的铭文,见《诗·大雅》《行苇》、《既醉》、《江汉》诸篇,这是以前所少见的。

在宋代以前,学者对古今音异是比较模糊的。到南宋时期才开始注意到古韵问题。吴棫作《韵补》,从古代的韵文材料中考察古人分韵与《广韵》的异同。项安世的《项氏家说》也提出"诗韵"与后代不同。郑庠又作《古音辨》,讨论《诗经》分韵的大类。这是清代学者研究古韵的先导。对研究词义有一定的帮助。

元代在字学上承接南宋时期的"六书"之学,并不注意研究训诂,所以在训诂方面除有两三种经传注释外,没有什么突出的表现。

明代学术不振,受宋代性理之学的影响,游谈无根。训诂书籍有万历时朱谋㙔所作的《骈雅》,类聚古书中义近的双音词,按《尔雅》体例分类,每条予以解释,所以称为《骈雅》。这是一部属于雅学的书。万历以后研究古学的风气日盛,如江宁、焦竑(公元 1541—1620)。成都杨慎(公元 1488—1559)、桐城方以智等人都有著述阐发字义。方以智的《通雅》,根据古代的语言材料说明音义相通之理,兼论方言俗语,创见极多,对清代的学者有不少启示。

六　清代训诂学理论的建立

　　清代学者受晚明焦竑、杨慎等人提倡古学的影响，极力推崇汉代的经学和小学，重考据，求实证，不尚空谈性理之学。到乾嘉时代"汉学"大为昌盛，为经书、子书作注解的人很多。要解释经传就不能不研究文字、音韵、训诂，因此语言文字之学盛极一时。《说文》、《尔雅》成为人所必读之书。研究《说文》、《尔雅》的重要著作都多至数十种，或刊正文字，或发明古训，各有述造。其他如《方言》、《释名》、《小尔雅》、《广雅》等书也有人为之疏通证明。训诂之学有了极大的成就。著名的训诂学家数不胜数。

　　清代训诂学的发展跟古音学的成就有密切的关系。自清初顾炎武作《音学五书》，根据《易经》、《诗经》等书的韵字开始为古韵分之为十部起，经过江永（公元1681—1762）、段玉裁（公元1735—1815）、王念孙（公元1744—1832）、孔广森（公元1752—1786）、江有诰（？—1851）等人的研究，逐渐加详，发展为二十二部，同时戴震（公元1723—1777）又提出韵类通转的学说。在声母方面，钱大昕（公元1728—1804）又提出声转的说法（见《潜研堂答问》），而且发现轻唇音古读重唇音，舌头音、正齿音古归舌头。这些都成为研究先秦古籍和探讨字义的根据。

　　在理论方面，清代学者在训诂学方面最大的贡献是沟通语言与文字的关系，提出研究文字和字义必须理解声音，不理解声音就无以解决从文字形体上所不能解决的问题，甚至有时会陷于迷惘而不知所措。因为语言是用声音来表达意义的，文字只是记录语音的符号，所以必须了解文字的声音，从声音去探求意义。戴震说："训诂音声相为表里。"（见《六书音均表序》）这是很重要的见解。后来王念孙在《广雅疏证自序》里说："窃以诂训之旨，本于声音。故有声同字异，声近义同，虽或类聚群分，实亦同条共贯。"段玉裁为王氏《广雅疏证》作序，也说："文字有义而后有音，有音而后有形。学者之考字，因形以得其音，因音以得其义。治经莫重于得义，得义莫切于得音。"这些话十分精辟，成为清代学者研究训诂的准绳，从而建立了许多推考字义的理论和方法，把零散的知识贯串起来，使训诂学在中国语言学科中成为有系统、有理论、有严谨方法的一门学问。

清人研究训诂的目的，从实用的意义来说，首先是要解释经传和其他隋唐以前的古书。他们应用的方法主要有以下几种：

（一）从声音上推求文字的假借

古书之所以难读，一是由于有古字古义，二是由于文字上有假借。古字古义当考之《尔雅》《说文》和其他前代书中的诂训，文字上的假借当求其本字，王念孙说："诂训之旨，存乎声音，字之声同声近者，经传往往假借。学者以声求义，破其假借之字，而读以本字，即涣然冰释。"（见王引之《经义述闻序》）那么，假借字与本字的关系首先是音同或音近。段玉裁指出："假借必取诸同部。"（见《六书音均表》"古假借必同部说"）所谓"同部"就是属于古韵的同一部。因此，凭借古韵的知识，按照文字上的同音或音近的关系，再参之以文义来推求本字，就可以解决许多古书中难解的文句和古人所说的训诂上的问题。（参看《经义述闻》卷三十二"经文假借"条）这是清人研究训诂方面的一大发现。

（二）确定字的本义，根据本义以说明引申义

清人认识到音有古今之异，同时也认识到词义有古义，有今义，有本义，有引申义。如"曾"（céng）作为虚词用，古义同于"乃"，后世用为"曾经"的意思。"仅"唐以前作"约近于"的意思用，后世用为"但"的意思，这就是古义与今义之分。又如"荟"，《说文》解为"草多貌"，引申为凡物荟萃之义（见《说文》段注）。"过"，《说文》训"度也"，引申为有过之过（见段注）。这就是本义与引申义的关系。汉语词汇中一词多义是常见的现象。段玉裁说："凡字有本义，有引伸假借之余义焉。守其本义，而弃其余义者，其失也固；习其余义，而忘其本义者，其失也蔽。蔽与固皆不可以治经。"（见《经韵楼集》卷一"济盈不濡轨"条）他以历史发展的眼光说明词义的发展，对辨析字义极为重要。

（三）比证文句以考定词义

采用古书中相同的文句互相比证以考定词义，宋代人已经这样做了。在清代尤其重视这种方法。段玉裁注《说文》，刘台拱（公元1751—1805)作《论语骈枝》都能从实证出发解释古训。王念孙、王引之（公元1766—1834)父子尤其善于利用古书的资料，解决从来没有人解决的问题。例如解《诗经》"终风且暴"，为"既风且暴"，解"邦之司直"为"主正人之过"（俱见《经义述闻》卷五），都是颠扑不破的。王念孙的《读书杂志》，胜义环生，尤为人所称道。王引之作《经传释词》，专门解释古书的虚词，综合各种古书中的用例参互比证，而得其确解，对研究古代文献有极大的帮助。他的书已经联系到语法的范畴了。后来又有人作了补充。

（四）因声以求义

研究字义从声音上来考察，在清代以前虽然也有人注意到，如南唐徐锴的《说文解字系传》，宋朝王子韶的《字解》，元朝戴侗的《六书故》，明朝方以智的《通雅》等，但都不曾进行全面有系统的研究，也没有能总结出具体的规律来。其主要原因在于缺乏古音的知识，清人有了先秦古音的知识，在前人成说的启发下进一步提出因声求义的原理，把形、音、义统一起来，因形以知音，由音以求义，为训诂的研究开辟了新的科学的途径。

段玉裁注《说文解文》首先提出"声与义同原。故谐声之偏旁多与字义相近"（见示部"禛"字注），进一步又说"凡同声多同义（见言部"誓"字注)。如从"农"声的字有厚重义，如浓、醲、脓，从"辰"声的字多有动义，如振、震、脤、唇。当然这不是绝对的。同从一个声符的字不一定只有一义，而不同声符音同或音近的也可以有同义的关系。段氏也同样指出有这类现象，这就比前人的右文说有了新的认识。王念孙作《广雅疏证》，就古音以求古义，而又把古书中有关的声近义通的字都联系起来解释，"引伸触类，不限形体"，着重从语言的角度说明其间的音义相通和声音相转的关系。这种做法接近于词族的研究，是前所未有的。

王氏又作《释大》一篇，从声母方面观察声母相同而意义也相近的现象，又是一种新的尝试。与王氏同时的程瑶田作《果蠃转语记》，指出凡物的形状、作用相同或相似的往往用声母相同的词来称谓，但字形不必相同。这又把声近义近的道理阐发无遗了。清代的训诂学到王氏父子已发展到一个崭新的阶段。研究的范围不仅是单音词，也注意到双音词；不仅研究实词，还研究虚词，初步进入了语法的范畴；对古书的解释提出许多新的见解，贡献极大。

清人对于训诂的研究所应用的方法主要是以上几种。他们除了注释古书和疏证古代训诂著作以外，还研究一些古代的钟鼎彝器款识，探讨一些文字的古义，并且做一些古代训诂音义的辑佚工作。如黄奭的《汉学堂丛书》，马国翰的《玉函山房辑佚书》，任大椿的《小学钩沉》，顾震福的《小学钩沉续编》等都是一些资料书。另外，清人还编纂了不少训诂书，如吴玉搢（公元 1698—1773）的《别雅》，史梦兰（公元 1813—1898）的《叠雅》，夏燮的《拾雅》，洪亮吉（公元 1746—1809）的《比雅》等书。阮元还主编了一部《经籍籑诂》，把古书中所见的每字的训释都编录在一起，检一字，而众义俱在，是一部训诂资料的总汇，极为有用的工具书。在历代书籍当中还有很多方言的记载资料，也有人搜集编录，如杭世骏（公元 1696—1773）有《续方言》二卷，程际盛又有《续方言补正》一卷。程先甲又有《广续方言》。其他方言、俗语也有人集录。如钱大昕有《恒言录》，胡文英有《吴下方言考》，毛奇龄（公元 1623—1716）有《越语肯綮录》，翟灏有《通俗编》等等，为研究古今方言俗语提供了方便。

清人研究训诂的成绩是巨大的，但也不无缺点。主要的缺点有两方面：一是在段氏以后有些学者墨守《说文》，以为《说文》的字都是本字，《说文》的训解都是本义，一词一语都要到《说文》去寻本字，执碍而难通。不知《说文》9300 多字中有古字，也有汉代后起的增益偏旁的字，具有前后不同的产生层次，不能作为平面的看待：其训解以通用义为多，也并非都是本字本义。甲骨文、金文的佐证很多。二是讲解训诂，声转无方，凡言"语转"、"一声之转"之类未必合于先秦古音，滥用通转之说，所言多误，如钱绎《方言笺疏》之类，足为先戒。

七　近代以来训诂学的发展

20世纪之初到现代研究训诂的学者继承清代学者研究的成果,吸收了外国的一些早期的语言学的知识,开展了一些新的研究工作。主要有以下几方面:

(一)字原和语根的探求

余杭章炳麟(公元1868—1936)作《文始》,取《说文》中的510个独体字和半独体字作为"初文"和"准初文",推求由同一"初文"而繁衍出来的音义相关的语词。凡音义皆近,叫做孳乳,音近义通,叫做变易。目的在求"语源",求语词之间的亲属关系。但可惜没有脱离文字形体的束缚,所求不是"语源",结果是文字之原,他用的方法是演绎法,而不是归纳法,在声音的通转上又以他所定的"成均图"为根据,有些也失之勉强。

其后,沈兼士先生(公元1886—1947)作《右文说在训诂学上之沿革及其推阐》主张以形声字为出发点,用归纳的方法研究形声字同一声符所表现的基本意义。但同一个声符所表现的意义不一定就是一个,也当有所区别。形声字的声符,凡音义相同或相近的可以构成一个词族,由此再联系音韵,借重古音的知识(包括声母韵母),以求其语根。以实际证据为主,不以主观想象为断,其结果必较可信。这种理论无疑问是正确的。就研究的方法来说,把语言文字作为一个有系统的整体来研究,溯源探委,具有创新的精神,是极为可贵的。他后来所主编的《广韵声系》就是作为从事这种研究工作的张本。

(二)研究同源字

同源字是音近义同和义近音同的字,合在一起可以定出是同出一源。类聚同源字的意思也是在寻求语源。同源字的研究,其实就是语源的研究。同源字大都是同义词,或意义相关的词。在原始时候本来是一个词,代表某一基本概念,后来语音分化为两个以上的读音,才产生细微的意义差别。但是同义词不都是同源字，要以声音是否相近为定。王力先生在这方面作了深入细致的研究，根据古代的训诂资料，探微索隐，编成《同源字典》一书，以韵部为纲，声纽为目，条理秩如，是研究汉语词义学的一部新著。

（三）虚词的研究

近代因为语法学的兴起，虚词的研究有了新的发展。最明显的改变是研究虚词的人对虚词的词类和用法都有比较清晰的说明。杨树达（公元 1885—1956）曾根据《马氏文通》作《高等国文法》，后来就以《高等国文法》为基础，参照王引之《经传释词》作《词诠》一书，专门解说虚词。其后裴学海又作《古书虚字集释》，集录前人所说，并加以补正，与《词诠》相得益彰。吕叔湘先生有《文言虚字》一书，简明赅要，是学习古代文言文的一本重要的参考书。

（四）根据出土的古铜器铭文考订古书的训释

先秦的古书都以篆书古文书写，到汉代经过传写，后来又转写为隶书，文字讹变已多。汉代以来的解释往往有误。现代可以借助商周铜器铭文解决一些前代义训中的症结问题。近代著名的学者王国维（公元 1877—1927）首先以铜器铭文解释《诗》、《书》中的常用词语（见《观堂集林》卷二《与友人论诗书中成语书》），别开生面。后来一些古文字学家继踵而起，创获更多。在这方面成就最多的是于省吾，他平生所最服膺的是王念孙，所以他所著的书都重实证，不为凿空之论，如《尚书新证》、《诗经新证》、《楚辞新证》等书驳正前人误解的地方极多，为利用古文字资料刊正古书开辟出一种新的门径。

（五）研究的范围扩展到唐宋以后语词的考释

清代学者对一些通常在书面上见到的口语词已经有所集录，大都是随笔札记，略明出处，而解释不多。近代以来，罗振玉（公元 1866—1940）虽有《俗说》一书，稍补前人著述所不备，但仍属札记性质，还不能说是训诂的研究。惟到张相作《诗词曲语词汇释》一书才开始作唐以后诗词典语词的研究。诗词曲中很多习用的不容易懂的口语词在字书和词书中都没有解释,张相一一举例,比证详考,作出解释,是一种新的成就。同类的著作还有陆澹安先生的《小说词语汇释》、《戏曲词语汇释》和蒋礼鸿先生的《敦煌变文字义通释》,都有很精到的解释,为阅读唐以后的文学作品提供参考。

从训诂学发展的历史来看,训诂学的兴盛,两汉是一个高峰,清代是一个高峰。两汉学者的训诂著作和经传的注释为训诂学的全面发展奠定了基础。两汉训诂学的兴盛跟语言变化的加剧和古文经的传布有极大的关系。清代的训诂学有理论,有方法,发展为一门语言学科,跟经学史学的考证和古音学等的成就有密切的关系。近代以来,学者受语言学、语法学的影响,在理论和研究方法以及研究的范围上都有了新的建树,改变了旧日墨守古训,拘牵文字形体,和重古略今的风习,开创了新的途径。

研究训诂对解释古书,了解古代的科学文化和考证汉语发展的历史以及校勘古书,编写字典辞书都有重大的作用。今后的训诂学从理论上和实用上都会向建立有科学体系的汉语语义学的方向发展。

(选自《周祖谟语言学论文集》,商务印书馆,2001年)

读王念孙《广雅疏证》简论

《广雅》为三国魏时张揖所作。揖字稚让,清河人,在明帝太和中(公元 227—229)为博士。(见唐颜师古《汉书注叙例》)据《隋书·经籍志》所载,张揖除撰《广雅》外,还著有《三仓解诂》、《埤仓》、《古今字诂》、《杂字》等书,由此可知他是一个博闻多识、精通文字训诂的人。

《广雅》的体例和篇目同于《尔雅》,始于《释诂》,终于《释兽》,分为上中下三篇,今本作十卷,所收的词语几乎都是《尔雅》以外的,所以名为《广雅》。"广"是增广的意思。《尔雅》编成于汉代初年,是中国最早的一部解释词义的书,取材以群经训诂名物为主,而先秦古书中的词语并没有广为搜集,一一采录。到汉代,语言有了更大的发展,词汇不断充实和丰富,方言殊语、品物名称不见于《尔雅》的日益增多;同时文字的字形和词语的意义也多有改易和转变,远非《尔雅》所能赅括;因此张揖别作《广雅》一书,补其所阙,凡先秦两汉经传子史、医书、字书所有而不见于《尔雅》的字大都搜罗在内。这是《尔雅》、《方言》、《说文解字》、《释名》以后的一部重要的训诂书,所以一直流传下来,没有散佚。

可是这部书在清代以前始终没有注本,只是在隋代的时候曹宪曾著《博雅音》四卷。曹宪为江都人(今江苏),以通《文选》知名当世,在隋为秘书学士(见《隋书·儒林传》),因避隋炀帝讳,所以称《广雅》为《博雅》。曹宪的《博雅音》除依字注音以外,间或说明字体。原本可能是单行的,现在我们所见到的《广雅》都是明刻十卷本(以毕效钦《五雅》本最佳),曹宪音即附于正文之下,颇便参阅。

清代乾嘉时期研究文字、音韵、训诂的风气很盛。《尔雅》、《方言》、《说文》等书都有精善的注本。《广雅》一书囊括汉魏以上的文字训解,所以也大为学者所重视。当时为《广雅》作注而有成书的有两家。一为钱大昭(钱大昕之弟),一为王念孙。两家互不相谋,而同治一书,都很有成就。钱大昭有《广雅疏义》二十卷,王念孙有《广雅疏证》十卷。钱书成于乾隆末叶,王书成于嘉庆元年(公元 1796),时间也很接近。但是《广雅疏义》始终没有刻板,只有传抄本,知道的人不多,前几十年才有影印本;而《广雅疏证》很早就有家刻本,所以流布很广,当时也极为学者所推重。现在看来,钱氏用力之勤并不减于王念孙,旁搜远绍,引据详赡,但重在搜求佐证,而发明较少。王念孙则精于校订,援引该洽,博约简取,而又能疏通诂训,触类旁通,独造自得。所以论成就自然高出钱氏之上。以清人所著《说文》的注释作比喻,钱大昭的《广雅疏义》近似桂馥的《说文解字义证》,王念孙的《广雅疏证》类似段玉裁的《说文解字注》。段玉裁曾经说:"读《疏证》如入武陵桃源,取径幽深,继则豁然开朗,土地平旷"(见《经韵楼文集》),这绝非过誉之辞。

《广雅》所收的字和训解的来源很杂,为《广雅》作注要比为《尔雅》作注难多了。与钱大昭、王念孙同时的人桂馥曾经指出:"治《广雅》难于《尔雅》。《尔雅》主释经,多正训,《广雅》博及群书,多异义,一;《尔雅》有孙(炎)、郭(璞)诸旧说,《广雅》惟曹音,二;《尔雅》为训诂家征引,兼有陆氏(德明)《释文》,《广雅》散见者少,无善本可据,三也。此非专且久不易可了。"(见桂氏《广雅疏义序》)这些话说得很对。所以为《广雅》作注没有足够的学识和坚韧不拔的毅力是不能成功的。

王念孙注《广雅》是从乾隆五十二年(公元 1787)着手的。经过十年,稿凡三易,始得成书。他所做的工作可以概括为三方面:

(1)校订今本文字的讹误,增补脱略,删去衍文;

(2)援引古籍,探求书中义训的根据,与《尔雅》《方言》《说文》和群书诂训相阐发;

(3)列举音同字异或声近义同之字,比类合谊,以互相发明。

在这三方面,王氏都能殚精极思,竭尽其能,所以创获独多。

校勘之事是王氏是擅长的。王氏既以各种明刻本互校,又采用影宋本以正明本之失,并旁考《说文》、《玉篇》、玄应《一切经音义》、《太平御览》、《集韵》等书,正唐宋以后传写之误。所校原书讹误错乱脱夺处竟达一千余条,颇费心力,虽有小失,如曹宪音释中"口音"二字都误改为"又音",然大都精确可信。

在校勘方面,《疏证》中每每引及"影宋本"和"皇甫录本",这两个本子究竟是怎样情形,书中没有明确说明。但两本文字没有什么差异。按"影宋本"原书为黄丕烈所藏,系据明正德乙亥(明武宗正德十年,公元1515)支硎山人手跋的抄本影写,经宋保转借校录的(见黄丕烈《士礼居藏书题记》卷一)。"皇甫录本"就是支硎山人的抄本,经顾千里校录而寄给王念孙的。支硎山人的书曾为钱曾述古堂所藏,见钱曾《读书敏求记》和顾千里《思适斋集》。由于王氏居于京邸(在旍檀寺左),"影宋本"和"皇甫录本"的关系不甚明了,所以把两本并举。

皇甫录,明长洲人,孝宗弘治间进士。支硎山人,钱曾、顾千里都不知为何人。按明宪宗成化间进士邓庠号"支硎山人",当即其人。庠为湖南宜章人,曾为苏州巡抚。支硎山即在苏州。皇甫录的年辈晚于邓庠,邓庠所有的抄本后来可能转归皇甫录,所以称为"皇甫录本"。不看顾千里《思适斋集》,就很难理解"影宋本"和"皇甫录本"的关系了。王念孙所说"影宋本"和"皇甫录本",实际就是一种本子。这虽然不是一个大问题,但由于王氏托嘱别人经手,未详究竟,所以出现这样一个漏洞。

至于阐发训诂方面,王氏既能贯穿群书,援引精确,而又能疏通古训,独标新解。凡属于一般通诂,大都不再解释。遇有古书旧注不当的,连类所及,则指陈得失。"不取凿空之谈,亦不为株守之见,惟其义之平允而已。"(王引之《石臞府君行状》)凡书中言"解者多失之"的地方都值得我们注意。

书中最大的特点也就在于不泥于前人旧注,旁征博考,参互比证,即音以求字,因文以考义,所以解说精当,往往出人意表。王氏虽在注释《广雅》,而随处都在解释先秦两汉古书的词义,与段玉裁《说文解字注》媲美。但是段注《说文》好言本字本义,不免局碍于形体,而王氏则能以音为纲,"就古音以求古义,引伸触类,不限形体"(见王氏自序),凡音义相通的字都比合在一起,那就能执简以驭繁,观其会通。这种方法给研究训诂的人开辟了一条宽阔的途径。他在自序里说:"训诂之旨,本于声音,故有声同字异,声近义同,虽或类聚群分,实亦同条共贯。譬如振裘必提其领,举网必挈其纲,……此之不寤,则有字别为音,音别为义。或望文虚造,而违古义;或墨守成训,而鲜会通。易简之理既失,而大道多歧矣。"这种见解确实深得训诂之要。

总的来看,《广雅疏证》包容甚广,成就极大,是清人研究古代训诂的一部有代表性的著作,从单词意义的研究发展为义类和字族的研究,与段玉裁、程瑶田、阮元诸人声气相求,而蓄积深,范围广,独成一家之学。从理论到方法都给人以许多有益的启示。

但是我们也要看到其中仍有若干不足之处和缺点,需要加以辨别。例如:

(1)同义词中,有的词义本身就是相近的,有的只是在应用上有交错往来,训诂家予以申说,张揖也就根据训诂家所说缀辑在一起(《尔雅》已有此病)。对这种情况王氏仅仅罗列一些佐证,不加辨析,未免不足。如《释诂》"瘉也"一条"为"训为"瘉"(愈)(见《疏证》卷一下),这只是因上下文而赋予的意义,与一般同义词(包括音近义通)不同。王氏举《左传》成公十年"疾不可为也"为证。按"不可为"就是"不好办""不好治"的意思,"为"并不就等于"愈",王氏对此就没有分辨,这还是注经而不破汉人旧注的风习(陈奂《毛诗传疏》表现得最清楚)。

(2)古书亡佚者多,《广雅》中有些词的训诂不易理解,只能实事求是,不必勉强牵合。例如《释诂》"臘肷、膶"训"美"(见《疏证》卷一上)。王氏《疏证》说:"《玉篇》:臘,初减切,脸臘,羹也。肷,徒兼切,大羹也。膶,子含切,暗膶也。膶,于含切,煮鱼肉也。皆美之义也。"这些字或指羹,或指煮鱼肉,何以说"皆美之义"?《疏证》中还缺乏明确的证据。或者由"旨味美"而来,这样就需要有所说明。依照《玉篇》的解释,是否因为张揖所根据的资料中"羹"字误为"美"字呢?亦未可知。

(3)《疏证》中每每说"某与某同义"。所谓"同义"实际是一个语词所代表的概念的内涵具有相关的两方面的意义。例如"敦"有厚的意思,厚则有所大(见《墨子·经篇》),因而"敦"也包有大的意思。同样,

"庞"有大的意思,也有厚的意思(见《诗·商颂·长发》毛传)。于是王念孙就说:"厚与大同义,故厚谓之敦,亦谓之庞;大谓之庞,亦谓之敦矣。"(见《疏证》卷一上《释诂》"大也"条)我认为这里应当说:"敦"训为"厚",又训为"大","庞"训为大,又训为"厚",因为"厚"与"大"的意义是相关连的,所以一词有两义。按照王氏的说法,就不是归纳,而是演绎。设若"厚"谓之"浓","大"岂可谓之"浓"?很显然,这样一种说明词义的方法是有毛病的。

(4)类似上面一种情形,《疏证》中还经常提到"某与某义相近",例如《疏证》卷一上在《释诂》"有也"一条下说:

有与大义相近,故有谓之庞,亦谓之方,亦谓之荒,亦谓之怃,亦谓之虞;大谓之庞,亦谓之方,亦谓之荒,亦谓之怃,亦谓之吴,吴、虞古同声。

这里比拟得很巧。但是能不能得出"有与大义相近"的结论呢?看来不无问题。因为"有"或为"有无"的"有",或为"亲而有之"的"有",与"大"的意义并不相近。语言中同一音如果表示两种意义,这两种意义,可以相近,也可以不相近。上面所举的几个语词,在古人书写的时候,文字上有通假,声音上有转移。如果一个字具有两方面不同的意义,由于字有通假(如"怃"与"怃"通,而"怃"可训为"有")或音有转移(如"怃"与"荒"对转,而"荒"亦训"有"),就可以产生很多交错往来的关系。这样,我们自然不宜由此就把两方面不同的意义牵合为一。同时,词义有引申,词义相近又有部分和全体之分,以一概全,尤为不可。例如《疏证》卷一下"好也"条下说:"凡小与好义相近",能否这样说,那就很值得商榷。自王氏在训诂学上创设这样一种解说的方式以后,郝懿行著《尔雅义疏》,钱绎著《方言笺疏》,都步其后尘,更加泛滥无归。前人很少评隲其失,实际是不足为法的。

以上所说只是举例而已。书中还不乏刻意标新过当之处,在此不详论。总之,《广雅》一书包容汉以上大量的词汇和训诂,读王氏的《疏证》,我们可以获得很多有关文字孳乳繁衍、声音通转与语义发展等各方面的知识。阮元曾经说王氏训诂之学远在惠栋、戴震之上。但《疏证》一书并非全无罅漏。学者应当善于分析辨别,从中寻其脉络,挈其纲领，去其凌杂，取其精华，进一步贯串古今，阐发义例，建设汉语的词义学。王氏治学，谨严有法，讲到声音通转和因声求义的地方都具有一定的轨范和尺度。如果不明其要旨，凡言文字词义即滥用通转，随意比附，或误以为音同者义皆相同，那就不免流入歧途了。

1979 年 1 月

（选自《周祖谟语言学论文集》，商务印书馆，2001 年）

词 义

一 词的意义

语言里每一个词都有一定的意义。所谓词的意义,就是人们在社会生活实践的过程中确定下来的含义,也就是说的人和听的人联系着现实中某种事物现象或关系所共同了解的词的内容。词是声音和意义统一起来的。我们听到一个人说"niǎo"(鸟),我们知道他指的是那有翅膀、有羽毛、能飞的一种动物,我们看到一只鸟,也就用"niǎo"这个音表示这个对象。足见语音和意义是密切联系着的。

人能够把听到的某一个词的声音联系到这个声音所表示的对象上去,又能够把一定的声音联系到所看见的或所想到的那个对象上去,就是由于听的人和说的人都了解这个词的含义。如果不了解词义,也就不能交流思想,不能互相了解。理解词义是传授和扩大我们的知识和经验的必要条件,也就是体现语言作为交际工具的基本职能的必要条件①。

语言是社会的产物,一个词的意义不是由个别的人任意规定的,而是由应用这种语言的集体在实际使用的过程中固定下来的。这就是古人所说"约定俗成"的意思。② 因此,每一个词都有一般相承应用的确定意义,同时也有一定的应用范围。即使是意义很相近的词,它的意义和用法也不是完全相同的。例如:

    控制 管制 考察 观察 考虑 思考
    严格 严厉 柔软 柔弱 证明 证实

---

① 参看德·高尔斯基《论语言在认识中的作用》,载 1954 年第 1 期《学习译丛》。
② 《荀子·正名》篇说:"名无固宜,约之以命,约定俗成谓之宜,异于约,谓之不宜。"

这些词里每一对词虽然意义相近,却有一定的差别。因为每个词的意义都是受词所标志的客观对象的实际所决定的,词所标志的现实的事物和现象不同,词义也就不同。词义的确定,对于人与人交流思想达到互相了解有极大的作用。所以我们研究词义必须理解一个词在使用上的一般意义和它的应用范围。

另外我们还要注意伴随词义而生的修辞色彩。我们知道语言不仅表达思想,而且也表达感情和意志。人在表达自己的思想的时候,同时也就在表达自己的感情。词与词的意义尽管非常接近,可是感情色彩可能不同。例如"希望"和"渴望","名誉"和"荣誉",意义是相近的,可是"渴望"和"荣誉"都带有感情色彩,这就有所不同。文学作家和政论家的语言所以能够有鲜明的表现力,使读者和听众受到感动,与他们善于用词很有关系。他们用词,不但要求词义确切,而且还考虑到词的修辞色彩,所以特别富于感染力。

语言里的词可能是单义的,也可能是多义的。单一意义的词叫做"单义词",多义的词叫做"多义词"。科学上的术语,意义必须精确、固定,所以一般都是单义词。例如"元素、分解、热能、原子价、还原剂"(化学),"乐音、噪音、振幅、质子、中子、绝缘体、电场、电势"(物理),"临床、理疗、血压"(医学),"圆周、直角、正弦、直弦"(数学)之类意义都是确定的,都是单义词。另外,人名、地名以及草木、鸟兽、器物的名称也是单义词,如"杜甫、李白、北京、天津、牡丹、骆驼、孔雀、电灯、玻璃"。至于多义词则大部分都是一般常用词。这种常用词有一种特性,它在本来的意义以外往往还有引申的意义。比如"果"本来是指植物开花以后所结的果实而言,我们说"开花结果"就是这个意思;但是"果"也可以指事情的结果而言,例如"前因后果",这就是引申的意思。其次,常用词在应用上还常常有比喻的用法。例如我们说"思想包袱很重",或者说"不要乱扣帽子","包袱"和"帽子"是事物的名称,都有它本来的意义,在这里是一种比喻的用法,跟本来的意义不同。常用词既然往往有引申的意义,又往往有比喻的意义,所以大部分是多义的。

除此以外我们还应该知道,词义并非是一成不变的。由于社会不断地向前发展,人对客观事物的认识也不断地有发展,词义就会有变化。有些词在原有的意义之外获得了新的意义和新的用法,有些词的意义缩小了或扩大了,这都是很普遍的现象。例如"突击"是战斗用语,是"突然袭击"的意思。现在它的应用范围扩大了,凡是为了特殊的任务,在很短的时间里加紧努力完成那个任务,都叫"突击"。这就是词义的扩大。

以上所说都是一些关于词义性质的话。我们要了解一个词的意义并且能够掌握它的用法,首先要从词的实际应用的例句中去了解词的意义和使用的范围,要注意一个词所指的对象是什么,这个词实在的意义是什么,它常跟哪些词连在一起用,一般在什么场合应用。其次要能取意义相近的词放在一起比较,来了解一个词跟另外一个词的区别。这样才能了解得透彻。词典对于我们了解词义很有帮助,但是单凭词典的注解是不够的。

二 语音和语义的关系

词是声音和意义的结合,我们要研究词义,就不能不注意声音和意义的关系。

词是长期间固定下来的事物和现象的名称,我们说"shù"是"树",说"shān"是"山","shù"和"shān"只是两个声音,声音和词所表示的事物之间,并没有必然的联系,并非某一个声音一定表示某一种对象。声音和事物的结合假如有什么必然的联系,世界上所有的语言中表示同一事物的词的声音就应该是相同的了。既然世界上各种语言表示同一事物的词的声音各有不同,可见语言的声音和所表示的事物之间是没有必然的联系的。

可是我们应当注意:当一个意义在某种语言中确定用某一个音来表示以后,这个音在这一语言系统中就与这个意义发生关系。因此特征相类似的事物在命名时声音可能相同或相近。例如:树的细梢,称为"树杪",字写作"杪",谷穗儿上面的细芒,古人叫做"秒",而字写作"秒","杪"和"秒"声音相同,都有细小微末的意思。现在我们称一分钟的六十分之一叫"一秒",表示时间很短,也是从微小的意思来的。还有,"藐视"的"藐"(miǎo),"渺小"的"渺"(miǎo),也都是小的意思。①

又如谷子的空皮称为"糠",萝卜中间空了也叫"康"(一作"䕬"),东西不坚实也叫"康"。kuāng跟kāng声音相近,"土筐"叫"筐","墓圹"叫"圹",都因为中间是空的。其他如"空旷、旷野"的"旷"也是空的意思。这些都表明事物的特征相似,命名往往相同。因此语音和语义之间就有了联系。

另外一方面,从词的本身来看,词中有迭音,加音,变音等,与词的意义和感情色彩也有联系。下面分别来谈:

(一)**迭音** 词的内部声音有重迭,所表示的意义有种种不同:

(1) 名词或量词重迭表示"每"的意思。如"人人、家家、天天、件件、个个"之类。

(2) 形容词重迭,有比原词意思加重、表示"很"的意思的,如"红红儿的、软软儿的、热热儿的、清清楚楚、含含糊糊、痛痛快快"之类。有表示"不一样"的意思的,如"高高低低、长长短短"之类。

(3) 动词重迭,有表示"做一做"的意思的,如"说说、看看、商量商量"之类。有表示"又……又……"相连不断的意思的,如"摇摇摆摆、来来去去"之类。

(二)**加音** 有些形容词重迭一部分而中间又加一个"里"(li)。例如"马虎"说为"马里马虎","糊涂"说为"糊里糊涂","古怪"说为"古里古怪","慌张"说为"慌里慌张",都带有鄙视或嫌恶的感情色彩。

(三)**变音** 变音主要是韵母儿化。② 韵母儿化表示小的意思和亲爱的意思,例如"小猴儿、小孩儿"。很多名词的韵母都可以儿化,因而形容词或动词的韵母儿化以后就变为名词,例如"亮儿、好儿、空儿(工夫)、盖儿、画儿、伴儿"之类都是。儿化还可以区别意义,例如"信"(邮件)、"信儿"(消息)不同,"个"(一个)、"个儿"(身材)不同,"门"(房门)、"门儿"(窍门儿)不同。

由此可以看出语音和语义是互相关联的,要了解词义不能不注意

---

① "藐"和"渺"都是造词的词素,不是一个单词。
② 一般的语音上的变化,如同化、异化、连读变调之类不是这里所要谈的。

词的声音。

三 词的多义性

　　词可以是单义的,也可以是多义的,这在前面已经说过了。一词多义是一个复杂的问题,我们要了解词义,对于一词多义的性质和一个词的几个不同意义之间的关系必须有明确的认识。这一节专谈一词多义的问题。

　　一词多义跟"同音词"不同,这一点必须了解清楚。"同音词"也称为"同音异义词",那是发音相同而意义完全不同的词。例如"花钱"的"花"跟"一朵花"的"花","开会"的"会"跟"会唱歌"的"会",虽然写成同样的一个字,念同样的一个声音,可是意义全不相关,这就是"同音词"。[①] 至于一词多义就不然了。一词多义是一个词有几个不同的意义,这几个不同的意义又互相有联系。这种词我们称为"多义词"。

　　我们可以举"发"这样一个词作例。"发"主要有下列一些意义：

　　　　1. 出、送出,跟"收"相反　　发信,发工资
　　　　2. 生出　　　　　　　　　　发芽
　　　　3. 产生　　　　　　　　　　发电
　　　　4. 说出　　　　　　　　　　发言　发音
　　　　5. 放射　　　　　　　　　　发光　发炮
　　　　6. 显现　　　　　　　　　　脸上发黄

我们可以很明显地看出来这些意义都是相关的。其中第一个意义是基本的意义,其他的意义都是从这个意义发展出来的。

　　词的基本意义是词在语言中长期使用所固定下来的最常见、最主要的意义。从基本意义发展出来的意义可以称为"转义"。相对地来说,基本意义就是本来的意义了。这个本来的意义不一定就是一个词的最初的意义。例如"事"最初的意义是"职务",不是"事情";"兵"最初

[①] 如"必须"跟"必需"、"数目"跟"树木"也是同音词,后面还要详细谈。

的意义是"兵器",不是"兵士"。

转义包括引申的意义和比喻的意义。

引申的意义一般称为"引申义"。引申义是由原义发展出来的另外的意义。比如"薄"是"厚薄"的"薄",这是一般应用的意义,但是我们可以说"薄酒、薄田";"薄酒"是不浓的酒,"薄田"是不肥的田,不浓、不肥就是引申义。又如"短"是"长短"的"短",但是我们可以说"短了一个人","短"表示"少"的意义,这也是引申义。又如"深、浅"是表示量的概念的词,从表面到底下或从外面到里面距离远的叫"深",距离近的叫"浅"。但是"深、浅"还有其他的意义。我们说"意思很深""道理很浅","深"是精微不易懂的意思,"浅"是明白易晓的意思。如果说"关系很深""功夫很浅","深、浅"指的是程度的高低,跟以上所说又不同。另外,"深、浅"还可以指时间的久暂。例如:"日子很少"可以说"日子很浅","年月很久"可以说"年深日久"。这些都是引申义。① 这种引申义的产生跟意义内容的相类似相接近有关系。

引申义并不限于这一种。此如"尽"是"完"的意思,"没有用尽"意思是"没有用完"。"完"是穷尽了,不再有了,因此引申而有"达到极点"的意思。我们说"尽善尽美",就用的是这个引申的意思。这种引申义是由原来的意义引发出来的,又是一种。

另外,有的引申义是用原来具体的意义转到指其他现象类似的事物上去。像上面说过的"果"是"果实"的意思,而事情的结局或成效我们也用"果"来说,就是一个例子。又如"轨"是"车轨"的"轨",车的轨辙有一定的宽度,车走起来也是要按照一定的轨辙来走的,因此把应该遵循的规则也叫做"轨"。我们说"步入正轨、纳入正轨","轨"用的正是这一个引申义。

引申义是相当复杂的问题,在这里只能谈一些主要的情况。

至于比喻的意义,在第一节里曾经提到"思想包袱、乱扣帽子"是一种比喻的用法。比喻的意义一般称为"比喻义"。比喻义是由于比喻而产生的意义。像下面例子里加点的词都用的是比喻的意义:

---

① 参看朱文叔《"深"和"浅"》,载《语文学习》创刊号 13 页。

1. 睡得很香　　"香"比喻舒服。
2. 手段很辣　　"辣"比喻狠毒。
3. 铁的纪律　　"铁"比喻不可变动。
4. 地下工作　　"地下"原义是"地面下",这里比喻秘密隐藏在敌人势力范围里。
5. 事情搁浅了　　"搁浅"是指船停滞在泥沙里不能前进,这里比喻停顿。
6. 敌人全军覆没　　船翻了沉没下去叫"覆没",这里比喻完全溃败。
7. 事先酝酿一下　　"酝酿"本指"酿酒",这里指事先准备或商量,使条件具备或意见成熟。
8. 大发雷霆　　"雷霆"比喻大怒。
9. 机械的工作　　"机械"本指机器而言,这里比喻按照固定的方式工作而不灵活,或者没有变化。
10. 骨干分子　　"骨干"比喻中坚有力的。
11. 不能使青年受资产阶级思想的腐蚀　　"腐蚀"本指物体受酸类或碱类的侵蚀逐渐销损毁坏,这里比喻受到毒害而腐化堕落。
12. 美帝国主义发动侵朝战争,企图侵占朝鲜作为侵略中国的跳板　　"跳板"是由船上到岸上的长板,这里比喻作为侵略中国的通路。

这一些都是比喻的意义。这种比喻的意义跟一般修辞上的比喻有区别,因为这些意义已经成为词义中的固定的东西,我们在应用时已经不大感觉它是一种比喻了。可是像"暴风雨在怒吼""莫斯科是苏联的心脏",那就只是修辞上的比喻。因为"怒吼"和"心脏"并没有转变出来新义。

引申义和比喻义都是转义。① 一个词既然可以有本来的意义,又

---

① 引申义和比喻义前人研究训诂的统称为"引申义"。

可以有转义,而转义又有各种不同的转义,因此一个词可以有好几个意义,而且这几个意义都是有关联的。如果没有关联,或原来有关联,而由于历史久远,无从理解,那就应当作为同音词来看待了。

一词多义是常见的现象,但在这里必须指出:词的多义性绝不是无限的。一词多义固然使得语言丰富而多采,可是它也有时可能使词义发生不确定的现象,因此人们在运用语言的实践中对于一词多义也加以适当的调节,不使之过滥。假如一个单音词有许多不同的意义,为了避免含混,在语言发展的历史过程中就产生了一些双音词,借以区别不同的意义。例如:

罢	罢免	作罢	道	道路	道义
递	传递	递次	简	简单	简慢
独	孤独	独自	备	准备	防备
断	断绝	断定	部	部分	部门

汉语在发展过程中双音词日渐增多,不仅仅是为了避免同音词,而且含有这样一种意义在里面。

关于现代汉语一词多义的性质我们已经谈得很多了,我们要掌握多义词的意义,应当怎样办呢?我们遇到多义词除了从词义的原义和转义上去理解不同意义的性质以外,我们还需要从使用的范围上去理解它的意义。比如说,作为专门用语跟作为一般用语的意义有什么不同?应用在不同的场合,意义又有哪些区别?这些都是重要的。要做到这几方面就必须注重阅读,从词在一定的上下文中去体会它的意义。

词在语言中不是孤立存在的东西,一句话单独用一个词的时候很少,词在活的语言中总是跟其他的词联系在一起来用的,而多义词的某一个意义常靠它和别的词的联系显示出来。我们如果不从句子的环境里去看词义,而孤立地单从字面上去了解,很容易发生误解。

例如"地方"这个词,普通的意义是指"地点"或"位置"而言。如果说"他的意见有些地方说得不正确","地方"指的是"部分";如果说"地方性的问题可以由地方自己处理","地方"指各省市自治区县区而言,是对"中央"来说的:这些都不是"地点、位置"的意思。有了上下文,就可以肯定它是某一个意义。因为在一句话里,只能使用一个意义,不能同时使用两个意义。又如"问题"是一个多义词,原来是指有疑问的事情,现在,"问题"就不一定用作"问"的意思。比如说"我有两个问题要问你",这里是指疑问,是"问题"的直接用法。比如说"你学俄文有没有问题",等于说"有没有困难";如果说"工作中存在许多问题"等于说"存在许多缺点";假如说"时间有问题"那就等于说"时间不合适"了。①

最后,我们还需要注意到有些词的某一个意义的用法可以限制于一定的语法形式之内。例如"而"跟"及"都可以用作"到"的意思。这样的一个意义,只见于"由……而……""由……及……"的固定的语法形式内。如"由下而上、由小而大、由表及里、由此及彼"等。只有在这样的形式中"而"和"及"才是"到"的意思。由此也可以说明从上下文来辨别词义的必要性。

总起来说,为了理解具有多种意义的词的具体的使用的意义,为了分别作者和说者对于一个词是怎样使用的,为了确定一些虚词的实际应用的意义,都脱离不了上下文。只有注意词与词的联系,注意各种语法形式,才能更好地了解多义词的意义。

四　词义的演变

词在语言里应用久了,意义往往会发生变化。因为语言是随着社会的发展而发展的,社会生活不断地有改变,人对客观的事物和现象的认识也不断地有发展,旧的概念形成为新的概念的时候,词义也就有了变化。

例如,"中国"这个词是很早就有的。在春秋战国时代是对四方来说的。当时"诸夏"居于黄河流域的南北,四方是别的民族,所以用"中国"和"四方"对言。"中国"是"诸夏"就自己所居的地方来说的,并不是国名。现在"中国"已成为一个统一的多民族的国家的名称,跟古人应用这一个词的意义完全不同了。

[①] 参看吕叔湘、朱德熙《语法修辞讲话》第二讲第五段,中国青年出版社出版,66页。

又如"革命"也是一个很早就有的词。古人称王者易姓叫"革命",如《易经》说:"汤武革命。""革"是改革,"命"是天命(古人认为王者是受天命而立的),"革命"就是更改天命的意思。现在"革命"一词的含义跟古人应用的意义也完全不同了。

词义有发展,有改变,是语言发展的必然规律。毛主席在《矛盾论》里指出:"任何事物的内部都有其新旧两个方面的矛盾,形成为一系列的曲折的斗争。斗争的结果,新的方面由小变大,上升为支配的东西;旧的方面则由大变小,变成逐步归于灭亡的东西。而一当新的方面对于旧的方面取得支配地位的时候,旧事物的性质就变化为新事物的性质。"[①]词义的发展和改变也是如此。在语言长期发展的过程中,很多词在原义之外产生了新的意义,有些词因为有了新义,新义逐渐成为主要的意义,旧义就慢慢消失了。

我们研究词义的演变就是要了解词义在历史发展过程中新义和旧义之间的关系,一方面要根据历史的文献来看词义是怎样变化的,词义变化有哪些类型;一方面要着重考查现代汉语里词义有哪些发展和改变,使我们在用词方面有更深刻的了解。

词义的演变是有一般的规律的,但是我们必须注意汉语史上的一些具体事实,从历史的发展上来说明这些事实。这样对于我们了解语言和运用语言才能有帮助。

我们知道一个词在不同的时代可能有不同的意义,有的意义比较早,有的意义比较晚。研究词义的演变,首先要区分哪是最初的或较早的意义,哪是后起的意义。比如"引",在甲骨文里写作"𢎁",像一个弓控上弦的样子,它的最初意义是"张弓"。《淮南子·说林》篇有"引弓而射"的话,"引弓"就是"张弓"。现在我们应用"引"这一词有引出、引导、牵引一类的意思,都是后起的意义。又如"年",在甲骨文中常有"贞:受黍年"的话,"年"是"谷熟"的意思,犹如现在所说的"年成"。春秋《穀梁传》宣公十六年说,"五谷大熟为大有年"可以看作"年"的原始意义的注脚。现在我们说一年两年的"年"是后起的意义。

---

① 见《毛泽东选集》第一卷 311 页。

词的最初的意义,有的从古代一直保存下来,有的在历史过程中已经消失掉了。像基本词汇是词汇中比较稳定的部分,词的最初意义一般总是保存下来的。如"人、手、山、水、出、受、问、上、下、高、老"一些词都是。

词的后起的意义,一般是由原来的意义演变出来的,即便跟原义距离较远,还是有一定的关系。假如与原义毫无关涉的话,应用的汉字尽管是一个,那只能算是在历史上不同时期中所产生的同音词。例如"翁",鸟颈毛叫"翁",称老人也叫"翁",都见于汉人的记载,可是老翁的意思不是由鸟颈毛的意思变来的;"豆"是古人一种食器,如《仪礼》"豆笾设于东序下"的"豆",跟豆子的"豆"的意义没有什么关系。这样的同音词很多,谈不上什么词义演变的关系。我们要研究词义变化,首先要把这一点认识清楚。汉语一直是用汉字来记录的,如果我们拘泥于字形,把这种同音词认为是一个词来处理,那就错了。

下面我们来分析一下汉语词义变化的情况。词义变化的类型很多,如果从词义变化的结果来看,可以综合为词义的扩大、词义的缩小和词义的转移三种现象。

(一)词义的扩大　有些词的意义内容原来比较狭小,可是后来意义内容有了扩展,应用的范围比以前广泛了,这就是词义的扩大。词义扩大的变化,主要有下面几种类型。

(1)两种事物的特征、性质或功能相似,用原来指某一种事物的词称呼另外一种事物,因而词的意义有了新的发展。例如:

"根"是植物茎干最下端吸收养分的部分,指树根、草根而言。后来事情的本源也叫"根",例如"刨根问底"。

"钟"本来是"钟鼓"的"钟",现在应用计时的钟,跟古人的钟不同,因为能发声报时,所以也叫"钟"。

"收获"原指农作物的收成而言,现在学习或研究有所得也叫"收获"。

"航行"原指船只在水上航行而言,现在飞机在空中飞行也叫"航行"。

"背景"原指舞台后壁的布景或摄影所取人物后面的景致而言,现在称对于一个人起作用的社会环境或政治关系也叫"背景",例如说"社会背景""政治背景";一件事情骨子里的情形也叫"背景"。

"健康"本来指身体康强而言,现在我们也说"思想不健康""语言不健康","不健康"就是有毛病的意思,因此"健康"的意义比以前扩大了。

"态度"原来是指人的举止动作,也就是"姿态"的意思。现在我们称人对于事理采取的立场或看法也叫"态度",例如"表明态度""态度很鲜明"。

"运动"原来是"转移、运转"的意思。例如古人说"四时运动""天地运动"都是指继续不断地变易而言。现在不仅物体的运动叫"运动",而且健身的活动和政治或文化上有组织有目的的群众性活动也叫"运动","运动"的应用范围扩大了。

(2) 用部分的命名代替全体而形成词义的变化也是比较常见的。例如《诗经·采葛》有"一日不见,如三秋兮"的话,"秋"本来是四季中的一个名字,"三秋"等于说"三年",这就是以部分代替了全体。

"手"是身体的一部分,可以拿东西,可以使用工具从事劳动。但在语言里"手"可以代替"人",在构词上可以产生"好手、选手、水手"一类的词。我们说"手边"就等于"身边",在"手边"一词里也是以部分代替全体的用法。

"旦"本来是指太阳出来的时候。我们说"一旦有事","一旦"则跟"一天"的意思一样。

(3) 由于感觉性质相近,从原来的意义上产生其他感情色彩相似的意义。例如:

"苦"是"甘苦"的"苦",很早就见于《诗经》。《诗经·谷风》有"谁谓荼苦,其甘如荠"的话,"苦"指苦味而言。可是词义逐渐扩展,凡是在生活上和工作上有困难或感觉不愉快都叫"苦",如"苦日子、苦工、愁眉苦脸"等等都是;而竭力尽心也叫"苦",例如"苦劝、苦思、苦干"。这些都是由"甘苦"的"苦"演变来的。

"可怜"原来是可喜、可爱的意思。白居易《曲江早春》"可怜春浅游人少,好傍池边下马行","可怜"是可喜的意思。李白《清平调》"借问汉宫谁得似,可怜飞燕倚新妆","可怜"是可爱的意思。怜爱也就有怜惜的意思,因此"可怜"又转为可惜。陆游《示儿》"齿豁头童方悟此,乃翁见事可怜迟","可怜"就是可惜的意思。我们现在又称对于遭遇不幸的人表示同情叫"可怜",也是从爱惜而发展来的。

"慷慨"是意气激昂的意思,例如陶渊明《拟古》"古来功名士,慷慨争此场"。后来称竭诚待人,肯帮助人也叫"慷慨",例如说"慷慨大方"。

(4) 专门名词变为普通名词也是词义扩大的一种类型。例如:

"河"古代是"黄河"的专名,《诗经·硕人》的"河水洋洋,北流活活",就是指"黄河"而言。因为"黄河"称为"河",所以就在黄河流域一带起了好多地名,如"河内、河东"等。"黄河"古时候也称为"大河",又称"河水"。后来"河"这个词一般化了,凡是河流都可以叫做"河"。原来应用的范围很小,变为普通名词,应用的范围就扩大了。

"江"古代也是一个专名,指"长江"而言。如《诗经·汉广》"汉之广矣,不可泳思;江之永矣,不可方思"。"汉"指的是"汉水","江"指的是"长江"。("思"是虚词。)"长江"也称为"大江",又称"江水"。《史记·项羽本纪》所说"江东父老","江东"就指的是长江下游的地方。后来"江"变成为普通名词了。

(5) 词在语言里是活的,而不是死的,在应用上词性有改变,有时意义也有了改变。这也是汉语里词义扩大的一种常见的事实。例如:

"怪"指奇形怪状而言,一般是形容词;心里认为奇怪可疑也叫"怪",例如《史记·信陵君列传》:"公子往数(shuò)请之,朱亥故不复谢。公子怪之。""怪"是动词。现在我们说"你不要怪我","怪"也是动词,但不是疑惑的意思,而是责备的意思。

"顶"本来是"头顶"的"顶",是名词。用头支承起来也叫"顶",是动词。如果说"顶风、顶着雨",也是动词,但不是用头支承的意思,而是"冒着"的意思。意义不同了。

词义扩大的类型很多,如上一节所讲的词的"转义",也就是词义在历史发展中的一种扩展,在这里不必重述。

(二) 词义的缩小 词义演变的另外一种现象是词义内容的缩小。有的词原来的意义内容比较大,后来变得比以前狭窄了,或者在原义之外又有了比较狭窄的意义,都是词义的缩小。词义缩小的类型有以下几种。

(1) 由表示范围较大的名称变为表示范围狭小的名称。例如:

"丈人"一词原来是指一般的年长的人说的。《论语·微子》篇说："子路从而后,遇丈人以杖荷蓧"(蓧:[diào]除草用的竹器)"丈人"就是年长的人。唐以后称妻父叫"丈人"(zhàngren),变成一个专用的称呼了。

"文学"古人指文章学术而言,后来泛指一切作品而言,比我们现在所说的文学范围广得多。"小说"也是如此。古人所谓小说指杂记、异闻、琐谈而言,范围很广,跟后来所指文学作品中的一种体裁有不同。

"汤"古人泛指热水而言,如《孟子·告子》篇说："冬日则饮汤","汤"就是热水。现在一般都指饭桌上的汤而言。原义只保存在"赴汤蹈火"这个成语里。

"兄弟"包括"兄"和"弟"两方面。《诗经·柏舟》："亦有兄弟,不可以据。"古人女子也以兄弟分长幼。例如《孟子·万章》篇："弥子之妻,与子路之妻,兄弟也。"现在我们说"兄弟"(xiōngdi)专称弟弟而言,就把全名做为偏名来用了。

"妻子"包括"妻"与"子"。杜甫《兵车行》有"耶娘妻子走相送"句,正是兼指"妻"与"子"两方面而言。现在说"妻子"专指妻而言,也跟"兄弟"一样,把全名做为偏名来用,意义缩小了。

"年"代表一年的时间,我们说"过年、拜年"的"年"只指年节而言,是一个缩小的意义。

(2) 在一般应用的广泛的意义之外又有一种特殊的狭小的意义。例如：

"办"是"办事"的"办",这是一般广泛的意义。如果说"严办""首恶者必办","办"就是处分、惩治的意思了。

"对象"一般的用法是指各种动作(包括研究、批评、帮助等等)目的所在的事物或人,这是广泛的意义。现在称心目中追求的爱人叫"对象",那是一个缩小的意义。

词义缩小的事实在汉语中并不很多,主要的类型有这一些。

(三) 词义的转移　　上面所说词义的扩大和词义的缩小都是就着一个范围(包括理性的和感性的两方面)而发生的变化,假如由甲范围而变到乙范围去了,或者用甲代乙,或者产生好坏、强弱不同的相反的意义,原义已经消失,这都是词义的转移。词义转移主要包括下面两种类型。

(1) 用原来不表示这种事物的名称来称呼这种事物。例如:

"权"的原义本来是"秤锤",因而衡量轻重也叫"权",例如"权衡轻重",就是衡量的意思。人对于事物有支配和指挥的力量我们也称为"权",例如说"掌握大权"的"权",就是由权衡的意思转变来的,"权"的原义差不多消失了。

"兵"原来的意思是"兵器"。古人说"坚甲利兵",兵指武器而言。后来称执兵器以冲锋陷阵的战士叫"兵",那是一个转变的意思。

"文章"原来是"文采"的意思。《周礼·考工记》说:"画缋之事,……青与赤谓之文,赤与白谓之章。"后来才把文辞称为"文章"。如《史记·儒林传》公孙弘说诏书"文章尔雅,训辞深厚",意义已经与原来不同了。

"闻",耳朵听到叫"闻"。"耳无闻,目无见",就是耳朵听不见,眼睛看不见的意思。现在我们说"听",不说"闻"。可是用鼻子分辨气味叫"闻",原义已经改变了。①

"脚"原来指脚胫(《说文》:"脚,胫也。"),就是现在说的"小腿"。现在我们说"脚",指从脚趾到脚跟这部分而言,即北京话所谓"脚鸭子",相当于古人所说的"足"。

(2) 词义由好变坏,由坏变好,或由强变弱,由弱变强,也是词义的转移。例如:

"喽啰"字也作偻儸,原义是骠悍矫健的意思,《五代史·刘铢传》有"诸君可谓偻儸儿"的话,《水浒》里的"喽啰"也没有贬义。后来把帮助恶势力的人称为"喽啰",词义由好变坏。

"乖"本来是指小孩子慧黠、狡黠的意思,可是现在说小孩子安顺叫"乖",词义由坏变好。明周芝山《锡元亭闲话》说:"俗人不识字,称人子弟曰乖,曰凶,则喜,其意盖以为美谈耳,不知正相反。"事实上,用相反的名称做为爱称是语言中有意地把意义转换为相反意义的一种方式,这是由感情而引起的词义的改变。等到词所带有的感情成分暗淡了,

---

① 有的方言不说"闻"而说"听"(鼻子听一听),是同样的变化。

自然就变为与原义相反的意义了。"乖"正是这样的一个词。

"取"原来是"捕得、攻取"的意思,例如《左传》庄公九年的"齐人取子纠杀之",哀公九年的"宋皇瑗帅师取郑师"。现在的"取"跟"拿"的意思相同。词义由强变弱了。

"郑重"原来是"一再、频烦"的意思。《颜氏家训·勉学篇》说:"此事遍于经史,吾亦不能郑重。聊举近世切要,以启寤汝耳。"现在"郑重"变成"审慎、严正"的意思,词义由弱变强了。

以上我们把词义演变的三种现象——词义的扩大、词义的缩小和词义的转移都解释过了。词义的变化有的明显,有的不很明显,我们需要用心分别。

从上面所举的事实来看,词义的扩大是汉语词义发展和改变的主要方面。词义的发展和改变与隐喻和联想有很大的关系。词汇日渐增多,词义不断地有发展,语言自然一天比一天丰富起来。

最后,我们还需要知道:意义有变化,不一定就是新旧的替代,有时新义和旧义是并存的。从上面所举的例子就看得很清楚。同时我们还要注意:没有历史演变的关系,只是由于利用旧词而赋予新的概念所产生的词应当算做新词,不能讲词义变化。

(选自《汉语词汇讲话》,外语教学与研究出版社,2006年)

古籍校勘述例*

一 叙 说

我们要研究古代的社会历史、经济、文化，不能不利用古书，而我国历代流传下来的古籍浩如烟海，时代早的书几经传写或刻板，都不免出现一些错误，或篇简错乱，或字有讹夺，读起来难以理解，因此不能不进行校勘。

校勘的知识，对利用古书的人是必要的，对从事整理古籍的人来说，尤为切要。所以研究校勘古书的方法也就成为一门专门之学，即校勘学。"校"是比对异同的意思，"勘"是审核订正的意思。"校勘"就是以两者互相校核，发现异同，而正其讹误。"校勘学"也称为"校雠学"。"雠"是相比对的意思。校雠古书，著为定本，远自汉代刘向、刘歆开始。历代官府都设有校书之官，私人藏书也多手自校雠，如梁代任昉，宋代贺铸。但发展成为一门专科的学问则时代很晚。校勘学是随着版本学之兴起而建立起来的。

古书在唐代以前都是写本。晚唐以后雕版盛行，一般书籍都有了刻本，刻本一出，得书容易，好的古写本也就逐渐散失。书籍有刻本，固然便于流传，但是刻书所根据的底本是否为足本、善本，刻板的时候曾否跟别本校对过，有无错字等等，都是问题。宋代刻书者多，同一种书每有不同的刻本，卷数多寡或有不同，板刻也有精粗美恶之分。官刻本或家刻本经过用心校对，一般来说错字较少；书坊所刻，为急于谋利，往往校订不精；而且书籍屡经翻刻，手民传录不慎，也能出现错误。所以

---

* 前一篇写于1936年，发表于报刊，本篇为前些年的讲稿，两篇可以互相补充，所以并存。1986年5月2日日记。

从南宋开始学者已重视版本文字的校勘。如岳珂刻九经三传曾广聚众本,订正纰缪(见所著《刻九经三传沿革例》),所刻"相台五经"最为知名。

元代所刻的书也有不少胜于宋刻的,但种类不及宋刻之多。到了明代,宋元刻本流传日稀,于是传刻古书颇为盛行。惟明人遇不懂处每每以意校改,反多讹误。刻本不同,文字也大有出入。因此,读书不能不讲求版本。明清两代藏书家多,如范钦天一阁、毛晋汲古阁、钱谦益绛云楼、黄丕烈士礼居、黄虞稷千顷堂、吴骞拜经楼等,家家竞购宋元旧本,风靡一时,版本之学由是而兴。书籍既然讲究版本,就离不开校雠以判断文字的是非,因此校勘学随着版本学的建立逐渐发展为一门有理论、有方法的学问。

校勘古籍盛于清朝乾嘉之际。成就最多、考校最精的当推王念孙、王引之父子。王氏的《读书杂志》是很重要的一部书。在他以后,俞樾著有《古书疑义举例》和《诸子平议》,孙诒让著有《札迻》,都续有发明。这些都是从事整理古书和校勘古书的人所当留意的书。

校勘古书所需要的一般知识是相当广泛的。一方面要有关于古书的书籍知识,如古书的体制、古书的传写、古书的板刻以及有关书籍目录的知识;另一方面要有文字、音韵、训诂的基本知识,包括文字的假借、字体的流变、古今声韵的通转、词义的引申等等。除此之外,对古代的历史文化、典章制度之类也需要有所了解,并能运用不同种类的工具书,以解决书本上所出现的问题。然而各门学科又自有其专门知识,校某一类书,就要有某方面的专门知识,自不待言。这里仅就如何推寻书中文句的讹误以及如何进行校订发凡起例,撮举其要,加以说明,其他则略而不论。

二 古书讹误举例

王念孙在《读书杂志·淮南内篇第二十二》中曾就《淮南子》一书所出现的错误情况列举出六十四项,并举例加以说明。现在就主要的现象,约举十条,并略举例,以便参证。例子也多采自王念孙《读书杂志》、俞樾《诸子平议》及《古书疑义举例》。为行文方便起见,不烦详注。

(一) 篇简错乱

篇章简策的错乱通称为"错简"。错简一般有两种情况,一种是一篇之内段落文句错,一种是这一篇错入另一篇。例如1973年从长沙马王堆三号汉墓出土的帛书《老子》有两种写本,跟今本颇有不同,今本第二十四章"企者不立,跨者不行,自见者不明,自视者不彰"云云,两种帛书均在第二十二章("曲则全枉则正")和第二十三章("稀言自然,故飘风不崇朝,骤雨不崇日")之前,今本盖传写失次。

又如1972年在山东临沂银雀山一号汉墓出土的竹简中有《管子》一些残简,其中一部分与今本《七法》一篇对校,文字大不相同。例如今本"为兵之数"有以下几句:

> 举之如飞鸟,动之如雷电,发之如风雨,莫当其前,莫害其后,独出独入,莫敢禁圉……

今本"选陈(阵)"又说:

> 故有风雨之行,故能不远道里矣;有飞鸟之举,故能不险山河矣;有雷电之战,故能独行而无敌矣……

可是竹书《管子》这两部分是连在一起的,文字作:

> 动如雷神(电),起如蜚(飞)鸟,往如风雨,莫当其前,莫害其后,独出独入,莫能禁止。有风雨之疾,则不糞(难)远道;有蜚(飞)鸟之起,则□□山河;有雷神(电)之威,则能独制而无適(敌)……

这些文句的层次很顺,今本因简册错乱而传录有误。

(二) 字形相近致误

《管子·九守》"脩名而督实,按实而定名。""脩"当为"循"字之误。"循"唐人写书多作"循",因讹为"脩"。"脩"同"修"。

《管子·乘马》"樊棘杂处,民不得入焉。"王引之说:"樊当为楚,字形相近而误。楚,荆也。楚棘杂处,谓荆棘丛生也。"

《韩非子·十过》"禹作为祭器,黑染其外,而朱画其内。"王念孙谓染当作漆,俗书漆字作柒,因讹而为染。《说苑·反质》正作漆。

(三) 文字有增衍

传写增多出来的字,通称为"衍文"。例如:

《管子·事语》"彼壤狭而欲舉與大国争者","舉"字因跟"與"字形近而传写误衍。

《韩非子·诡使》"名之所以成,城池之所以广者",俞樾谓"池"为"地"字之误。"名之所以成,地之所以广"相对成文,不当有"城"字,"城"即由"成"字而误衍。

《吕氏春秋·当染》"不知要故也。不知要故,则所染不当。"这里下句的"故"字,涉上句而误衍。

(四) 文字重叠出,不符原意

《管子·乘马》"正地者,其实必正。长亦正,短亦正,小亦正,大亦正。长短大小尽正,正不正则官不理。""正不正"文义不通,上"正"字显然是书写重复,原文当是"不正,则官不理"。

《庄子·天运》"故西施病心而矉其里,其里之醜人见而美之,归亦捧心而矉其里,其里之富人见之,坚闭门而不出,贫人见之,挈妻子而去之走。"此处"其里"二字叠见。"病心而矉其里"与"捧心而矉其里"的"其里"二字传写误重,当删。"矉"是蹙额的意思,字亦作"嚬"。它是个自动词,后面不能带宾语。《太平御览》卷392、741引并不重上面两处"其里"二字。唐写本上一"其里"二字亦不重出。足证当删。

(五) 两字合为一字,或一字分为两字

《战国策·赵策》"太后明谓左右,有复言令长安君为质者,老妇必唾其面。左师触讋愿见太后,太后盛气而揖之。"案此据姚宏本,鲍彪本作"左师触龙言愿见太后",《史记·赵世家》同。《汉书·古今人表》也作"左师触龙"。姚本合"龙""言"二字为一字。

贾谊《新书·过秦论中》"故先王者见终始之变","者见"二字当是

"覩"字之误,"覩"字误分为二,遂错为"者见"二字。

（六）字词有窜改

《老子·第十四章》"视之不见名曰夷,听之不闻名曰希,搏之不得名曰微。"案《老子》帛书甲乙两本此三句作"视之而弗见,名之曰微。听之而弗闻,名之曰希。捪之而弗得,名之曰夷。"朱德熙先生说：搏亦作搏。按《说文》"捪,抚也,摹也","夷,平也"。盖捪讹为搏、搏,与夷义不相应,遂改"夷"为"微",而将"视之不见"句之"微"改为"夷"。今案朱说极是,今本文字有误。

《孙子·九地》"四五者,一不知,非霸王之兵也。夫霸王之兵,伐大国则其众不得聚,威加于乱则其交不得合。"案"霸王之兵"银雀山汉墓竹简《孔子》作"王霸之兵"。"王霸"屡见于古书,《孟子·滕文公》云："大则以王,小则以霸。"《荀子》也有《王霸》篇。王霸之业为古之常言,今本《孔子》作"霸王之兵"当为后人所窜改。

（七）字句有脱漏

《荀子·劝学》"蓬生麻中,不扶而直",《书·洪范》唐孔颖达《正义》引此下有"白沙在涅,与之俱黑"二句,"直""黑"二字为韵,王念孙以为今本脱,当补。

《洛阳伽蓝记》卷一永宁寺条"时太原王（尔朱荣）位极心骄,功高意侈,与夺臧否肆意。""与夺"下脱漏"任情"二字。见《魏书·孝庄帝纪》。

（八）文句之间有颠倒错乱

《老子·第十四章》"迎之不见其首,随之不见其后",汉代帛书《老子》乙本作"隋而不见其后,迎而不见其首",唐广明元年焦山《道德经幢》作"隨之不见其后,迎之不见其首",与帛书合,今本误倒。

《荀子·非相》"谈说之术,矜庄以莅之,端诚以处之,坚强以持之,分别以喻之,譬称以明之。"王念孙谓："分别"当在下句,"譬称"当在上句,譬称所以晓人,故曰譬称以喻之。分别所以明理,故曰分别以明之。《韩诗外传》及《说苑·善说》引此并作"譬称以喻之,分别以明之"。

（九）注文误入正文，或正文误为注文

《韩非子·难三》"且夫物众而智寡。寡不胜众，智不足以徧知物故，则因物以治物。下众而上寡，寡不胜众者，言君不足以徧知臣也，故因人以知人。"这里是就郑国子产而说的，与君臣无关。今本"智不足以徧知物故"和"言君不足以徧知臣也"两句俞樾以为应是旧注，传写误入正文。

《淮南子·道应》"田鸠往见楚王，楚王甚说之，予以节，使于秦。至，因见惠王而说之。"今本"因见"下有"予之将军之节"六字当是高诱解"予之节"所加的注文。今篡入正文，义不可通。

《淮南子·说林》"粟得水湿而热，甑得火而液。水中有火，火中有水，疾雷破石，阴阳相薄，自然之势。"今传本"自然之势"四字误作注文，使原文偏奇不全。当改正。

（十）写书旁记之字误入正文

《管子·立政》"未之令而为，未之使而往，上不加勉，而民自尽竭，俗之所期也。"案"而民自尽竭"原文当是"而民自尽"。"竭"是竭尽其力的意思，应是写者在字旁所注义训，后人不察，致误入正文。《鹖冠子·天则》云："未令而知其为，未使而知其往，上不加务，而民自尽，此化之期也。"文义与《管子》正同，可证今本《管子》"尽"下不应有"竭"字。

《晏子内篇问下》"景行行止之者其人也。"清卢文弨《群书拾补》云："案今《诗》作'景行行止'，而古来所引每作'行之'。……此书必本作'行之'，后人以《诗》'止'字注其旁，遂误入正文耳。"王念孙又据《淮南子·说山》谓"其"字上脱"鄉"（嚮）字。

古书中出现的讹误情况很多，以上仅就其常见的列举十条，学者如能掌握其中一些规律，对古书中文字上的讹误就比较容易辨识，并能加以校订。

三　校勘古籍的方法

要校书首先要读书。要了解原书的体例和思想内容以及语言的风格、辞例、文例等等。只有在这样的基础上才能很好地从事校勘,善于辨别文辞上有无错误。

校书还要知道古书中常见的避讳字。避讳从汉代已经开始,《老子》帛书乙本已避刘邦讳,以"国"字代"邦"字。后世避讳日繁。唐人写书遇到"世"字改为"代","民"字改为"人","治"字改为"理",宋代则"匡"改为"刊","恒"改为"常",诸如此类,不烦枚举。这类的避讳字有时对文义妨害不大,有时就会涉及到意义。如清人刻书,"玄"字避康熙帝讳改写为"元",就要注意了。关于避讳,可看陈援庵(垣)先生的《史讳举例》一书。

校勘古书,一般总是先从不同的版本校对入手。今日我们所读的古书几乎都是清代的刻本,明代的刻本已不多见。有的书以前只有一种刻本,有的就有几种刻本。有几种刻本的,时代又有先有后,所根据的底本未必相同。同一书屡经翻刻,翻刻时也许有所校改,有的改得对,有的改得不对。要校书就不能不多聚众本,寻求足本、善本,校其异同。

古本是非常难得的,如果有古本就可以解决不少字句上的问题。如《老子·第二章》"有无之相生,难易之相成,长短之相形,高下之相倾"数句,帛书甲乙本均作"有无之相生也,难易之相成也,长短之相刑(形)也,高下之相盈也","倾"字作"盈",义更明豁,胜于今本。又《第十章》"爱民治国,能无以知乎? 天门开阖,能为雌乎? 明白四达,能无为乎"数句,帛书乙本作"爱民活国,能毋以知乎? 天门启阖,能为雌乎? 明白四达,能毋以知乎?"案《淮南子·道应》云:"老子曰:明白四达,能无以知乎",文字与帛书相合,今本作"能无以为乎"误,当依帛书改正。(上句"能毋以知乎"的"知"字当依唐景龙碑作"为"。)由此足见古本之可贵。至于敦煌石室所出的唐写本古籍,数量较多,虽然也不免有错字,然远胜于宋以后的刻本。我们应当尽量利用古本来刊正今本。

利用各种不同的版本进行校对异同,这是校勘古书的第一步。利用版本校勘不仅可以了解各本的优劣，而且可以辨别各本之间的关系，推寻源委，分别主次，知所去取。例如《荀子》一书有宋刻杨倞注本和元刻纂图互注本，明嘉靖间有顾氏（春）世德堂所刻六子本，各本文字互有不同。然经过校勘，知道顾刻本实与元刻本为一系统，因而可以从纷挐中有所侧重，避免弩乱。

校书本身也是一个读书的过程，有时只凭版本校勘还不能解决问题，因为有些古书只有一种刻本，或者各刻本的错误相同，难以判断正误，那就必须利用其他方法进行订正。在版本校勘之外更重要的方法可以概括为两种：

一种是根据本书的体例，本书的上下文义、辞例以及前后篇章中相同或相近的文句反复寻按，对照比勘。这种方法就是"以本书校本书"的方法。

还有一种方法是在单凭本书尚难以确定的情况下，于本书之外利用其他书籍所引文字或其他与本书相关的材料比对异同，以考订今本的是非，决定去取。这种方法就是"用他书对校"的方法。

现在就上述两种方法分项举例，加以说明。

（一）用本书文句订正本书

古书一篇之内文义相承，用词往往一样，同一文句，有时数篇共见，可以比对参照，校正讹误。一部史书，史实相同，不同传记，文字歧出，也可以互校。宋吴缜《新唐书纠缪》、清汪辉祖《元史本证》即是其例。今以子书为例：

《管子·八观》"彼民非穀不食，穀非地不生，地非民不动，民非作力，毋以致财。天下之所生，生于用力；用力之所生，生于劳身。是故主上用财毋已，是民用力毋休也。"这里"天下"当是"天财"之误。《立政》云"天财之所出"，《国蓄》云"天财之所殖"意思相近，依上下文义足证"天下"二字有误。

《管子·七臣七主》"彼时有春秋，岁有赈凶，政有急缓，物有轻重。岁有赈凶，故民有羲不足。"案"羲"当作"羡"，形近而误。"羡"是多余的意思。"羡"与"不足"为对文。"羡不足"又见《国蓄》和

《轻重己》两篇。

(二) 参考注文刊定正文

古书的注解在解说原文文义的时候经常联系到原文的词句,如原句有误,可以根据注文加以校正。例如:

《管子·侈靡》"夫运谋者,天地之虚满也,合离也,春秋冬夏之胜也。"案依文义"胜"上当有"相"字。尹注云:"若无春秋冬夏之变,则不能相胜而成岁",可证尹所据本原有"相"字。

《管子·心术》"毋代马走,使尽其力;毋代鸟飞,使弊其羽翼。"这里"羽"字误衍。"使尽其力"与"使弊其翼"文例相同。尹注云:"能走者,马也;能飞者,鸟也。今不任鸟马之飞走,而欲以人代之,虽尽力弊翼,而终竟不能尽。"据此可证"羽"为衍文。

(三) 根据文义和文例订正谬误

校勘古书,从文义和文例上推究原文是否有误,这是非常重要的,一方面看自己的学识,另一方面也看自己读书是否细心。清代校勘家于古人文字擘析精微,未见古本而所校往往与今日所见古本暗合。例如:

《庄子·天道》"桓公读书于堂上,轮扁斲轮于堂下,释椎凿而上问恒公曰:'敢问公之所读者何言邪?'公曰:'圣人之言也。'曰:'圣人在乎?'公曰:'已死矣。'曰:'然则君之所读者,古人之糟魄已夫。'""君"字依上文当作"公"。《北堂书钞》卷一百引"君"正作"公"。

《淮南子·人间》"佞人得志,是使晋国之武舍仁而後佞。""武"即"士"。"後佞"字有误,当是"從佞"。"從""後"二字形近而讹。

白居易《琵琶行》"间关莺语花底滑,幽咽泉流水下难。""难"或作"滩",与"滑"不相类。"水下难",段玉裁谓当是"冰下难",若作"水下难",义不可通。

(四) 根据文辞押韵考订谬误

先秦古书中一篇之内经常有韵语,目的是便于记诵。但有时依例

当属押韵字,而读来并不谐和,那很可能是文字有误,应根据古时韵部进行寻按,加以订正。例如:

《管子·明法解》"故威势独在于主,则群臣畏敬;法政独出于主,则天下服德。故威势分于臣,则令不行;法政出于臣,则民不聽"。案"服德"当是"服聽"之误。"法政独出于主,则天下服聽"与下文"法政出于臣,则民不聽"文义正相应。"敬"与"聽"押韵,作"德"则音义都不合。

《荀子·天论》"大天而思之,孰与物畜而制之?从天而颂之,孰与制天命而用之?望时而待之,孰与应时而使之?因物而多之,孰与骋能而化之?思物而物之,孰与理物而勿失之也?愿于物之所以生,孰与有物之所以成?故错人而思天,则失万物之情。"这一段义理精微而且语句精练的韵语都是两句一换韵的,惟有"大天而思之,孰与物畜而制之"的"思"与"制"不叶。案古韵"思"为"之"部字,"制"为"祭"部字,韵不同部。唐杨倞注云:"尊大天而思慕之,欲其丰富,孰与使物畜积而我裁制之也。"然则"制"字当是"裁"字之误。"裁"与"思"同属古韵"之"部。今本作"制",乃传写之误。

《淮南子·兵略》"天化育而无形象,地生长而无计量,浑浑沉沉,孰知其藏。"这几句是韵语,惟"沉"字不押韵。王念孙校正为"沆"字,则"沆"与"象量藏"三字叶韵。

(五)根据其他书籍所引改正今本之误

校勘古书,除了用本书证本书以外,还可以利用别的古书引用本书的文句对校。这就是前面所说的第二种方法了。如用《韩非子·解老》《淮南子·道应》可以校今本《老子》,即是一例。

为校订古书可以利用的古籍很多,同时也随所校古书的内容性质而异。其包容广、引书多的可分四类:① 汇抄,② 古籍旧注,③ 类书,④ 总汇。

汇抄是就某一方面的书杂抄为一集的。如唐魏徵《群书治要》、马总《意林》,对校子部书都是有用的。古籍旧注引书极多的莫过于史书的旧注和唐李善的《文选注》。类书是分别事类采录前代的著述编排而成的,性质近于百科全书。自天文、地理、历史文化以至动物、植物,包括很广,集录的书籍也最多。如唐虞世南的《北堂书钞》、欧阳询的《艺文类聚》、徐坚的《初学记》,宋李昉等所编的《太平御览》等都是常用的类书。不过,类书的引文只相当一种版本。类书本身几经传刻,版本不同,也难免有误。因此,有了类书的引文,还要参证本书的文义来断定取舍。总汇是专就某一方面不同时代的著作分类编纂成为一书。如宋代的《册府元龟》集录的是史书传记,《太平广记》集录的都是前代的小说,对专门校某一类的书是很有用的。

根据他书所引以与今本对校,比用同书的不同版本对校,得益更多。今本从宋元刻本而来,又辗转翻刻,往往以讹传讹,终不及前代书中所引为得其实。例如:

《管子·小匡》"寡君有不令之臣在君之国,愿请之,以戮群臣。"案下文云:"愿生得之,以徇于国,为群臣僇。"《左传》庄公九年《正义》引"戮"下有"于"字是也。今本脱。

《管子·形势解》"使人有礼,遇人有理。"《群书治要》引此作"使人有理,遇人有礼。"今本"礼""理"二字误倒。

《晏子·谏上》"景公将观于淄上,与晏子闲立。"这里说的是齐景公同晏子在淄水岸上闲立,说"将"则时间与文义不合。案《群书治要》和《太平御览》卷428所引都无"将"字,可证"将"为衍文。

《史记·李斯列传》"夫以秦之强,大王之贤,由灶上骚除,足以灭诸侯,成帝业。"案"由"与"犹"同,"骚"与"埽"同。《太平御览》卷461引此文"由灶上骚除"作"如老妪灶上扫除","灶"字上有"老妪"二字。王念孙云:"《索隐》曰言秦欲并天下若炊妇埽除灶上之不净,不足为难。据此则正文内有'老妪'二字明矣。"

(六)取其他书籍相同或相近的资料或文句对校

古代书籍叙事载言每每更相祖述,时代相同或相近的古书里论述相同或记载相同的文字都可以互勘,校正讹误。例如我们可以据《吕氏春秋》校战国诸子，据《大戴礼》和《史记》、《汉书》校贾谊《新书》，据《汉书》校《史记》，据荀悦《汉纪》校《汉书》，据《册府元龟》校《旧唐书》。清代学者利用这种方法校订古书，探微索隐，所得甚多。例如：

《管子·宙合》"天不一时，地不一利，人不一事。是以著业不得不多，人之名位不得不殊方。"案《淮南子·泰族》也有相似的话。《泰族》云："天不一时，地不一利，人不一事，是以绪业不得不多端，趋行不得不殊方。"今本《管子》"绪业"误为"著业"形近而讹；"多"字下又脱"端"字，以致意思不明。

《荀子·劝学》"昔瓠巴鼓瑟，而流鱼出听。"《大戴礼·劝学》文字与《荀子》同，而"流鱼"作"沉鱼"。依文义自以作"沉鱼"为是。

以上所举的一些方法都是在版本互校以外的几种方法。前四种方法是以本书校正本书，后两种方法是以他书校正本书。在校勘过程中，要从不同方面去进行，不同的方法也交错为用。实在不能解决的，只可存疑，切不可臆改。前人曾经指出：古书之讹误由于传写摹刻不加校对而失者半。由于臆改而失者半。所以切忌不知而妄作。

校书能否校得好，是否能成为善本，关乎个人的学识与见闻。学力深，见闻广，才能知所去取。清人段玉裁曾说："校书之难，非照本改字不讹不漏之难，定其是非之难。"由此言之，读书能用心体会是非常重要的。要校书，就必须读书，真积力久，才能充然有得。清人所校的书主要是先秦诸子和一些史籍，很多书都还没有触及。前人要找到善本书很难，而今天我们所有的条件远胜于前代，在校勘古书和整理古书方面一定会有极大的成就。

1979年10月

（选自《周祖谟学术论著自选集》，北京师范学院出版社，1993年）

《方言校笺》序

《方言》是中国很早记载古代语言的书,汉末晋初的人都说是扬雄所作。如应劭的《风俗通义》[1]和常璩的《华阳国志》[2]都是如此。但是《汉书·艺文志》[3]和《扬雄传》[4]根本没有说到扬雄作《方言》,所以宋朝的人便怀疑起来,以为属之扬雄可能出于依托。关于这一个问题,《四库全书总目提要》分辨得很清楚,[5]结论是:"反复推求,其真伪皆无显据。"但是我们知道这部书题名叫做《方言》,并且普遍的流传起来,应当是东汉和帝以后的事。

首先我们看王充《论衡》里面称赞扬雄的文章和《太玄》《法言》两部书的地方很多,[6]可是始终没有提到《方言》。例如《齐世篇》说:"杨子云作《太玄》,造《法言》,张伯松不肯壹观;与之并肩,故贱其言。使子云在伯松前,伯松以为金匮矣。"[7]这一段话和《方言》后面扬雄《答刘歆书》中所说:"张伯松尝为雄道,言其父及其先君憙典训,属雄以此篇目颇示其成者,伯松曰:是悬诸日月不刊之书也。又言恐雄为《太玄经》,由鼠坻之与牛场也。……"很相符合。但是王充没有一字说到《方言》。王充是在和帝永元年间(公元89—104)死的。其次我们看许慎的《说文解字》里用《方言》解释字义的和今本《方言》词句相同的很多,他既没有说到扬雄作《方言》,也没有说到《方言》的书名。许慎的

---

[1] 见应劭《风俗通义·序》。
[2] 见常璩《华阳国志》卷十上《先贤士女总赞》。(《四部丛刊》初编本)
[3] 见《汉书》卷三十。
[4] 见《汉书》卷八十七。
[5] 见《四库全书总目提要》卷四十《经部·小学类·方言》条。
[6] 见《论衡》卷十三《超奇》,卷十八《齐世》,卷二十《佚文》,卷二十八《书解》,卷二十九《案书》,卷二十九《对作》。(《四部丛刊》初编本)
[7] 见《论衡》卷十八《齐世》。

书是和帝永元十二年(公元 100)开始作的,建光元年(公元 121)才完成。从这两点来看,和帝的时候还没有叫做《方言》的一部完全的书是很清楚的事情。直到灵帝、献帝的时候,应劭在《汉书集解》里开始明白引用《方言》,而且称之为扬雄《方言》;①他又在《风俗通义·序》里更详细地引用扬雄《答刘歆书》的话,而且说《方言》"凡九千字"。② 由此推测,《方言》在汉末应当已经普遍流传起来了。魏孙炎注《尔雅》是引用《方言》的,张揖作《广雅》也把《方言》的语词大量搜罗在内,这都是很好的证明。

那么,《方言》会不会是汉末人作的呢?这又不然。因为许慎《说文》里既然有很多跟今本《方言》相合的词句,必然在和帝永元以前就有了跟今本《方言》相类的记载了。从永元十二年(公元 100)推到扬雄的卒年,就是天凤五年(公元 18),中间是八十二年。如果《方言》不是扬雄所作,在这八十年里也就有了最初的底本。从许慎完成《说文》的时候,就是建光元年(公元 121),到应劭作《风俗通义》的时候,约在献帝兴平初(公元 194),中间是七十三年。在这七十三年中,应当有了《方言》的名称,而且这部书已经逐渐流布。这么说,《方言》是不是扬雄所作,很不容易断定。不过,这部书包括了西汉、东汉之间许多方言的材料倒是很值得宝贵的。

这部书记载的都是古代不同方域的语汇,地域包括得很广。称名虽然很杂,但都是汉代习用的名称。有的是秦以前的国名和地名,有的是汉代实际的地名。东起东齐、海岱,西至秦、陇、凉州,北起燕、赵,南至沅、湘、九嶷。东北至北燕,西北至秦、晋北鄙,东南至吴、越、东瓯,西南至梁、益、蜀汉。作者能够搜集这么多的方言,必然是在汉代武功极盛、版图开拓已广的时候写成的,否则不能如此。③ 但是要记载这样广大地域的语言,采用地理上小的地名是很困难的,所以不得不采用古代

---

① 见《戴氏遗书》卷五《方言疏证·序》。(微波榭刊本)
② 见《风俗通义·序》。
③ 例如书中所称凉益二州就是汉武帝元封以后才有的名称,凉州旧称雍州,益州旧称梁州,见《汉书》卷二十八《地理志》上。

的国名和较大的地名。

作者记载方言的方式,是先举出一些语词来,然后说明"某地谓之某",或"某地某地之间谓之某"。这些方言的语词都是作者问到以后记下来的。魏天行先生曾经给它一个名字,叫做"标题罗话法"。[①] 其中所记的语言,包括古方言、今方言和一般流行的普通语。凡说"某地语"或"某地某地之间语"的,都是个别的方言。说"某地某地之间通语"的,是通行区域较广的方言。说"通语"、"凡语"、"凡通语"、"通名"或"四方之通语"的,都是普通语。凡说"古今语"或"古雅之别语"的,都是古代不同的方言。若从所记的方域来看,凡是一个地方单举的,它必然是一个单独的方言区域;某地和某地常常在一起并举的,它们应当是一个笼统的区域。这样也可以极粗疏地看出来汉代方言区域分布的大概情形。

从这种实际的语言记载中,我们还可以知道:

(一) 一部分汉代社会文化的情形。例如由卷三"臧、甬、侮、获,奴婢贱称也"一条,知道蓄养奴隶在汉代是很普遍的事情;由卷四所记衣履一类的语汇,可以知道汉人衣着的形制;由卷五所记蚕薄用具在不同方言中的名称,可以知道在南方北方农民都从事于养蚕。

(二)从《方言》中可以看出《尔雅》一条之内所举的许多同义词往往都是古代不同的方言词,到了汉代,有些还在某一地方保存着,有些已经变成了普通语。但也有些已经消失,仅仅是书写上的语词了。

(三)《方言》所记汉代的语言有普通语和特殊语。我们知道:不同的方言相互交融,可以成为普通语;政治文化上有力量的语言,也可以成为普通语。汉代的普通语应当是由这两方面形成的。我们想春秋以前民族是多的,语言是分歧的,可是经过列国的争霸,七雄的角逐,秦代的统一,各地的语言彼此吸收,其间不知有了多少次的糅合。后来到了汉代,原来不是通语的,也就变为通语了。再看《方言》所记的语言,其中以秦、晋语为最多,而且在语义的说明上也最细,有些甚至于用秦、晋语作中心来讲四方的方语。由此可以看出秦、晋语在汉代的政治文化

---

① 见魏建功先生《方音研究》讲义。(北京大学排印本)

上所处的地位了。进一步来说，汉代的普通语恐怕是以秦、晋语为主的。因为一个新兴的统治者对于过去在政治文化上有力量的语言是往往承接过来的。春秋时代的"雅言"就是一般所说的官话，这种官话就是"夏言"，①"夏言"应当是以晋语为主的。因为晋国立国在夏的旧邑，而且是一时的霸主，晋语在政治和文化上自然是占优势的。等到后来秦人强大起来，统一中夏以后，秦语和晋语又相互交融，到了西汉建都长安的时候，所承接下来的官话应当就是秦、晋之间的语言了。

（四）《方言》里所记的特殊方语是循地理的分布而表示差别的。有的通行的区域狭，有的通行的区域广。在语言上有的是声音相近的转语，有的是声音不同的同义词。从声音不同的同义词可以看出不同的人造词的心理过程，从声音相近的转语可以看出方言中语音转变的条例。

（五）《方言》距今已经一千九百多年了，其中所举的方语在现代方言里依然保留着很多。这种语汇大半都是口头语，而且是文人不大写在文章上的。例如："慧谓之鬼"，"忧谓之怒"，"敛物而细谓之擎"，"人肥盛曰䐃"，"器破曰披"，"器破而未离谓之璺"，"贪饮食者谓之茹"，"庸谓之倯"，"子曰崽"，"物生而不长大曰鲵"，"凡相推搏或曰挡"，"小籝谓之篓"，"饭箄谓之笥"等，都是大众口里流行的话。如果没有《方言》记载下来，我们就无从知道这些语言已经远在汉代就有了。还有《方言》书里的古语，有些在现代方言里仍旧保存着，可是语音和现代方言中文字的读音不一定完全相同。例如："知谓之党"就是现在北方说的"懂"；"物大谓之奘"，现在北方说 zhuǎng；"耦曰媰"，匹万反，现在北方称"双生"，也叫"双 bànr"；"眄曰略"，音略，现在北方说"lōu（睩）"；"鸡伏卵而未孚，始化曰㰥"，现在普通话说"guǎ（寡）"；"锤，重也"，现在说"秤锤"叫"秤 tuó"；"缍，持也"，现在普通说布上的丝结叫"缍丝"，音 huà；"久熟曰酋"，现在普通说"qiǔ"。诸如此类，也都是"古语之遗"。

（六）前人说《方言》多奇字，是就文字的写法来讲的，如果从语言的观点来看，这些字只是语音的代表，其中尽管和古书上应用的文字不

---

① 见《刘端临先生遗书》卷一《论语骈枝》。（仪征阮氏刊本）

同,实际上仍是一个语词。例如:"咺"同"喧","唏"同"欷","怒"同"㥆","夰"同"介","胁阋"同"胁吓","蹃"同"蹋","佫"同"格","猸"同"愡","荩"同"烬","益"同"棬","贺"同"荷",都是很明显的例子。更有很多古今相同的语词,《方言》写的字和现在一般所写的不同。例如"少儿泣而不止谓之唴",现在写"呛";"好曰钵",现在写"俏";"遽曰茫",现在写"忙";"狯曰姞",现在写"猾";"缝纳弊故谓之致",现在写"绒";"罂谓之瓶",现在写"缸";"甾谓之枭",现在写"锹";"仝谓之棓",现在写"棒";"火干曰焣",现在写"炒";"裁木曰镤",现在写"劈";这些都是音义一样的。所以我们不能墨守文字,而忽略了语言。

从这几点来看,《方言》在汉语语言史上的价值很高,同时在中国文化史上也很重要。尤其重要的是它启示了我们怎样去了解语言,如方言和普通话的关系,古语和现代语的关系等,都是值得重视的。

今本《方言》是晋郭璞的注本,凡十三卷。《隋书·经籍志》[①]和《新唐书·艺文志》[②]著录的也是一样。但是刘歆和扬雄往来的信里说是十五卷,郭璞的《方言注·序》里也说是"三五之篇",卷数和今本不同。这应当是六朝时期的变动。至于字数,在应劭的《风俗通义·序》里说是九千字,但据戴震的统计,现在郭注本有一万一千九百多字,比应劭所见的本子多出将近三千字。[③] 这些字是在什么时候增添出来的,已经无从考订。我想一定是郭璞以前的事情。因为大凡一种古书有了好的注本以后,就不易有什么改动了。以郭注方言而论,我们可能考查出来的佚文,为数很少,就是很好的证明。

郭璞(公元 275—323)是精通音义训诂的人,[④]他的《方言注》和《尔雅注》解说字义都有一贯的精神,那就是用今语来说明古语。《尔雅注》里固然常常引用扬雄《方言》和晋代的方言来解释古语,在《方言注》里更常常举出晋代的方言来和扬雄所记的汉代方言相比较。在

---

① 见《隋书》卷三十二。
② 见《新唐书》卷五十七。
③ 见戴震《方言疏证·序》。
④ 《晋书》卷七十二有传。

意义上,或者证明古今语义相近,或者说明语同而义不同,或义同而语不同。在地域上,或者指明某些古语依然在某地保存,或者指出某些古语在当地不存在,而在别处却有这种说法;或者指出有些已经不是方语,而变成了一般的普通话了。这就是他在序文里所说"触事广之,演其未及"的意思。王国维《书郭注方言后二》已经把这种精神指出来了。① 但是在郭璞解释方言语词的时候,还有一些条例,是我们应当知道的:

(一)原来"释词"不明晰的,给一个明确的解释。例如:"虔,儇,慧也",注:"谓慧了。""烈,枿,余也",注:"谓残余也。""孑,荩,余也",注:"谓遗余也。""斟,协,汁也",注:"谓和协也。""谪,怒也",注:"谓相责怒也。""爱,嗳,恚也",注:"谓悲恚也。"凡注中说"谓某某"的大都属于这一类。说"谓某某",犹如说"这是指什么意思来说的"。这是一种限制的说明。

(二)说明方言中一个语词所以这样说的意义。例如:"慧,秦谓之谩",注:"言谩诧也。""好,秦曰娥",注:"言娥娥也。""眉,老也,东齐曰眉",注:"言秀眉也。""嫷,美也,南楚之外曰嫷",注:"言婑嫷也。""楚、东海之间卒谓之驽父,或谓之褚",注:"言衣褚也。""生而聋,陈、楚、江淮之间谓之眘",注:"言无所闻,常眘耳也。"凡注中说"言某某"的大都属于这一类。说"言某某",犹如说"意思是说什么,所以有这样的说法"。

(三)用普通语词来解释特殊语词或特殊的文字。例如:"台,养也",注:"台犹颐也。""郁悠,思也,晋、宋、卫、鲁之间谓之郁悠",注:"郁悠犹郁陶也。""泷涿谓之沾渍",注:"泷涿犹瀺滞也。""惃,江、湘之间谓之顿愍",注:"顿愍犹顿闷也。""南楚愁恚愤愤、毒而不发谓之氐惆",注:"氐惆犹懊恼也。""麇,老也",注:"麇犹眉也。"凡注中说"犹某某"的大都属于这一类。

(四)用语言里的复音词来解释原书的单音词。例如:"浑,盛也",注:"们浑肥满也。""慊,愧也,梁、宋曰慊",注:"敕慊亦惭貌也。""徲,行

---

① 见王国维《观堂集林》卷五。(商务印书馆石印本)

也",注:"偍偕行貌。""踾,力也,东齐曰踾",注:"律踾多力貌。""杜,踌,涩也,赵曰杜,山之东西或曰踌",注:"却踌燥涩貌。"

(五)说明"语转"。例如:"芛,讹,哗,化也",注:"皆化声之转也。""苏,草也",注:"苏犹蘆,语转也。""杷,宋、魏之间谓之渠挐,或谓之渠疏",注:"语转也。"这些都是说明因声音的改变而生的"转语"。还有说明语音不正而生的转语的。例如:"薄,宋、魏、陈、楚、江淮之间谓之苗,或谓之曲",注:"此直语楚声转也。""吴、越饰貌为䚋,或谓之巧",注:"语楚声转耳。"说"楚",犹如说"伧"。

从以上五点我们可以看出郭璞注这一部书照顾的方面非常之广。《方言》是一部好书,幸而又有郭璞的精善注本,真是相得益彰了。

《方言》的刻本,旧有宋本、明本和清人的校刻本。今日我们能看到的宋本是南宋宁宗庆元六年(公元1200)寻阳太守李孟传的刻本。① 他在《刻方言序》上说:"今《方言》自闽本外不多见,每惜其未广。予来官寻阳,有以大字本见示者,因刊置郡斋。"又南宋绍兴间晁公武在《郡斋读书志》上说:"予传本于蜀中,后用国子监刊行本校之,多所是正,其疑者两存之。"② 由这两段话我们可以知道《方言》的宋刻本在北宋有国子监本,在南宋有蜀本、闽本、赣本。赣本是宋代最晚的一个刻本了。监本、蜀本、闽本现在都无法看到,我想李本可能就是重刻的蜀本,也就是北宋监本的第二次传刻本。因为李刻本注文内说"某字一作某"的很多,正和晁公武的话相合;而且宋代蜀刻本的书很多都比闽、浙的刻本字大,李孟传既然明白地说所根据的是大字本,那么推想他重刻的是蜀本更有几分相像了。这样看来,李孟传本虽是一个很晚的宋刻本,但是他的底本是相当早的。所以刻本里还有许多字仍然保存着唐代书写的体式。后来许多明本都是翻刻李本的。如吴琯的《古今逸史》,胡文焕的《格致丛书》,程荣的《汉魏丛书》都是同出一源。不过经过写刻,生出一些错误,彼此不同罢了。

到了清朝,戴震根据《永乐大典》中录的《方言》开始和明本校勘,更

---

① 《李孟传》有二:一附《李光传》后,见《宋史》卷三百六十三,一见《宋史》卷四百一。
② 见《郡斋读书志》卷四《方言》条。(吴门汪氏艺芸书舍刻本)

进一步搜集古书引到《方言》和郭注的文字来和《永乐大典》本互相参订，正讹补漏，逐条疏证，于是成为一个善本。因为《永乐大典》是根据宋本来的，明本的错误可以根据《永乐大典》本来改正，《永乐大典》本的错误可以用宋以前古书所引的来订正。这种办法是很好的。《四库全书》和武英殿《聚珍版丛书》的《方言》都是戴震的校本。后来他又题名《方言疏证》，经人重刻，流传更广。① 这是清人第一个校本。不过其中也有一些不正确的地方，后来卢文弨又有《重校方言》。② 他根据不同的刻本和校本进行增订，这是清人第二个校本。这两个校本都是大家一向推崇的善本。

然而实际上两个本子互有短长。论学识卢不如戴，论详审戴不如卢。并且他们都没有看到原宋本。戴震所提的曹毅之本，③ 仅仅是一个明人影抄的本子；卢文弨虽然记出李孟传本，可是也和宋刻原书不完全相合，或者是根据过录的本子来写的。这已经是他们工作上的一种缺欠，更加二人都喜欢改字，把不错的改错了，错的改得更错。卢文弨又把郭注的音和注文分开，使音与义离析，不能互相印证，更是一种错误了。

在戴、卢两家以后又有刘台拱的《方言补校》和钱绎的《方言笺疏》。刘校最精，可惜仅有几十条。④ 钱疏除折衷戴、卢两家以外，又用玄应《一切经音义》参校一过，但是用力勤而发明少，是很可惜的！⑤ 在清代校勘家里面王念孙是最杰出的人物，他的遗书里有《方言疏证补》一卷，⑥ 其中往往有很精到的见解。另外在他的《广雅疏证》里引到的《方言》文字都是经过校勘的，时与戴、卢两家不同。因为散在全书里，反倒不被人重视了。

---

① 《方言疏证》有武英殿《聚珍版丛书》本，闽覆本，《微波榭丛书》本，汗青簃据微波榭本重校本，《安徽丛书》本。
② 《重校方言》有《抱经堂丛书》本，《小学汇函》本。
③ 见《方言疏证》卷二。
④ 《方言补校》有《刘端临先生遗书》本，《广雅丛书》本。
⑤ 《方言笺疏》有红蝠山房本，《积学斋丛书》本，《广雅丛书》本。
⑥ 《方言疏证补》见《高邮王氏遗书》。

由以上所说，足见清人对于《方言》这一部书是非常重视的，作校勘工作的人也很多。但是始终没有人把他们所做的工作总结起来，加以整理。在1943到1945年间我曾经做了一番整理工作，同时用了乾嘉诸老没有见到的古书，如《原本玉篇》、《玉烛宝典》、慧琳《一切经音义》等所引到的《方言》词句，校勘一过。虽然补充很多，然而始终没有排比成书。在1947年我又看到王念孙手校本《方言疏证》，①又增加一些新资料。刚好去年吴晓铃先生了解到我在这方面所做的工作，他提出要计划编纂《方言通检》，想取一个校本作底本，因此在他的鼓励和督促之下，才写成这一部《校笺》。另外我感觉到我们有研究语言兴趣的人始终还没有走上一条宽广的路，能够照顾到语言的整体来做全面的研究。因此方言作者的精神很值得我们留意，所以我也乐于从事整理一下这样古代记载语言的书。不是要"导夫先路"，而是有"拥篲清道"的意思。

不过《方言》本子里的错误是多方面的，前后错乱，讹字衍文，脱落倒置，不一而足。若就错误发生的时代说，有郭璞原本的错误，有郭璞以后到隋唐间传写的错误，有宋以后传刻本的错误。郭璞原本的错误，可以根据《说文》、《广雅》来校订。郭璞以后到隋唐间传写的错误，可以根据唐以前的书如《原本玉篇》、《玉烛宝典》等书来校订。宋以后传刻本的错误，可以根据唐宋间的书，例如唐代的李善《文选注》、玄应和慧琳的《一切经音义》，宋代的《太平御览》、《尔雅疏》、《集韵》等书来校订。但是仍然感觉材料不够充足，更加自己的能力有限，所能做的工作，也就仅仅如此了。《校笺》所用的底本就是宋李孟传本，并且以不改字为原则。一切校语案语都逐条写下来，列在本文的下面。至于戴震所见的曹毅之本是张金吾《爱日精庐藏书志》所著录的一个影宋抄本。《藏书志》上说：卷末有"正德己巳（公元1509）夏五得曹毅之宋刻本手影"一行②，这是怎样一个本子还不能定，傅增湘以为曹毅之应当是明代收藏这个宋本的人名，不是宋代传刻《方言》的人名，这一个影宋本就是李孟

---

① 中国科学院藏，存卷一至卷七，共七卷。
② 见《爱日精庐藏书志》卷七《輶轩使者绝代语释别国方言》条。（吴县徐氏灵芬阁活字本）

传本。① 这个问题不容易肯定,在《校笺》里只是根据戴、卢两家所说的情形写下来,作为一个明本看待而已。

在《校笺》的体例上,罗莘田、魏天行两位先生都给我很多宝贵的指示,又在百忙中特意为本书写序文,魏先生并且为我看过稿子的一部分,在这里我要首先向他们敬致谢意!最后还要郑重地谢谢吴晓铃先生,他除了鼓励我、督促我以外,并且在本书排校上替我改正了许多的错误,没有他的帮助,是不会顺利完成的。

1950 年 6 月 15 日序

(选自《周祖谟语言学论文集》,商务印书馆,2001 年)

---

① 见《藏园藏书题记》卷一《宋刊本〈方言〉跋》条。(企麟轩排印本)

洛阳伽蓝记校勘叙例

一、洛阳伽蓝记之刻本至多,有明刻本及清刻本。明刻本主要有三种:(1)如隐堂本,(2)吴琯所刻《古今逸史》本,(3)毛氏汲古阁所刻《津逮秘书》本。如隐本不知何人所雕,板刻似出于嘉靖间;逸史本则为万历间所刻也。二者来源不同,文字有异。津逮本刊于崇祯间,据毛斧季言,原从如隐本出,而有改窜。盖据逸史本校改者。至于清代刻本,则有四种:(1)乾隆间王谟辑校之《汉魏丛书》本,(2)嘉庆间张海鹏所刊《学津讨原》本,(3)嘉庆吴自忠《真意堂丛书》活字本,(4)道光吴若准《洛阳伽蓝记集证》本。考汉魏本乃出自逸史本,学津本即据津逮本翻雕,而小有更易。真意堂本,则又考取津逮、汉魏两本以成者。至于吴氏《集证》本虽云出自如隐,然亦略有删改。凡别本有异者,均于《集证》中详之。综是而言,《伽蓝记》之传本虽多,惟如隐堂本及《古今逸史》本为古。后此传刻伽蓝记者皆不出此两本。故二者殆为后日一切刻本之祖本也。校《伽蓝记》,自当以此二者为主。如振裘挈领,余皆怡然理顺。苟侈陈众本,而不得其要,则览者瞀乱,劳而少功矣。

二、如隐堂本,今日易见者,为董康印本及《四部丛刊》三编影印本。至于原刊本,殊不易觏。北京大学图书馆所藏李木斋书中有之,无清人藏书印记。余所据者为董本。昔毛斧季云:"如隐堂本内多缺字。第二卷中脱三纸,好事者传写补入,人各不同。"案董本卷二缺四、九、十八三板,与毛氏所言一致。董云:"从吴氏真意堂本补此三页"案真意堂本第九页"受业沙门亦有千数"之下有"赵逸云晖文里是晋马道里"十一字,董本此语乃在前"高门洞开"下,与津逮本相同。由是可知董本所补者,亦非尽据真意堂本也。而《四部丛刊》及李氏旧藏之如隐原刻本亦阙缺此三页,其所钞补,又均与董本无异,如出一辙,殊不可解。

三、明《永乐大典》中有引及《伽蓝记》者,见于卷七三二八"阳韵""郎"字下者一条,卷一三八二二至一三八二四"真韵""寺"字下者33

条,合之约当杨书 3/5。可谓富矣！案《大典》虽为明人所修,而所取之书,皆宋元相传之旧本。然则其中所引,不啻为明以前之一古本也。又缪荃孙所刻之《元河南志》,其卷三所记后魏城阙市里之文,一望而知出于《伽蓝记》。缪谓原书盖袭宋敏之旧志。(宋敏求书见《宋史·艺文志》,凡二十卷。今佚。)果尔,则所录者又出自北宋本矣。此二者前人均未道及,故特表而出之。由此可知校《伽蓝记》,除采取诸刻本外,尚有此等重要之资据在。观二者所引内容,《河南志》之文最古,《大典》所引多与《逸史》本相同。据是又可知《逸史》本与如隐本不同,其所据之传本固自不同。此亦为古书流传中之常见现象。

四、《伽蓝记》之有校本,自吴氏《集证》始,然过于简略,且有讹谬,未为精善。近代则有两种校本:一为《大正新修大藏经》卷五十一所收之校本。原书据如隐本排印,而参校众本,列其异同于下,惟不言及《古今逸史》本及真意堂本。一为张宗祥之合校本。此书不以一本为主,但合校各本,择其长者而取之,凡有异同,皆备记其下,而不加断语,足以见其审慎。然撮录之时颇有讹夺。(如卷一胡统寺条脱"其资养缁流,从无比也"九字。)今之所校,以如隐堂本为主,而参用《古今逸史》本,校其同异,定其是非。凡义可两通者,注曰"逸史本作某"。《逸史》本误,概从如隐本。如隐本误字较多,皆取《逸史》本校正。原书俱在,可覆案也。至于津逮、汉魏以下各本,亦均在校雠之列。如有可采,必择善而从。若津逮同于如隐本,汉魏同于《逸史》本,正其渊源所自,不复言之,以免殽乱。斯所谓振裘挈领也。若津逮不同于如隐,学津又不同于津逮,盖据《逸史》本或汉魏本而改,故亦不备举。或出一二,以见其源流而已。

五、唐刘知几《史通·补注》篇云:"亦有躬为史臣,手自刊补,虽志存赅博,而才阙伦叙,除烦则意有所恪,毕载则言有所妨,遂乃定彼榛楛,列为子注。若萧大圜《淮海乱离志》、杨衒之《洛阳伽蓝记》、宋孝王《关东风俗传》、王邵《齐志》之类是也。"由是可知衒之原书本有正文子注之分,今本一概连写,是混注文于正文,与原书体制不合。此意自顾千里发之。(见《思适斋集》卷十四《洛阳伽蓝记跋》。)尔后吴若准为《集证》,乃本顾氏之说画分段落,子注皆分行书之。然所定正文太简,注文过繁，恐非杨书之旧。吴氏之后，唐晏为《洛阳伽蓝记钩沉》，复重作分画。以视吴本，眉目稍清，然犹有界域不明者。以予考之。此书凡记伽蓝者为正文，涉及官署者为注文。其所载时人之事迹与民间故事及有衒之案语者亦为注文。（唐晏《钩沉》以有衒之案语者为注中之注，古本不可得见，今不复分别。）如永宁寺条，《开元释教录》引之，而不录常景之传记及"衒之尝与河南尹胡孝世"云云数语，是其明证。循此以求，条理不紊。其卷五记宋空西行求法一节所载《道荣传》云云，亦为子注。考《法苑珠林》卷三十八引"雀离浮图"一节，全不引《道荣传》语，即其证也。陈寅恪先生谓此种格式即本于魏晋南北朝僧徒合本子注之例，诚不可易。（见《读洛阳伽蓝记书后》。）今就以上所举例证，重为画分，虽未必能还杨书之旧观，但藉此以明杨书之体例，并使上下文句条贯统序，亦未始无用也。

附注：赵万里先生见告："如隐堂本盖为长洲人陆采所刻。范氏天一阁藏书中有采所著《天池山房小稿》，内有如隐草堂之名，此《伽蓝记》之板刻字样正类苏州刻本，故疑为陆采所雕。"今案如隐草堂四字见《小稿》壬辰稿卷末。采为嘉靖进士陆粲之弟，从都穆学古文词，于文喜六代，为诸生累试不第。详冯桂芬《苏州府志》卷八十六。

（选自《周祖谟学术论著自选集》，北京师范学院出版社，1993年）

释古代文学评论中的文气说

"气"字是中国古代文学评论中常用的名词,或单称,或与其他的字组合在一起成为一个复合词,如"气骨"、"气质"、"气韵"等。这些词见于古代文论中的非常之多,但涵义颇不一致。大体来说有四种说法。

最早倡文气说的是三国时魏的曹丕。曹丕在《典论·论文》里说:"文以气为主。气之清浊有体,不可力强而致。"这里的"气"是指才性或气质而言。曹丕在《与吴质书》里说"徐干时有齐气","公干(刘桢)有逸气,但未遒耳",都论的是才性的刚柔。曹丕有时又把"体"与"气"并言。如称"孔融体气高妙,有过人者","仲宣独自善于辞赋,惜其体弱,不足起其文"。"体"即谓身体。气质的刚柔正与身体的强弱有关,所以"体"与"气"并举。

论人的体性有刚柔,气质有清浊,是东汉时期品评人物所习用。如《后汉书·郭泰传》称:"(袁)奉高之器,譬之泛滥,虽清而易挹;(黄)叔度之器,汪汪若千顷之波,澄之不清,挠之不浊,不可量也。"又《许劭传》称:"太丘(陈寔)道广,广则难周;仲举(陈蕃)性峻,峻则少通。"所谓"道广""性峻"的品藻跟《典论·论文》说"应玚和而不壮,刘桢壮而不密"是一类的。曹丕以气质才性论文即是受东汉就人之心性品评人物的风气而来。因为文学是一己心性的表现,各有其风格气骨,所以说"文以气为主,气之清浊有体,不可力强而致"。后来梁刘勰《文心雕龙·体性篇》中论气有刚柔,也是同样的意思。这是文与气最早的一种说法。

第二种说法是辞气说。《论语·泰伯》曾子说:"出辞气斯远鄙倍矣。""辞气"或称"气调"。北齐颜之推《颜氏家训·文章篇》说:"文章当以理致为心肾,气调为筋骨,事义为皮肤,华丽为冠冕。""辞气"也指"辞调"而言,就是语气和格调的意思。这是第二种说法。

然而自唐宋以后文家言气,则又是"心平气和"之"气"。"气"是"心气"、"气势"的意思。刘勰《文心雕龙·才略篇》说:"气形于言",宋苏辙

《上韩太尉书》说"文者气之所形",都指心气而言。唐代韩愈《答李翊书》说:"气盛,则言之短长与声之高下皆宜。"柳宗元《答韦中立论师道书》说:"吾每为文章,未尝敢以轻心掉之,未尝敢以怠心易之,未尝敢以昏气出之,未尝敢以矜气作之。"李翱《答王载言书》说:"义深则意远,意远则理辩,理辩则气直,气直则辞盛,辞盛则文工。"杜牧《答庄充书》说:"凡为文以意为主,以气为辅,以辞采章句为之兵卫。"这些所谓"气"都是"心气"之气。汉扬雄在《法言》里曾说:"言,心声也。"在人之未言,先有意思;意思组织既成,而后以言辞表达之;表达言辞的时候,又因情感之不同而生出不同的气势。韩愈所说"气盛",气即气势的意思。在文章上来说,或谓之"笔势"。清代刘大櫆《论文偶记》里说:"神者气之主,气者神之用。行文之道,神为主,气次之。"神,就是意思上优越的精神;气,就是表达此精神的笔势。因此,他又说:"论气,不论势,不备。"而姚鼐《与陈硕士书》也说:"欲得笔势痛快,一在力学古人,一在涵养胸趣,夫心静则气自生矣。"可见古文辞家笔下的"气"与"势"是相关的。

他们作文章既讲气盛,同时也要求"心平而气醇"(见韩愈《答尉迟生书》)。欲求气醇,又在于平日有修养,所以又提倡"养气"。孟子说"我善养吾浩然之气"(《公孙丑上》),这是讲对外知言,对内集义的修养工夫。而为文首要积理,积理久则气盛。因此作文也要同做人一样,需要有平日的修养。苏辙《上韩太尉书》说:"文者,气之所形。然文不可学而能,气可以养而致。"明宋濂《文原下》说:"为文必在养气。"清魏际瑞《伯子论文》说:"诗文不外情事景,而三者情为本。然置顿不得法,则情为章句所暗,尤贵善养吾气,故无窘室懈累之病。"这都是提出为文必须养气的。有了养气的工夫,则"气盛者,其交畅以肆;气舒者,其文殊以达。"(清邵长蘅《与魏叔子论文书》语)文章自然如行云流水,行其所当行,止其所当止,无适而不可。

不过,"养气"的方法是什么?元陈绎曾《文说》略有解释。他说:"养气之法,宜澄心静虑,以此景、此事、此人、此物默存于胸中,使之融化与吾心为一,则此气油然自生,当有乐处,文思自然流动充满而不可遏矣。切不可作气,气不能养而作之,则昏而不可用,所出之言皆浮辞客气,非文也。"所说即是积理存养的工夫,由孟子养气说而出。以上所说的气是第三种说法。

另外,前代的文家又有以"气"指气象或风格而言的。如宋周必大《宋文鉴序》说"文之盛衰主乎气,辞之工拙存乎理"。此所谓"气",就是气象的意思。至于《旧唐书·韩愈传》所说"迁雄(司马迁、扬雄)之气格",就是风格的意思。风格之美者必有超逸的趣致,所以又有"气味"或"气韵"之名。如姚鼐《古文辞类纂序》说:"神理气味,文之精也;格律声色,文之粗也。然苟合其粗,则精者亦胡以寓焉?"方东澍《昭昧詹言》说:"读古人诗须观其气韵,……如对名花,其可爱必在形色之外。"又说:"气者,气味也;韵者,态度风致也。"这都是指文章的"总相"的,是气字的第四种说法。

据上可知古代文学评论中习用的"气"字,其意义大体有此四种。这四种意义是随时代而有转变的。

就此四义来看,也有其相互的关系。因为论文章的优劣异同,首先要从内容和体制来看。不同的文章又有不同的风格。风格之构成,有天资和学力两方面。天资包括作者的情性和才气,学力包括作者的所学和所习。由辞理足以见其才之庸俊,由风骨足以见其气之刚柔,由事义足以见其学之浅深,由体制足以见其习之雅郑。所以"气"可以统指其气象及风格,可以单指其气质,或文章的辞气和气势。"气"是一个笼统的名词,所论不出精神、志意、才情、言辞、神韵各方面。

就用此字的时代来讲,第一种说法始于魏,第二种说法始于六朝,第三种说法始于唐,第四种说法始于宋。魏曹丕首以汉人论人之才性者论文,实开文学评论之先声。其后刘勰承接晋宋以来的文艺理论而作《文心雕龙》,于是有养气、体性、定势、风骨各篇。到唐代的韩愈想扫除六朝文体靡敝之风,乃又倡气盛的说法。到宋代以后又承唐人之说以理学的观点盛言养气,主张文章要有气韵。这些文气说转变的原由是很清楚的。

1947 年 6 月

(选自《周祖谟语言文史论集》,浙江古籍出版社,1988 年)

胡三省生卒行历考[*]

胡三省，宋元史俱无传，钱大昕《疑年录》以为生于宋绍定三年庚寅（公元 1230 年），卒于元至元二十四年丁亥（公元 1287 年）。外舅余丈季豫为《疑年录稽疑》云："案宋宝祐四年登科录第五甲，第一百二十一人，胡三省，字景参，年二十七。以此推之，正当生于绍定庚寅。《宋元学案》卷八十五云：'史失其传，不知卒于何时。'钱氏此条所记年寿及卒年，未详见于何书。考袁桷《清容居士集》卷四十三《祭胡梅磵文》，不署年月。其卷三十三《师友渊源录》云：'胡三省，天台人，宝祐进士，释《通鉴》三十年，兵难稿三失，乙酉岁（至元二十二年也，胡氏《通鉴注序》末题游蒙作噩即是年。）留袁氏塾，日手抄定注，己丑寇作（公元 1289），以书藏窖中得免。'全祖望《鲒埼亭集外编》卷十八《胡梅磵藏书窖记》云：'南湖袁学士桥，清容之故居也。其东轩有石窖焉，予过而叹曰：此梅磵藏书之所也。'就二书之言观之，则梅磵方于至元二十六年己丑自藏其书，安得先卒于二十四年耶？钱氏必有所据，姑志所疑，以俟再考。"

今案钱氏定胡氏卒年在元至元二十四年丁亥者，盖据《通鉴释文辨误》自序耳。序作于元至元丁亥春，钱氏殆以是年成书之后，胡氏不久即逝，故率尔以此为其卒年，实则非也。考陈著《本堂集》卷七十九，有《与胡景参书》，文中有'余七十八岁老翁'之语，案陈氏生于宋嘉定七年（公元 1214），此书之作当为元至元二十八年（公元 1291），其时胡氏尚健，是不得谓之卒于二十四年也。此其一。又同书卷三十六，有《赠甥胡幼文还侍序》一文，为 83 岁时所作。胡幼文者，即景参第四子，本堂季女之婿，以其偕妇来甬上，将归天台，故为序以赠之。题称还侍，则景参犹在也。而本堂为此文时，当元元贞二年丙申（公元 1296），则景参

---

* 本文原稿曾呈陈援庵师审正，原题"胡三省"作"胡身之"，先生亲笔改订为"胡三省"。是时同居于北平，先生方著《通鉴胡注表微》，即以本文所考录入。

之卒又当在此以后矣。此其二。然余颇疑钱氏尝引《本堂集》以考王伯厚之生年，独于景参之卒年失考，何也？今检光绪《宁海县志》卷二十艺文内编墓碑类，据胡氏家乘载其子幼文所作墓碑，述其生卒年月甚详。云："公生于宋宝庆六年庚寅四月癸亥（公元 1230），卒于大德壬寅正月戊午，享年七十有三。"是景参卒于大德六年也（公元 1302）。宝庆六年，即绍定三年，与钱录无异；而卒年乃相差 15 年之久，微墓碑，则无由得知矣。此碑板有补于史乘者也。

至其出处行历，亦惟墓碑所载为详。碑云：

先生讳三省，字身之，旧字景参，世居台之宁海。曾大父讳友闻，妣汪氏，大父讳顷，妣王氏，父讳钥，赠奉议郎，妣周氏，赠安人。公生于宋宝庆六年庚寅四月癸亥。年十六，奉议公卒，居丧尽礼，以孝闻。登宝祐丙辰第，调吉州泰和尉，以亲老不就，改庆元慈谿尉。刚直不阿，忤郡守罢去。外会有以文学行谊荐者遂授扬州江都丞。咸淳丁卯三年（1267）差充寿春府府学教授，佐淮东幕府，考毕及格，改奉议郎，知江陵县。丁母忧，服阕，改知安庆府淮宁县。甲戌（1274）差充主管沿江制置司机宜文字，官至朝奉郎。自是隐居二十余年，屏谢人事，日著书为乐。既老，自号知安老人，扁所居堂为"逸老"。晚营寿域，去舍南数十武，筑室扁曰'读书林'，与诸孙徜徉其中。宾至，命酒赋诗，怡怡如也。旧注司马公《通鉴》，中经散逸，骈求他本为注解，手自抄录，虽祁寒暑雨不废。诸子以年高不宜为言，则曰吾成此书，死而无憾。间一日晨兴，言笑自若，忽曰："吾其止此乎"？寝至三日，奄然大故。时大德壬寅正月戊午也，享年七十有三。呜呼痛哉！娶同里张氏安人。子男五：长文、仲文、季文、幼文、释文。长文、仲文、先公卒；季文哭公哀毁，亦卒。女一：婉，早夭。孙男十四：世儒、世仕、世俊、世杰、世任、世传、世佐、世俨、世倩、世伲、世偕、世佺、世仁。（此仅得十三人，盖修志时抄撮有误。）所居狭小，涧旁多古梅，世称公为梅磵先生云。注《通鉴》二百九十四卷，《通鉴释文辨误》十二卷，《通鉴小学》一卷，《竹素园稿》一百卷。幼文等不孝忍死，于大德癸卯十二月己酉奉柩而窆，从先志也。葬日薄□，未能求铭当世，姑叙岁月纳诸圹。孤子幼文泣血拜谨识。

观此,则梅硐之出处行历皆可知矣。惜乎生于宋季国事日非之际,虽从军江上,而不为贾似道所重。元人既至,兵不能守,未三四年而国亡。虽则避居山野,发愤著书,以期自见于后世,然其悲怆愤愦之情,固有难以言谕者。是以袁桷祭梅硐之文曰:"江上之策,不行于老奸,蒙昧草野,避声却影,年运而往,知吾道之愈难,写心声之悲愤,听涧水之潺潺,阴阳倚伏,何得而非辱?何失而非福?匪历代消长融会胸臆,其何能若是之盍穀。"又《过扬州忆旧诗》之六云:"四城赋拟张衡丽,十鑑书同贾谊哀,(原注公有《四城赋》、《江东十鑑》)腹里春秋纳云梦,案头今古起风雷。青衫不受折腰辱,(原注旧尉慈溪为郡守厉文翁劾去)白眼岂知徒步回?(原注乙亥间道归里)舟泊城南更回首,寒风吹泪下天台!"(原注此诗属胡怀宁三省。见《清容居士集》卷十一。)盖记实也。

《江东十鑑》及《四城赋》,当在《竹素园稿》中,今文稿不传,所传者惟《通鑑注》及《通鑑释文辨误》而已。《通鑑注》为其毕生精力之所萃,其自序云:"宝祐丙辰出身进士科,大肆其力于是书,为广注九十七卷,著论十篇。咸淳庚午(公元1270)从淮壖归杭都,延平廖公见而韪之,礼致诸家,俾雠校《通鑑》以授其子弟,为著"雠校通鑑凡例",廖转荐之贾相国,德祐乙亥(公元1275)从军江上,言辄不用。既而军溃,间道归乡里。丙子(公元1276)浙东始骚,避地越之新昌,师从之以孥免,失其书。乱定反室,复购得他本为之注,迄乙酉冬(至元二十二年,公元1285)乃克彻编。"是前后阅时十数载,始成定本,前辈著书用力之勤,于此可见。惟当其馆于袁氏,手抄定注之时,王深宁亦居甬上,方作《通鑑答问》及《通鑑地理释》,二子虽未相质正,而所为者正同,岂非皆深尝忧患,愤嫉国亡,犹念念然欲藉此以求理乱兴衰之故而适然与?

先生既卒,其子幼文亦隐居不仕,能守其父志。然未七十年而元灭,所谓剥久必复者也。其曾孙胡义冕,明洪武中授承事郎,除河南渑池县尹,后为将仕郎,仕湖广当阳县尹,终于任所。亦见《宁海县志》,宜附及之,以其为贤者之后云。

1943年6月

(选自《周祖谟学术论著自选集》,北京师范学院出版社,1993年)

"伍记"与《新华字典》

我们当代最通行的一本小型字典是《新华字典》。这本小字典的编纂计划和体例的拟定有一段故事的,这就是这里要说的"伍记"。

话要从头说起。在抗日战争胜利以后,1946年之秋,许多先生先后返回北京,会面相聚的机会逐渐多起来了。乱后相逢,心情欢畅,话是说不完的,同时又深深感到八年人事倥偬,忽忽而过,而今可以在文化教育事业方面多做些确实有意义的事了。

一次,在魏建功先生座上,燕谈之余,讲到中小学教育的问题,并涉及到字典的问题。深切感觉字典对开发知识、提高文化具有极大的重要性,需要编一本新型的符合时代要求的字典。当时我们所谓的新型,意思在于破除以往只注重文字,不重视语言与文字关系的弊病。本着这个意思,就想试编一种小型的字典为中小学生应用。我们认为这是一项有益于普及教育的工作,必须要当做一项事业来努力进行。谈话之间,仿佛一个新的试验工作将要开始了,心情十分振奋。如果真能在这方面有所贡献,那是十分愉快的。

要做,首先要多约几位同道讨论一下编纂的体例和有关的问题,于是魏先生就约了金克木、吴晓铃、张建木三位先生和我在魏先生家里交换意见。第一次相聚是星期五,一谈就是一个上午。几个人都认为编一本字典很必要,不妨先编一本小的,以后再扩大编一本中型的。这一天所谈涉及到的范围很广,对收字、注音、释义以及编排的方法等,都提出了一些设想。大家兴趣很浓,就决定每星期五上午在魏先生家把具体问题一项一项地进行讨论。五月间北京的天气已经热起来了,我们四个人都能准时到达,从未间断,这样持续了两个多月。

魏先生的寓所在北京朝阳门内东四牌楼大街,街道很宽。由东四牌楼向东到朝阳门,路边人行道上就是出售鱼肉蔬菜日用杂项的集市,每日上午人声喧闹,熙熙攘攘,行商坐贩,比列成行。其中有为人搬家或运货的,两三个人有一辆排子车放在路边,等候主顾,名为"脚行"。如果姓王,就挂着"王记脚行"的牌子。我们五个人要编一本字典,叫什么名字呢?那时候没有什么"小组"的名称,可能是魏先生想到了门外有"王记脚行"的名字,笑着说:"啊!我们五个人不就是'伍记'吗?我们的字典就叫'伍记小字典'好喽!"这当然是一句笑话,可是"伍记"就跟后来的《新华字典》联系起来了。

我们"伍记"这几个人都是研究语言学的,谈话三句不离本行。魏先生是长辈,我们年纪轻的人都喜欢跟魏先生在一起讨论学问。为了编字典,经过几次讨论以后,初步拟出一些条例来。回忆起来,约有以下几项:

(1) 以前所出的小字典都是按《康熙字典》214部首编排的,只有《国音常用字汇》是按注音字母的次第来排的。我们要新编一本,一定要采取音序的排列法,另附部首检字。部首也可以稍有改变。

(2) 收字数量,根据现在常用的程度来看,可在5000到6000之间。有些联绵词应当作一个条目出现。第二个字可以采取"参见"的方式注明。注音就以《国音常用字汇》为准。

(3) 释义方面的问题较多。我们确定了几项原则:① 解释用语体,意思要明确,尽量不用互训的方法;② 一词多义的,可以把通常的意义列在前面,不常用的列在后面;③ 解释的后面要举例,把常用的词语列在解释的后面。可以是词,也可以是成语或短句。有些需要联系语法作解释;④ 词语的解释会涉及意义发展的问题。有些词义是由一个较早的意义引申出来的,有的是由于比喻而来的。在释义中可以注明"引申义"或"比喻义"。除此以外,还有一些是由特殊的情况而产生的意义,那就不妨立一个"转义"的名称。这也是清人讲训诂时常用的称谓。

(4) 字头要用楷体字,不用老铅字,以便于中小学学生学习字的写法,免得写出那种四不像的美术字。

(5) 从便于中小学学生理解词义出发,有些名物应当附以插图。

定了这些基本原则以后,魏先生试着编了几个字,作为一个编写的模式。但是后来大家都因为工作的关系,没有着手再进行。所谓"伍记"云者，也就散伙了。

新中国成立以后，人民教育出版社叶圣陶先生敦请魏先生主持编写一本字典，并成立一个专门机构，命名为"新华辞书社"。辞书社只有四五位编纂人员。在魏先生主持下，积极努力，编成《新华字典》初稿，油印若干册，送请有关的先生们征求意见。最后，又经过一次修订，以"新华辞书社"的名称印发了第一版。这一版基本上都是按照"伍记"所拟的原则付诸实施的。

1962年《新华字典》修订过一次。1965年又修订重排过，字体改换了像前代一种活字版体，跟原来用楷体的意思不同了，实际并不好看。学生如果照猫画虎，笔下永远写不好。插图也被取消了，这也跟原意不合。原版的插图不太好，是真的；但应当设法改进，不宜取消。很多人不以为然，这里就不必多谈了。

《新华字典》的出版标志着字典的一项革新，对推进语文教育的发展起了一定的作用，这是人所共知的。可是魏先生是这本字典的主编者，同时也是一字一字的审定者。从起始酝酿直到编成，得到出版，经过有十年之久，是他精力所萃，而知道的人并不多。不幸魏先生于去年逝世，是我国教育事业的损失。因为"伍记"是他倡导的，工作是他做的，这段故事和事实不能无记，所以略述梗概，为关心辞书编写情况的人作参考。

(选自《周祖谟语言学论文集》，商务印书馆，2001年)

周祖谟先生主要学术论著系年

编者按：

1. 专著与论文同时系年，论文集视同专著。先列专著，次列论文。有些论文首次发表在某部论文集中，这些论文亦在论文集出版年度同时一一列出。

2. 论著按首次公开发表的时间系年，为节约篇幅，刊物出版年度、论文转载几个刊物或后被收入论文集的，不一一注明。

3. 论文篇名以首次公开发表的刊物所列篇名为准，无新式标点者，一遵原貌。

4. 编者识见谫陋，讹舛罅漏，尚祈读者赐正。

1935 年

1. 读王氏广雅疏证手稿书后① （天津）《益世报》（读书周刊 11 期）1935.8.15
2. 论篆隶万象名义 《国学季刊》5 卷 4 期
3. 说文解字之传本(孙刻说文解字校勘后记)② 《国学季刊》5 卷 1 期
4. 孙星衍平津馆重刻宋本说文解字校勘记 《国学季刊》5 卷 1 期
5. 陶刻孙本说文解字正误 《国学季刊》5 卷 1 期
6. 韵书与声韵史 （北平）《世界日报》（国语周刊 196 期）1935.6.29

---

① 该文后收入《问学集》（中华书局，1966 年），更名为《读王氏广雅疏证手稿书后记》。
② 该文后收入《问学集》（中华书局，1966 年），更名为《说文解字之宋刻本(孙刻说文解字校勘后记)》。

1936 年

7. 跋丁少山覆刻监本说文解字　　（天津）《益世报》（读书周刊 32 期）1936.1.16
8. 大广益会玉篇跋　　（天津）《益世报》（读书周刊 62 期）1936.8.20
9. 重印雅学考跋　　（天津）《益世报》（读书周刊 44 期）1936.4.23
10. 论校勘古书的方法　　（天津）《益世报》（读书周刊 64 期）1936.9.3

1938 年

11. 《广韵校勘记》五卷（线装本）①　　商务印书馆（长沙）
12. 景宋本刊谬正俗校记　　《辅仁学志》7 卷 1、2 期合刊

1939 年

13. 论文选音残卷之作者及其音反②　　《辅仁学志》8 卷 1 期

1940 年

14. 陈氏切韵考辨误③　　《辅仁学志》9 卷 1 期
15. 广韵跋尾二种　　国学季刊（北京大学）6 卷 3 期
16. 骞公楚辞音之协韵说与楚音　　《辅仁学志》9 卷 2 期

---

① 周祖谟先生在北大临毕业的时候，中央研究院历史语言研究所委托其校勘宋本《广韵》，周先生对《广韵》作了精细的校勘，成《广韵校本（附校勘记）》，1938 年商务印书馆在长沙出版了《广韵校勘记》五卷（线装本）。因抗日战争及其后的时局动乱，《广韵校本》五卷始得于新中国建立后，1951 年由商务印书馆在上海出版。1960 年中华书局将《广韵校本》和《广韵校勘记》二者合一，精装二册出版。参见鲁国尧《史部新著：〈中国现代语言学家传略〉》，载《中国语文》2005 年第 2 期。

② 该文后收入《汉语音韵论文集》（商务印书馆，1957 年）、《问学集》（中华书局，1966 年）、《中国敦煌学百年文库·语言文字卷》（甘肃文化出版社，1999 年），更名为《论文选音残卷之作者及其方音》。

③ 该文后收入《汉语音韵论文集》（商务印书馆，1957 年）、《问学集》（中华书局，1966 年），更名为《陈澧切韵考辨误》。

1941 年

17. 古音有无上去二声辨[①]　《辛巳文录初集》
18. 审母古音考　《辅仁学志》10 卷 1、2 期合刊

1943 年

19. 宋代汴洛语音考　《辅仁学志》12 卷 1、2 期合刊
20. 颜氏家训音辞篇注补　《辅仁学志》12 卷 1、2 期合刊

1945 年

21. 四声别义释例——汉语文法形态之研究　《辅仁学志》13 卷 1、2 期合刊
22. 胡三省生卒行历考　《辅仁学志》13 卷 1、2 期合刊

1946 年

23. 尔雅之作者及其成书年代之推断[②]　（天津）《大公报》（文史周刊 5 期）1946.11.17
24. 宋人等韵图中"转"字的来源　（天津）《大公报》（文史周刊 9 期）1946.12.11
25. 宋亡后仕元之儒学教授　《辅仁学志》14 卷 1、2 期合刊
26. 研究汉代诗文韵读之方法　（北平）经世日报（读书周刊 14 期）1946.11.13；（读书周刊 15 期）1946.11.20

1947 年

27.《方言校笺》十三卷　中法汉学研究所印行

[①] 该文后收入《周祖谟学术论著自选集》（北京师范学院出版社，1993 年）和《文字音韵训诂论集》（北京大学出版社，2000 年），有删节，更名为《古音有上去二声说》。
[②] 该文后收入《问学集》（中华书局，1966 年）和《周祖谟语言文字论集》（人民教育出版社，2000 年），更名为《尔雅之作者及其成书之年代》。

28. 广雅疏证录遗　　（北平）《经世日报》（读书周刊 35 期）1947.4.16；(36 期)1947.4.23；
29. 吴棫的古韵学　　（北平）《经世日报》（读书周刊 42 期）1947.6.4；(43 期)1947.6.11
30. 徐锴的说文学　　（天津）《大公报》（文史周刊 23 期）1947.3.28

1948 年

31. 跋唐写本孙愐唐韵残叶　　（上海）《申报》（文史 27 期）1948.6.12
32. 甲骨卜辞中的"口"字　　（上海）《申报》（文史 15 期）1948.3.20
33. 唐本说文与说文旧音　　《国立中央研究院历史语言研究所集刊》第二十本（上）
34. 文章与语言　　（上海）《申报》（文史 6 期）1948.1.17
35. 五代刻本切韵之韵目　　（上海）《申报》（文史 23 期）1948.5.15
36. 邹汉勋"五均论"辨惑　　（上海）《申报》（文史 28 期）1948.6.19；(29 期)1948.6.26

1950 年

37. 北魏的佛教与政治　　《周叔弢先生六十生日纪念论文集》，龙门书店（香港）

1951 年

38. 《广韵校本》五卷　　商务印书馆（上海）
39. 《高级中学语文课本》（周祖谟、游国恩等编）　　东北人民出版社
40. 加强认识我们语言的优点　　《语文教学》（天津）2 期
41. 写话和说话　　《语文教学》（天津）4 期
42. 学习"标点符号用法"　　《光明日报》6 版 1951.11.10
43. 正确地使用标点符号　　《大公报》6 版 1951.11.28

1953 年

44. 划分词类的标准　　《语文学习》12 期

45. 教非汉族学生学习汉语的一些问题　《中国语文》7 期

1954 年

46. 张志公"汉语语法常识"　《语文学习》8 期
47. 《新华字典》评介　《中国语文》4 期
48. 根据斯大林的学说论汉语标准语和方言问题①　《中国语文》6 期
49. 关于斯大林的语言学说，改进我们的语言教学　《语文学习》3 期
50. 语言学界必须充分展开讨论和批评，肃清资产阶级唯心论的观点　《中国语文》12 期
51. 怎样自学语文　《语文学习》7 期

1955 年

52. 关于主语和宾语的问题　《语文学习》12 期
53. 汉语词汇讲话　《语文学习》1955 年 4 期—1957 年 10 期
54. 汉语规范化的意义　《语文学习》11 期
55. 谈成语　《语文学习》1 期
56. 为什么要汉语规范化　《中国青年报》3 版 1955.12.3
57. 我们必须深入地学习斯大林的语言学理论　《语文学习》3 期

1956 年

58. 《方言校笺及通检》(周祖谟校，吴晓铃编通检)　科学出版社
59. 表示存在或出现的宾语和表示处所的状语　《语法和语法教学——介绍"暂拟汉语教学语法系统"》，人民教育出版社
60. 从文学语言的概念论汉语的雅言、文言、古文等问题　《北京大学学报》(人文科学) 1 期
61. 对于唐兰先生的文字改革理论的批评(关兴三、岑麒祥、周祖谟、管

---

① 该文后收入《汉族的共同语和标准音》，更名为《根据马克思主义语言学说论汉语标准语和方言问题》。

燮初、王显、曹广衢） 《中国语文》3 期

62. 副词和连词 《语法和语法教学——介绍"暂拟汉语教学语法系统"》，人民教育出版社
63. 汉字改革的必要性和可能性（王力、魏建功、周祖谟、梁东汉）《北京大学学报》（人文科学）4 期
64. 普通话的正音问题 《中国语文》5 期
65. 许慎和他的《说文解字》（中国语言学史话之三）① 《中国语文》9 期
66. 怎样理解普通话的语法规范 《语文学习》6 期

1957 年

67. 《汉语音韵论文集》 商务印书馆
68. 禅母古音考 《汉语音韵论文集》，商务印书馆
69. 关于唐本《说文》的真伪问题（恽天民 周祖谟） 《中国语文》5 期
70. 两汉音韵部略说② 《汉语音韵论文集》，商务印书馆
71. 唐本毛诗音撰人考 《汉语音韵论文集》，商务印书馆
72. 文字改革问题座谈会上的发言 《拼音》7 期
73. 在党和政府的领导下我国语言科学的发展 《语文学习》9 期
74. 怎样学习古典文学 《语文学习》6 期

1958 年

75. 《汉魏晋南北朝韵部演变研究》（第一分册）（罗常培、周祖谟合著）科学出版社
76. 《汉语拼音字母学习法》 人民教育出版社

---

① 该文后收入《问学集》（中华书局，1966 年）、《周祖谟学术论著自选集》（北京师范学院出版社，1993 年）和《周祖谟语言学论文集》（商务印书馆，2001 年），更名为《许慎及其说文解字》。

② 该文后收入《问学集》（中华书局，1966 年）、《周祖谟学术论著自选集》（北京师范学院出版社，1993 年）、《文字音韵训诂论集》（北京大学出版社，2000 年）和《周祖谟语言学论文集》（商务印书馆，2001 年），更名为《两汉韵部略说》。

77.《〈洛阳伽蓝记〉校释》   科学出版社
78. 词汇和词汇学 《语文学习》9 期和 11 期
79. 关于唐代方言中四声读法之一些资料   《语言学论丛》第二辑，新知识出版社
80. 文风笔谈（周祖谟、黎锦熙、老舍、张志公、汝龙、吕叔湘） 《语文学习》5 期
81. 为语言科学的跃进而奋斗（与姜君辰、魏建功等共 20 人合作）《中国语文》4 期

1959 年

82.《汉语词汇讲话》   人民教育出版社

1960 年

83.《广韵》附校勘记（全二册）   中华书局

1963 年

84.《目录学发微》前言   《目录学发微》，中华书局
85. 切韵的性质和它的音系基础   《语言学论丛》第五辑，商务印书馆

1965 年

86. 宋代方音   《文史》第四辑，新建设编辑部编，中华书局

1966 年

87.《问学集》（上下册）   中华书局
88. 读守温韵学残卷后记   《问学集》，中华书局
89. 尔雅郭璞注古本跋   《问学集》，中华书局
90. 方言校笺序   《问学集》，中华书局
91. 干禄字书之湖本与蜀本   《问学集》，中华书局
92. 广韵校本序   《问学集》，中华书局
93. 郭璞尔雅注与尔雅音义   《问学集》，中华书局

94. 汉字的产生和发展　　《问学集》,中华书局
95. 汉字与汉语的关系　　《问学集》,中华书局
96. 李阳冰篆书考　　《问学集》,中华书局
97. 论段氏说文解字注　　《问学集》,中华书局
98. 切韵与吴音　　《问学集》,中华书局
99. 射字法与音韵　　《问学集》,中华书局
100. 诗经韵字表　　《问学集》,中华书局
101. 书刘熙释名后　　《问学集》,中华书局
102. 书郑樵尔雅注后　　《问学集》,中华书局
103. 万象名义中之原本玉篇音系　　《问学集》,中华书局
104. 王仁昫切韵著作年代释疑　　《问学集》,中华书局
105. 校读玄应一切经音义后记　　《问学集》,中华书局

1978 年

106. 《〈唐五代韵书集存〉附考释和辑佚》（两册）　　中华书局

1979 年

107. 读王念孙《广雅疏证》简论　　《兰州大学学报》（社会科学版）1 期

1980 年

108. 《〈广韵〉四声韵字今音表》　　中华书局
109. 古籍校勘述例　　《中国语文》2 期
110. 《中国现代语言学家》序　　《中国现代语言学家》,河北教育出版社
111. 汉语发展的历史　　《中国语文研究》创刊号,香港中文大学

1981 年

112. 《语言研究》创刊献词　　《语言研究》创刊号
113. 五代刻本《切韵》及其声母的读音　　《语言学论丛》第七辑,商务印书馆
114. 研究现代汉语方言的重要意义　　《中国语文研究》2 期,香港中

文大学

115. 语文课的教学法问题　《语文园地》2 期

1982 年

116. 《简明汉语反义词词典》序　《简明汉语反义词词典》,外语教学与研究出版社
117. 略论近三十年来中国语文词典编纂法的发展　《辞书研究》1982 年 5 期
118. 齐梁陈隋时期诗文韵部研究　《语言研究》1 期
119. 魏晋音与齐梁音　《中华文史论丛》3 期
120. 现代汉语词汇的研究　《语文研究》2 期
121. 要培养整理古籍的人才　《文献》3 期

1983 年

122. "伍记"与《新华字典》　《辞书研究》4 期
123. 《尔雅校笺》序　《辞书研究》5 期
124. 《唐五代韵书集存》序　《语文研究》3 期
125. 记吐鲁番出土急就篇注　《敦煌吐鲁番文献研究论集》第二辑,北京大学出版社
126. 关于语言文学教学与研究的几个问题① 　《河北师院学报》(哲学社会科学版)2 期
127. 《广韵》略说　《文史知识》9 期
128. 谈治学的方法　"文史知识丛书"《与青年朋友谈治学》,中华书局
129. 魏晋宋时期诗文韵部的演变② 　《中国语言学报》1 月

---

① 该文为河北省语言文学学会第二届年会上的报告。后收入《周祖谟语文论集》(河北教育出版社,1989 年)和《周祖谟语言文字论集》(人民教育出版社,2000 年),更名为《关于语言与文学教学与研究的问题》。

② 该文后收入《周祖谟学术论著自选集》(北京师范学院出版社,1993 年)和《文字音韵训诂论集》(北京大学出版社,2000 年),更名为《魏晋宋时期诗文韵部研究》。

1984 年

130. 《尔雅校笺》　　江苏教育出版社
131. 汉代竹书和帛书中的通假字与古音的考订　　《音韵学研究》第一辑,中华书局
132. 汉字上古音东冬分部的问题　　《国际东方学者会议纪要》第 28—29 册,日本东方学会
133. 论裴务齐正字本《刊谬补缺切韵》　　《罗常培纪念论文集》,商务印书馆
134. 谈怎样读书　　《苏州铁道师院学报》(社会科学版)试刊
135. 突出特色和确保质量　　《辞书研究》1 期
136. 释名校笺序　　《辞书研究》4 期
137. 中国辞典学发展的历史①　　《均社论丛》十五号,日本京都大学

1985 年

138. 汉语骈列的词语和四声　　《北京大学学报》(哲学社会科学版)3 期
139. 中国古代诗歌的比兴和想象　　《中国文学报》第 36 册,日本京都大学

1986 年

140. 《古汉语通假字字典》序　　《西北大学学报》(哲学社会科学版)3 期
141. 秦朝统一文字的历史意义　　《文字与文化丛书》第一册,光明日报出版社

1987 年

142. 谈谈古今汉语的几个问题　　《教学语法系列讲座》北京市语言学会编,中国和平出版社

---

① 该文后收入《周祖谟学术论著自选集》(北京师范学院出版社,1993 年)、《周祖谟语言文字论集》(人民教育出版社,2000 年)、《周祖谟语言学论文集》(商务印书馆,2001 年)和《周祖谟语言文史论集》(学苑出版社,2004 年),更名为《中国辞典学发展史》。

143. 怎样学习古代汉语　　《语文月刊》(广州)6 期

1988 年

144. 《周祖谟语言文史论集》　　浙江古籍出版社
145. 《中国大百科全书·语言文字卷》汉语训诂学、文字学词条若干①《中国大百科全书·语言文字卷》,中国大百科全书出版社
146. 读居延汉简考释书后　　《周祖谟语言文史论集》,浙江古籍出版社
147. 读纳兰词书后　　《周祖谟语言文史论集》,浙江古籍出版社
148. 敦煌变文与唐代语音　　《周祖谟语言文史论集》,浙江古籍出版社
149. 敦煌唐本字书叙录　　《敦煌语言文学研究》,北京大学出版社
150. 给纪念周德清诞辰 710 周年学术讨论会的贺词　　《音韵学研究通讯》总第十二期
151. 更好地发挥《汉语拼音方案》的作用　　《语文建设》2 期
152. 古代汉语的字音　　《文言常识》,人民教育出版社
153. 古书通例序　　《周祖谟语言文史论集》,浙江古籍出版社

---

① 周祖谟先生任《中国大百科全书·语言文字卷》编辑委员会副主任,主编汉语训诂学、汉语文字学学科内容,撰写词条如下(按原书为序):本义,比雅,比喻义,避讳字,别名,别雅,别字,常言,成语,程瑶田,重言,春秋名字解诂,词族,叠雅,叠字,订讹杂录,独体字,段玉裁,敦煌变文字义通释,尔雅,尔雅翼,凡语,繁体,干禄字书,古书虚字集释,顾野王,广释名,桂馥,郭沫若,郭璞,汉语文字学,汉语训诂学,汉字,合体字,合文,互训,急就篇,假借义,假借字,简化字,简体,金文丛考,九经字样,康熙字典,匡谬正俗,类篇,谶语,联绵字,联绵字典,联绵字谱,刘师培,刘台拱,刘熙,六书故,六书略,埤雅,骈雅,骈字分笺,阮元,沈兼士,声符,声训,诗词曲语词汇释,释名,说文古籀补,说文解字,俗名,俗体,唐兰,通名,通俗编,通训,通雅,通语,同源字,王国维,王念孙,王先谦,王引之,王筠,五经文字,戏曲词语汇释,现代汉语词典,小说词语汇释,小学钩沉,小学蒐佚,新译华严经音义,形训,徐锴,徐铉,许慎,续一切经音义,雅学,雅言,谚语,一切经音义(慧琳),一切经音义(玄应),一声之转,义府,义训,异体字,音符,音义书,殷墟文字类编,引申义,右文,玉篇,张相,张揖,正体,郑樵,中华大字典,朱骏声,转义,转语,资治通鉴释文,字诂,字汇,字林,字书,字族。

154. 汉魏六朝专家文研究读后记　《周祖谟语言文史论集》，浙江古籍出版社
155. 汉语语词意义的转变和发展　《周祖谟语言文史论集》，浙江古籍出版社
156. 洛阳伽蓝记校释序　《周祖谟语言文史论集》，浙江古籍出版社
157. 漫谈校注洛阳伽蓝记的经过　《书品》1期
158. 清代的训诂学　《周祖谟语言文史论集》，浙江古籍出版社
159. 清史稿艺文志小学类纠谬　《周祖谟语言文史论集》，浙江古籍出版社
160. 世说新语笺疏序　《周祖谟语言文史论集》，浙江古籍出版社
161. 释古代文学评论中的文气说　《周祖谟语言文史论集》，浙江古籍出版社
162. 唐五代的北方语音　《语言学论丛》第十五辑，商务印书馆
163. 往事自述　《文献》3期
164. 影印古韵标准前言　《周祖谟语言文史论集》，浙江古籍出版社
165. 影印钜宋广韵前言　《周祖谟语言文史论集》，浙江古籍出版社
166. 影印六书音均表前言　《周祖谟语言文史论集》，浙江古籍出版社
167. 影印诗声类前言　《周祖谟语言文史论集》，浙江古籍出版社
168. 影印音学五书前言　《周祖谟语言文史论集》，浙江古籍出版社
169. 余嘉锡论学杂著后叙　《周祖谟语言文史论集》，浙江古籍出版社
170. 中国版刻综录序　《周祖谟语言文史论集》，浙江古籍出版社
171. 中国古代书籍制度汇考序　《周祖谟语言文史论集》，浙江古籍出版社
172. 中国文字学发展的历史[①]　《周祖谟语言文史论集》，浙江古籍出版社

[①] 该文后收入《周祖谟学术论著自选集》(北京师范学院出版社，1993年)和《周祖谟语言文史论集》(学苑出版社，2004年)，更名为《中国文字学发展史》。

173. 中国训诂学发展的历史① 　《周祖谟语言文史论集》,浙江古籍出版社

1989 年

174. 《周祖谟语文论集》　　河北教育出版社
175. 变文的押韵与唐代语音　《语言文字学术论文集——庆祝王力先生学术活动五十周年》,知识出版社
176. 词典学　《周祖谟语文论集》,河北教育出版社
177. 怀念丁声树先生　《中国语文》4 期
178. 读《汉语语法常识》　《周祖谟语文论集》,河北教育出版社
179. 复句和多主复句　《周祖谟语文论集》,河北教育出版社
180. 古籍整理答问　《周祖谟语文论集》,河北教育出版社
181. 关于汉语实词分类的问题　《周祖谟语文论集》,河北教育出版社
182. 关于研究音韵学的几点希望　《周祖谟语文论集》,河北教育出版社
183. 广泛联系　增加信息　《文献》4 期
184. 汉语音韵学研究的重要意义和途径　《周祖谟语文论集》,河北教育出版社
185. 汉字的特性和它的作用　《汉字文化》Z1 期(创刊号)
186. 汉字铅字字形规范化的重要意义　《周祖谟语文论集》,河北教育出版社
187. 汉字形体发展的历史过程②　《周祖谟语文论集》,河北教育出版社
188. 纪念《语言教学与研究》创刊 10 周年座谈会发言(摘登)(与吕必松等 13 人)　《语言教学与研究》3 期
189. 论普通话的语法规范　《周祖谟语文论集》,河北教育出版社
190. 善教者使人继其志——纪念敬爱的罗常培先生　《周祖谟语文

---

① 该文后收入《周祖谟学术论著自选集》(北京师范学院出版社,1993 年)、《周祖谟语言学论文集》(商务印书馆,2001 年),有删节,更名为《中国训诂学发展史》。
② 该文后收入《周祖谟学术论著自选集》(北京师范学院出版社,1993 年),更名为《汉字形体的发展过程》。

论集》,河北教育出版社
191. 魏晋时期的方音 《中国语文》6 期
192. 我和《广韵》 《书品》4 期
193. 现代方言的研究① 《周祖谟语文论集》,河北教育出版社
194. 写作与修辞 《周祖谟语文论集》,河北教育出版社
195. 水浒语词词典序言 《水浒语词词典》,上海辞书出版社
196. 训诂学的继承和发展 《周祖谟语文论集》,河北教育出版社
197. 研究古代语音系统的凭藉 《周祖谟语文论集》,河北教育出版社
198. 音韵学的内容及其功用 《周祖谟语文论集》,河北教育出版社
199. 中国汉字发展的历史 《周祖谟语文论集》,河北教育出版社
200. 周祖谟先生的讲话——许慎研究会成立大会 《漯河文史资料》第三辑

1990 年

201. 《汉语谚语词典》序 《语言教学与研究》2 期
202. 《释名广义》释例 《王力先生纪念论文集》,商务印书馆
203. 陈寅恪先生论对对子 《燕都》2 期
204. 怀念尊敬的恩师沈兼士先生 《沈兼士先生诞生一百周年纪念论文集》,紫禁城出版社
205. 怀念一代宗师援庵先生 《纪念陈垣校长诞生 110 周年学术论文集》,北京师范大学出版社
206. 日本的一种古字书《新撰字镜》 《文献》2 期
207. 《现代汉语术语词典》序 《现代汉语术语词典》,华语教学出版社

1991 年

208. 《古汉语教学词典》序 《古汉语研究》1 期

---

① 该文后收入《周祖谟学术论著自选集》(北京师范学院出版社,1993 年)、《周祖谟语言文字论集》(人民教育出版社,2000 年)和《周祖谟语言学论文集》(商务印书馆,2001 年),更名为《现代汉语方言的研究》。

209. 《新集古文四声韵》与《集古文韵》辨异　《古籍整理研究学刊》1 期
210. 《中原音韵新论》序　《中原音韵新论》,北京大学出版社
211. 沈兼士先生与近代学术　《燕都》3 期
212. 汉字的优越性　《汉字文化》3 期
213. 余嘉锡先生的治学与育人　《文史知识》9 期
214. 祝贺《书品》创刊五周年　《书品》1 期

1992 年

215. 《吕氏春秋词典》序　《语文研究》4 期
216. 《当代对联艺术家辞典》序　《当代对联艺术家辞典》,中国广播电视出版社
217. 沈兼士先生的诗　《文史杂志》6 期

1993 年

218. 《周祖谟学术论著自选集》　北京师范学院出版社
219. 《古诗文吟诵集粹》[①]吟诵六首　《古诗文吟诵集粹》,北京语言学院出版社
220. 《诗经》古韵部谐声声旁表　《周祖谟学术论著自选集》,北京师范学院出版社
221. 古韵学顾江段孔四家书述评　《周祖谟学术论著自选集》,北京师范学院出版社
222. 关于唐代方言中的四声读法　《周祖谟学术论著自选集》,北京

---

① 《古诗文吟诵集粹》收录的古诗文都是文学史上的名篇,有《关雎》、《湘夫人》、《哀江南赋》、《春望》、《早发白帝城》、《陋室铭》等近五十篇,每篇均先请著名播音员、演员用普通话朗诵,再请周祖谟、张清常、林庚等老一辈专家学者吟诵(吟唱)。尤其是吟诵(吟唱)部分,对理解诗词音韵很有帮助。磁带由中央人民广播电台录制,并配有中英文对照版图书,周先生封面题签,并吟诵六首。分别为:崔颢《黄鹤楼》23—24 页,李白《春夜洛城闻笛》31—32 页,杜甫《登高》52—53 页,刘长卿《长沙过贾谊宅》61—62 页,李商隐《流莺》83—84 页,欧阳修《玉楼春·别后不知君远近》102—103 页。

师范学院出版社
223. 汉代的方言　《周祖谟学术论著自选集》,北京师范学院出版社
224. 汉语成语概说　《周祖谟学术论著自选集》,北京师范学院出版社
225. 汉字发展的历史　《周祖谟学术论著自选集》,北京师范学院出版社
226. 近三十年中国语文词典编纂法的发展　《周祖谟学术论著自选集》,北京师范学院出版社
227. 李阳冰事迹考　《周祖谟学术论著自选集》,北京师范学院出版社
228. 论段玉裁《说文解字注》　《周祖谟学术论著自选集》,北京师范学院出版社
229. 洛阳伽蓝记校勘叙例　《周祖谟学术论著自选集》,北京师范学院出版社
230. 四声别义创始之时代　《周祖谟学术论著自选集》,北京师范学院出版社
231. 宋代汴洛音与《广韵》　《周祖谟学术论著自选集》,北京师范学院出版社
232. 宋修广韵书后　《周祖谟学术论著自选集》,北京师范学院出版社
233. 唐五代韵书集存总述　《周祖谟学术论著自选集》,北京师范学院出版社
234. 王力教授对中国音韵学的贡献　《中外学者论王力　龙虫并雕一代宗师》,广西教育出版社
235. 扬雄方言与郭璞方言注　《周祖谟学术论著自选集》,北京师范学院出版社

1994 年

236. 许慎的《说文解字》　《中华文化讲座》[①],北京大学中国传统文化研究中心与美国南海有限公司联合制作,北京大学音像出版社

[①] 电视系列片共108集,周先生的讲座为第32集,约30分钟。

陆续出版发行;《中华文化讲座丛书》①第三集,北京大学出版社,1998年,第16—25页

237.《唐五代韵书集存》附考释和辑佚(两册)　　台湾重版②

1995年

238. 书天行师遗墨后　　《文教资料》3期
239. 片羽集诗词抄　　《文教资料》3期

1996年

240.《魏晋南北朝韵部之演变》　　台北东大图书股份有限公司
241.《古汉语知识详解辞典》序　　《古汉语知识详解辞典》,中华书局
242. 酬答祝寿的谢辞　　《音韵学研究通讯》总第17、18期
243. 余嘉锡先生学行忆往　　《中国文化》1期

1997年

244.《说文解字》概论　　《中国文化研究》1期

1998年

245. 释名校笺　　《文史》总第47辑
246. 语言与文学　　《文史知识》5期

2000年

247.《洛阳伽蓝记校释》叙例③　　《文字音韵训诂论集》,北京大学出版社
248.《实用释义组词词典》序　　《实用释义组词词典》,华文出版社

---

① 北京大学中国传统文化研究中心为配合《中华文化讲座》电视系列片的播放,而陆续编辑出版的讲稿,第一、二集分别于1994年、1995年出版。
② 增加了俄罗斯科学院东方学研究所所藏的《笺注本切韵》、《唐韵》残叶三件。参见黄笑山《二十世纪唐代音韵研究纲要》,载《浙江大学汉语史研究中心简报》2001年4期。
③ 与1993年发表论文《洛阳伽蓝记校勘叙例》篇名近似,但内容上多两条。

249. 编写《现代汉语》教材的一些问题　《周祖谟语言文字论集》,人民教育出版社
250. 汉语文字学　《文字音韵训诂论集》,北京大学出版社
251. 汉语训诂学　《文字音韵训诂论集》,北京大学出版社
252. 汉字　《文字音韵训诂论集》,北京大学出版社
253. 许慎《说文解字》及汉字的重要性　《周祖谟语言文字论集》,人民教育出版社

2001 年

254.《周祖谟语言学论文集》　商务印书馆

2004 年

255.《周祖谟文字音韵训诂讲义》　天津古籍出版社

李子君

2010 年 8 月于吉林大学